读客精神成长文库

100个书单丰富你的灵魂

欢迎你从《人间喜剧》进入读客精神成长文库!

浩瀚的经典文学史,
就是全人类共同的精神成长史,
大师们从各个角度探索、解析、塑造并丰富着
人类的精神世界。
读客从个人成长的角度出发,
为你重新梳理浩若烟海的文学经典,
汲取大师与巨匠淬炼的精神力量:

爱
天真、孤独
自由、尊严、恐惧
好奇、欲望、理性、幽默
乐观、勇气、幻想、善恶、信仰
……

追随读客精神成长文库的100个书单,
了解人类精神成长的脉络,
完成你自己的精神成长。

读客精神成长文库
100个书单丰富你的灵魂

经典不厌百回读，读客立足于国人的精神需求，提供有质量、有价值、有体系的精神成长经典文库，希望更多的读者从中获得乐趣，获得进益。

文洁若

二〇一八年二月二十日

文洁若

著名翻译家，是中国翻译日文作品最多的人。很多日本作家如川端康成、三岛由纪夫的作品，都是经由她首次介绍给中国读者。与丈夫萧乾合译《尤利西斯》，造就了一段文坛佳话。

2002年获日本政府颁发的"勋四等瑞宝章"，2012年获"翻译文化终身成就奖"。

> 人之所以为万物的灵长，宇宙的精华，
> 就因为他会读，他爱读，爱读经典，常读
> 经典，万代不衰。
>
> 柳鸣九 2018年5月十日
> 怕金森手书

柳鸣九

中国社会科学院研究员、教授。

在法国文学史，西方文学思潮，文学理论与美文作评、文学名著翻译以及学者散文写作方面均有丰厚劳绩，有"著作等身""学术胆识卓越"的美誉。

其论著与译作已汇集为《柳鸣九文集》（15卷），共约600万字。

2006年被评选为中国社会科学院最高学术称号"终身荣誉学部委员"。

愿"读客经典"成为用人类创造的全部知识财富来丰富读者头脑的精神宝藏！

郭家申
2018年2月23日
于北京中国社科院
外国文学研究所

郭家申

俄语翻译家，毕业于莫斯科大学文学语言系。

历任中国社会科学院外国文学研究所副所长、编审。

长达60年的翻译经验，累计翻译字数约500万字，翻译作品达30部。

译著有：《外国当代戏剧选》《艺术创造的本性》《高尔基自传三部曲》《一个沉思默想的女人》《迷惘的微笑》等。话剧译本《华沙曲》获辽宁省翻译奖。

阅读经典，就是立足于高起点，
含英咀华，淑奋精神，行健致远。

罗新璋

罗新璋

1957年毕业于北大西语系。
1963年转入国家外文局《中国文学》杂志社从事中译法文学翻译工作，1980年调入中国社会科学院外国文学研究所，从事法国文学创作。
曾花四年时间手抄200多万字的傅雷译文，在翻译时更是字斟句酌，力求精益求精，享有"傅译传人"的美誉。
主要译有《红与黑》《特利斯当与伊瑟》《列那狐的故事》《猫球商店》等。

> 寄浩「读客文库」
>
> 普及世界文学经典
> 广播人类文明的果实
>
> 巴蜀译翁（杨武能）
> 二〇一八年春于广西北海

巴蜀译翁（杨武能）

1938年生于重庆，师从叶逢植、张威廉、冯至等先生，国家社科基金重大研究项目"歌德及其汉译研究"首席专家。

先后荣获联邦德国总统颁授的德国"国家功勋奖章"、联邦德国终身成就奖性质的洪堡学术奖金，以及国际歌德研究领域的最高奖歌德金质奖章。

著作译作数量众多，影响较大的包括《浮士德》《少年维特的烦恼》《格林童话全集》《魔山》等。

名著是人类的精品食粮，提供给人立足世上的能量。我自称"心宿"，是最大的受益者。读好书和译好书，从1980年至今，每年都收获新的悦乐时光，组成不断升值的人生。

读者自有精神成长路线图，希望更多读者按图索骥，从中受益。

李玉民

从事纯文学翻译近40年，出版作品上百部，总计翻译字数达2500万字。主要译作有：《巴黎圣母院》《悲惨世界》《缪塞戏剧选》《艾吕雅诗选》等；主编《纪德文集》（5卷）、《加缪文集》（3卷）。

在李玉民的译作中，有半数作品是他首次向中国读者介绍的。

周克希

复旦大学数学系毕业后,在华东师大数学系任教二十八年,又在译文出版社当过十年编辑。译有普鲁斯特、福楼拜、圣埃克絮佩里、大仲马和萨勒纳弗等人的小说。著有随笔集《译边草》《译之痕》《草色遥看集》。

我们说一本书是经典,就意味着我们一生中绝了能会不止一次地阅读它。好书须写自祂们常来更多的经典佳作。

周克希

> 每一部经典文学作品，都是人类的重要精神基因。设法用经典文学陪伴孩子精神成长蓝图，希望孩子能够让更多的读者通过文字认识世界，找到自己灵魂的归属。
>
> 谭晶华

谭晶华

　　文学博士，教授，博士生导师。原上海外国语大学常务副校长，现任该校学术委员会主任。中国日本文学研究会会长、上海翻译家协会会长。出版众多著作、论文、辞典和教材、文学名著译作120多部（篇），350余万字。

> 读客经典精神成就库将人类精神文明的精华做了系统的梳理，让经典更直接地与个体成长结合起来，是一种独到的做法。
>
> 黄宜思
> 2018.2.23.

黄宜思

　　中国政法大学教授，著名翻译家黄雨石之子。译有《罗马帝国衰亡史》《澡盆故事》《远航》《六便士之家》《罗马史》等。于2008年和2009年两度担任中国翻译协会主办的全国"韩素音青年翻译奖"竞赛评委。

与好书为友，拥抱每个能陶冶你心性的机会；
携经典作伴，在读客经典中找到你下一本书。

曹明伦

曹明伦

四川大学教授、博士生导师，中国作家协会会员，中国翻译协会理事、成都翻译协会会长，国务院政府特殊津贴专家。译有《爱伦·坡集》《弗罗斯特集》《培根随笔集》《莎士比亚十四行诗集》等多种英美文学经典。

希望读者经典为读者
提供经典的精神享受。

姚锦清

姚锦清

上海外国语大学高级翻译学院教授，上海市语委英译专家。参编《20世纪欧美文学史》《外国文学名著赏析辞典》及《外国抒情诗赏析辞典》。主要译作有《布赖顿硬糖》《心灵的激情——弗洛伊德传记小说》等。

> 愿读客经典使青年朋友们
> 快快成长，成年人永远年轻！
>
> 王之光
> 2018.2.22

王之光

　　浙江大学教师，长期从事文学和文化翻译教学与实践，已经出版的有《发条橙》《索多玛的120天》《小妇人》《圣经故事》《法国电影》等，还有汉译英作品如《台湾简史》《中美关系史》等。

> 阅读经典，充实人生。
> 愿读客经典走进千万读者中。
>
> 陈求实
> 二〇一八年2月

陆求实

　　中国翻译协会专家会员、上海翻译家协会理事，致力于日本文学译介多年，译有夏目漱石、谷崎润一郎、吉川英治、渡边淳一、村上春树、岛田雅彦等人作品，曾获"上海翻译新人奖""上海优秀中青年文艺家""上海文艺家荣誉奖"，2011年荣获日本"野间文艺翻译奖"。

> 鼓读完经典
>
> 读经典，提升人生境界，
> 汲取文化精华。
>
> 吴刚

吴刚

上海外国语大学高翻学院副院长、教授，英美文学博士，上海市翻译家协会理事。出版有《霍比特人》《美与孽》《莎乐美》等翻译作品30多部。

> 在这个文库里，总能找到下本要读的书：有你读过但值得重读的书，有你听说过正打算读的书，也有可能发现竟有可能影响你一生的书。

姚向辉

青年译者，译作有《教父》《七杀简史》《漫长的告别》《马耳他之鹰》等。

> 愿我的孩子，我孩子的孩子，都能看着读客经典，进入世界文学的瑰奇殿堂。
>
> ——汪洋

汪洋

　　毕业于北京大学，翻译家，外国文学资深编辑。从事英、日文文学翻译、编辑工作十余年，已出版译著有《D之复合》《人类灭绝》《鹰翼行动》《百年法》《亲爱的提奥——梵高传》《红字》等，涵盖推理、科幻、军事、惊悚、艺术史及经典文学等领域。

> 品经典之作，读经典译文，祝读客经典多出精品，愿更多读者在阅读经典中找到自我，收获未来！
>
> ——刘勇军

刘勇军

　　知名青年翻译家，译风简练而深邃。译有《月亮与六便士》《刀锋》《不安之书》《生命不息：归来》《日出酒店》《遗失的时光》等经典作品。

人间喜剧
猫球商店

[法] 巴尔扎克 著　　傅雷　罗新璋 译

文汇出版社

《人间喜剧》（精选集）编校说明

巴尔扎克的《人间喜剧》一共包括91部小说，塑造了2400多个典型人物，描摹了一个时代、一个世界的人间百态。因其数量之庞大，内容之广阔，成为人类文学史上罕见的文学丰碑，被誉为一部"社会百科全书"。

本套《人间喜剧》（精选集）收录巴尔扎克《高老头》《亚尔培·萨伐龙》《欧也妮·葛朗台》《比哀兰德》《贝姨》《邦斯舅舅》《猫球商店》《夏倍上校》《奥诺丽纳》《禁治产》《于絮尔·弥罗埃》《都尔的本堂神甫》《赛查·皮罗多盛衰记》《搅水女人》《幻灭》共计15篇。其中《猫球商店》一篇译者为罗新璋，其余篇目译者为傅雷。

傅雷，中国著名的翻译家、作家、教育家、美术评论家。法语翻译界泰斗，精通文学、音乐、绘画等多门艺术，译文优美精确、特色鲜明。先生的译文被誉为"傅雷体华文语言"，成为我国翻译界推崇备至的范文，至今无人企及。

罗新璋，编校审核初版《傅雷译文集》，曾花四年时间手抄200多万字的傅雷译文，在翻译时更是字斟句酌，力求精益求精，将法文的美妙准确地传达出来，享有"傅译传人"的美誉。他翻译的法语经典名著《红与黑》是公认的最佳译本。

1938年傅雷开始翻译巴尔扎克的作品；1949年之后，傅雷几乎把翻译的所有心力都倾注在了巴尔扎克身上；1954年，傅雷决定每年至少译一部巴尔扎克的作品，以"把顶好的都译过来，大概在十余种"。截至1965年，傅雷一共翻译15篇，其中一篇《猫儿打球号》在文革中遗失。"傅译传人"罗新璋《猫球商店》深得先生译法精髓，本套《人间喜剧》采用罗新璋译本并入其余14篇，以示"适合我国读者阅读的"巴尔扎克作品原貌。

在编校方面，为方便读者阅读，仅对一些旧译人名、地名、异体字、标点符号作了修改，其余为了尊重傅雷译本，均保持原貌。

读客图书

目　录

猫球商店

夏倍上校

01	诉讼代理人的事务所	063
02	谈　判	090
03	养老院	127

奥诺丽纳

01	法国人怎样的不喜欢旅行	137
02	一幅兼有意大利与法国风味的画	139
03	一个总领事的谜	142
04	伯爵夫人	145
05	社会的解剖	147
06	神甫的主意	148

07　一个青年人的画像　　　　　　150

08　一所老屋子　　　　　　　　　153

09　一幅肖像　　　　　　　　　　155

10　年轻的老人　　　　　　　　　158

11　无人知道的内心的斗争　　　　161

12　坚固的友谊　　　　　　　　　165

13　幕启以前的讯号　　　　　　　168

14　枢密会议中的一场辩论　　　　170

15　泄露秘密　　　　　　　　　　174

16　一位国务部长的自白　　　　　176

17　门当户对而又情投意合的亲事　178

18　一股可怕而正当的痴情　　　　181

19　一个异想天开的丈夫　　　　　185

20　尝试失败了　　　　　　　　　188

21	一个古怪的提议	191
22	开始行动	195
23	一幅速写	198
24	第一次的会面是怎么结束的	201
25	奥诺丽纳的樊笼	204
26	论女性的工作	205
27	奥诺丽纳的一段自白	208
28	一语伤人	211
29	挑　战	214
30	揭　晓	218
31	一封信	224
32	青年人的感想与已婚的人的感想	231
33	教会的告诫	234
34	复　信	237

35	可怜的莫利斯	241
36	徒有其名的团圆	243
37	奥诺丽纳最后的叹息	248
38	两个结局	252
39	一个问题	254
40	最后的一句话	255

禁治产

01	两个朋友	259
02	大家判断错误的一个法官	267
03	状 子	284
04	一位时髦太太与包比诺法官的谈话	294
05	疯 子	317
06	讯 问	327

猫球商店

罗新璋 译

圣丹尼街的中段，靠近小狮街的拐角，早先有一幢楼房，这类房屋现在已很稀罕，历史学家看了，大可以此类推，去追想当年巴黎的风貌。岌岌可危的墙壁，好像涂满了奇形怪状的楔形文字。原来横桁斜柱，在石灰浆涂刷的墙面上，构成许多X形和V形，斜杠之间似显平行式样。街上只要有车子轻轻走过，梁木就会在榫头卯眼里咯咯震动。这座上了年头的房子，屋顶呈三角形，这种构式在巴黎都快要绝迹了。顶部几经风雨，已经翘曲，屋檐竟临街伸出有三尺光景，大雨天连门口都飘不到雨水，平时则遮蔽着顶楼的墙壁和没有护栏的窗户。顶楼是一排板壁，像石板瓦片一样，一块接一块钉在一起，想必是不愿给这座单薄的楼房增加负荷。

时值三月，一个春雨蒙蒙的清晨，有个紧裹披风的青年，站在对面一家店铺的房檐下，拿出不亚于考古家的热诚，正在细细打量这栋老屋。这座十六世纪中产阶级的遗物，倒确有不少值得观察之处。每一层楼，都很别致。底层有四扇又高又窄的窗，靠得挺近，下半截装着木栅栏，店堂里半明不暗的，滑头商人尽可利用幽暗的光线，让主顾看到颜色中意的料子。整座楼数这一部分最重要，但年轻人却鄙夷不屑，瞧都不瞧。二层楼上，百叶窗已经拉起，高大的窗子嵌着波希米亚[1]玻璃，后面挂着绛红色的细纱窗帘，年轻人看看也没多大兴味。他属意于三楼那简陋的几扇。窗框做工之粗糙，简直有资格送进工艺馆，当作法国早期木器的样品。窗上的小玻璃，颜色深绿深绿的，要不是他眼力好，根本看不清后面还挂着蓝布方格窗帘，而室内的奥秘，给这窗帘一隔，外人也就无从得见。张望了半天，一无所获。整幢楼，甚至整个区，都悄没声息。年轻人不觉腻味起来，便低下眼睛往底下看。重新打量之下，这爿店铺果然不乏可笑之处，嘴角上不禁漾出一丝笑意。门楣上是一根粗大的横梁，托在四根柱子上，柱子好像经不住老屋的重量，已经压弯变形。横梁漆了又漆，像公爵老夫人脸上的脂粉，擦了一层又一层。这根大梁还曾雕绘一番，刻工不无造作的痕迹：中间是幅古画，画的是猫咪拍球的情景。这幅画倒引起年轻人的意兴。应该说，现代最风趣的画家，也未必能想出这样的笑料。画上的猫，用前爪举着一只其大无比的球拍，踮起后腿，准备去接一位穿绣衣的绅士打来的大球。构图，色彩，饰物，种种处理，都看得出画家意在取笑店主和行人。年深月久，这幅"憨态可掬"的画已经褪色，有些地方模糊不清，更显得滑稽突梯，细心的过路人看了会存下疑团。就说猫咪那条花斑尾巴吧，东断西缺的，看上去竟像一个站在旁边看热闹的人——因为猫尾巴当初画得又粗又大，翘得老高。画的右边，是一片天蓝的底色，也没能完全遮住底下的烂木头。只见

---

[1] 位于捷克西部，农牧并盛，所产玻璃闻名于世。（如无特殊说明，本书注释均为译者注）

上面写着"齐奥默商号",左前面是"前谢家老店"字样。招牌上的字,照过去的拼法,把U和V颠倒着写,字上原先涂的一点儿金粉,日晒雨淋,也已剥蚀殆尽。一般人认为,人情世故会越来越精,招揽顾客的玩意儿,也是后来居上,要减抑这类倨傲的看法,只消看看这些招牌,其出典现在连不少巴黎商人都觉得古怪,其实当初只是把活的景象绘成死的画面而已。头脑活络的先辈们,就靠这类活招牌,把买主引进店堂来。有些牌号如"纺织母猪""绿毛猢狲"等,原先就是养在笼里的动物,凭灵巧的动作,叫来往的行人看了极口称奇,而要把牲口训练到这一步,可以想见十五世纪时经商者耐心之好。这类珍禽异兽,比起圣丹尼街至今还看得到的《天神像》《信义图》《上帝施恩》《圣约翰受刑》等宗教画,更能让店主交运走红,发财致富。不过,我们这位陌生人站在那儿,绝不是为了欣赏画上的猫咪,那只要看上一眼,脑子里就会留下深刻的印象。

话得说回来,这年轻人,也有点特别。身披一件仿古款式的披风,底下露出一双漂亮的皮鞋。而且不顾巴黎的泥泞,脚上穿了一双雪白的丝袜,就格外惹眼。丝袜上溅着星星点点的泥斑,说明他已等得很不耐烦。他准是刚从什么喜筵或舞会上出来,要不然哪有一大早就戴白手套的呢!齐肩的乌黑卷发,一望而知是卡拉戛拉[1]式:这种发式既受到达维特画派的影响,也由于本世纪初崇尚希腊罗马艺术而再度风靡一时。除了几个来迟的菜贩赶车匆匆驰往中央菜场,这条热闹的街道,此刻一片沉寂。此中况味,只有黎明即起,在空旷的巴黎闲步的人才能领略:喧闹的市

---

[1] 卡拉戛拉(188—217):系罗马皇帝。

声沉寂不久，又周而复始，像海涛一般从远处传过来。这陌生青年，在猫球商店的伙计看来，一定很特别，正像他眼中的猫球商店十分古怪一样。他一脸懊恼的神色，颈上围着雪白的围巾，脸色就更显苍白。他的黑眼睛，时而昏暗无光，时而炯炯有神，配着轮廓奇特的脸相和曲折有致的丰唇。这时，他抿着嘴，脸上透出一丝苦笑。他前额紧蹙，抑抑不乐，有股肃杀之气。一个人脸上最有暗示力的，难道不是额角吗？他内心一激动，额上的皱纹便攒得很深，令人望而生畏。他很容易心烦意乱：心情一恢复平静，便天庭生辉，风姿动人。是欢欣，是悲苦，是爱恋，是愤慨，抑或是轻蔑，都一一形之于色，连最冷漠的人看了也不会没有印象。此刻，他心烦意乱，连阁楼天窗里突然露出的三张红扑扑的快活胖脸也没看到——这种圆头圆脑的长相，有些建筑物上就用以雕成象征富商的头像。趴在窗口的这三张脸，令人想起云端里伴随上帝的胖乎乎的小天使。他们大口大口吸着街上的新鲜空气，阁楼里的闷热难闻就可想而知。其中一个爱寻开心的家伙，指了指楼下站岗似的怪人，转身拿了把喷壶回来，金属喷嘴是新近刚换成橡皮管的。带着恶作剧的神情，他们把淡白色的淅沥细雨朝过路人浇去，水带点香味儿，说明这三个伙计下巴颏儿刚刚刮过。他们踮着脚尖，退到后墙，想看看那倒霉家伙如何发作，正要笑出声来又马上忍住了，只见年轻人满不在乎，抖了抖披风，一脸轻蔑相，朝空空如也的窗口乜了一眼。这时，三楼粗陋的窗口，露出一只雪白的嫩手，正把窗扇顺着滑槽往上推，吊窗的转钮一吃不住劲，沉重的窗门就会陡然滑落。过路人等了半天，这时才如愿以偿。窗洞里，出现一位少女像水莲花般清新的脸蛋儿。细薄绉纱的高领，给她的容颜增添一分娇憨天真。褐色的衣衫，因睡眠刚起，开口处裸露雪白的颈项和肩膀。朴直的脸上，没有一点儿拘束的表情：文静的眼神，早已给拉斐尔画得出神入化，传之不朽了。她的那种娟美，那种纯静，并不输于有名的童贞女像。惺忪娇慵的神态，更显得朝气蓬勃。脸颊上的青春气息，与窗框的粗黑朽衰，真是相映成趣。像白天怒放的花朵，夜里受到寒气侵袭，花瓣蜷缩拢来，到清晨还没完全舒展开。刚睡醒的年轻姑娘，蓝眼睛茫茫然望着邻家的屋顶和天空；接着，习惯地低下头去，看着昏暗不明的街道，却冷不防遇到那位崇拜者的眼光。也许出于娇羞之心，觉得自己仪容不整，给人看到怪不好意思的，便急忙往后一退，顺手把搭钩一捻，窗子便骤然落下，其速度之快，今天已给我们祖辈那件实用的发明，赢得了个好名声[1]。于是，幻象消失。对这年轻人说来，最明亮的晨星，又给浮云遮蔽了去。

这几件小事发生之际，猫球商店橱窗里面厚重的护窗，像变戏法一般全卸却了。一个看来年辈跟招牌一样老的男仆，把旧式带门环的大门推进墙里，再抖抖索索挂出一方布招，上面用黄丝线绣着"前谢家老店，齐奥默商号"字样。齐奥默先生做的究竟是什么买卖，不少路人都摸不大清。隔着店门外粗大的铁栏杆，隐隐约约能望见店堂里一排排棕色帆布包，挤挤挨挨的，多得像横渡大西洋的鲱鱼。这哥特式的门面，看来貌不惊人，齐奥默商号却是巴黎存货最足、客户最多、信誉最好的布商。碰上哪位同业跟政府做成一笔交易，而缺了点货，齐老板可随时允承，不论数目多大。以其经商的门道，懂得赚大钱的诀窍，根本用不

---

[1] 这种推拉窗，窗扇沿滑槽升上落下，一如"断头台的铡刀"。

着像别人那样,卑辞厚礼去巴结后台。凡是客户要用汇票付账,信用虽好但期限较长,店老板便要他去同自己的公证人洽商,说这好通融,顺便从中再捞一点好处。他这一招,在圣丹尼街的买卖人中,赢得了这样的口碑:"齐大爷的公证人,上帝保佑,少见为妙!"这足以说明汇票贴现,扣去的决非区区小数!

男仆一走,老布商就像显灵一般,站在店堂门口。看望圣丹尼街的街面,周围的店铺和天色,像一个人出洋归来,回到勒阿弗尔港,踏上故土,什么都要仔细瞧瞧一样。等他确信一觉醒来什么也没发生,这才注意到那纹丝不动的陌生人,而那生客也在打量这家布店的老祖宗,像生物学家韩鲍德(Humboldt)在美洲初次看到电鳗鱼一样。

齐奥默先生身穿宽大的黑丝绒短裤,花色条纹袜子,脚蹬方头银扣皮鞋。他背有点驼,一件暗绿色上装,前襟,后摆,领口,都是方的,白金属大纽扣,用得都发红了。花白头发贴着黄脑壳,梳得平平整整,像一片犁过的田畴。两只绿眼睛很小,就同钻子钻出来似的,在没有眉毛、略呈浅红色的眉棱下,炯炯有神。长年操劳,脑门上的皱纹,跟衣褶一样多。苍白的脸上,神色坚毅,见出经商的机智,和生意人的圆滑与贪鄙。那时候,老派家庭比今天多,这种家庭进入新的文明时代,还把本行本业的习俗和衣着,当作了不得的传统承袭下来,如同居维埃[1]在岩层里挖出的史前残骸一样。齐奥默作为一家之主,就是一个出名的老古派:时至今日,还在惋惜不该废除"布政使"这官衔,而且没有一次不把"商务法庭的裁决"说成"当道的旨意"。想必是率

---

[1] 居维埃(Cuvier)为十八九世纪著名的博物学者。

由旧章，每天全家数他起得最早，在门口站定脚跟，等手下的三个店员，谁要来晚了，少不得挨一顿训斥。

这几个侍奉墨丘利[1]的弟子，就怕星期一早晨老板一声不吭，要从他们的神态举止上看出点名堂，找出有没有胡闹过的蛛丝马迹。但在此刻，布商无暇及此，他正纳闷，这个披披风穿丝袜的年轻人，这么关注他的招牌和店堂是何居心。天色更亮了，看得见装着铁栅的账台，周围挂着用旧的绿绸幔，堆放着大本大本账册，这是有关生财之道的谕示。而这一角，似乎正是那个好奇家伙觊觎之所在，而且好像要把饭厅的格局也熟记于心——饭厅在店堂一侧；靠天窗取光，店门口发生什么事，全家坐在这里吃饭都不难看到。一个吃过最高限价[2]苦头的商人，看到有人对他的家宅如此热衷，当然不免起疑。齐奥默先生认为，这阴阳怪气的家伙准是看上了店里的钱箱。他有这种想法，也十分自然。年纪最大的一个店员，看到老板和生客不动声色地较劲，便大着胆子走近齐奥默先生站着的石板，发现那年轻人正在偷看三楼窗户。店员朝街心走了两步，抬头一望，仿佛看见奥古丝汀小姐正慌忙从窗口缩回去。这领班伙计的眼睛太尖了，老板有点不高兴，瞪了他一眼。幸好，这不速之客在布商和自作多情的伙计心里引起的恐慌，倏忽之间便消弭于无了。原来陌生人喊住一辆朝附近广场驶去的出租马车，装着若无其事的样子，很快登上车不见了。他这一走，让另外两个伙计也好比吃了定心丸，刚才看到受他们捉

---

[1] mercure，罗马财神。
[2] 法国大革命时期，为了打击囤积居奇和投机倒把，国民公会于一七九三年五月二日对粮食等生活必需品规定合理价格，但最高限价法令并未取得预期效果，物价照常上涨，造成不少商人破产。至一七九四年底，撤销法令，市面重趋繁荣。

弄的家伙一直站在原地不动，心里倒有点忐忑不安。

"唉，你们几位大爷，还待着不动，干吗哪？"齐奥默先生冲着三个伙计说，"妈的，咱早先可不是玩的！给老东家谢富乐干活的时候，到这会儿布都验完两匹了。"

"敢情那时候天亮得早？"职司有关的二伙计顶了一句。

老板也忍不住笑了。二伙计和三伙计的父亲，是卢维埃和色当地方的大厂主，把儿子领来拜齐奥默为师，只求到两人自立门户之日，能有十万法郎的资财。齐奥默遵照古训，认为对徒弟严加管教，是责无旁贷的事；这种独断独行的老派作风，在现代大公司里已全然陌生，那类商厦漂亮摩登，职员到三十岁就该发财了。齐大老板逼手下伙计像黑奴般整天劳作不息，三个伙计干的活，叫十个员工来做还会忙得焦头烂额，而要开发十个好逸恶劳的员工，就是一笔不小的预算。铺面堂堂正正，没有什么嘈杂的声音来扰乱平静的气氛：门臼似乎时常上油，开阖无声；家具都擦得一干二净，显得既十分简朴，又有条不紊。有时吃中饭，老板会发给他们一块奶酪，最调皮的那个伙计便会寻开心，刻上领到的日子，以示不胜尊崇之至！老板的小女儿，就是刚才出现在窗口，使过路人看得入迷的那位俏丽少女，时常给这类调皮事儿逗笑。尽管每个徒弟，连来店最早的一个在内，付的包伙费很高，却没有一人敢跟老板一样安坐不动，等着吃最后一道甜食。齐奥默太太一讲到拌沙拉，这几个可怜小伙子便想到她的手那么紧，油倒得那么抠，不免要打寒噤。外面过夜的事本就休想，除非对这桩出格的事，提前能拿出说得过去的理由。每星期天，齐奥默一家去圣乐教堂望弥撒和做晚祷，由两个徒弟轮流陪同。维吉妮小姐和奥古丝汀小姐，穿着朴素的花布衫，在母亲尖厉的目光下，每人挽着一个艺徒走在前面，由齐奥默夫妇殿后。齐奥默太太定下规矩，两厚本黑皮面祷告书向来归齐奥默先生执掌。在店里，二伙计只干活，没薪水。至于那位兢兢业业，知趣懂事的大伙计，干了十二年，对铺子的底细已深有所知，一年有八百法郎工钱。逢时过节，还能到手两三件礼物，价值如何，看老板娘这双干瘪的手便可知道，如线织的钱包（里面塞满棉花，把镂花图案撑起来），以及蹩脚的背带，粗劣的丝袜之类。有时候——不过这种机会很少——这位第一大臣特准与全家共乐，一起到乡下度假，或者几个月才租个包厢，看一出巴黎人早已忘掉的戏。至于其余徒弟，师徒之间壁垒森严，对老布商只有敬而远之的份儿，要他们冲破上尊下卑的礼数，还不如偷匹布容易。这种拘谨的态度，今天看来不免可笑；可是，这些老式的铺子，恰恰是敦励品行、培植正气的地方。师傅对徒弟，如同父子。徒弟的衣物由师娘照管，缝补，甚至换新。伙计病了，就会得到慈母般的照应，病情若有危险，老板会不惜破费，请名医来诊治。师傅不仅管徒弟的品行和技艺，在他们父母面前可有个交代，而且，如果徒弟真的品行端正，只是时运不济，老板懂得爱惜自己一手培养起来的人才，会毫不犹豫以女儿的终身相托。齐奥默就是这样一个老派人物，固然不无可笑的地方，但也有其难能可贵之处。所以，领班伙计约瑟·勒巴，这个贫苦无依的孤儿，在老板的心目中，早已是其大女儿维吉妮未来的夫婿。老板主张"长幼有序"，约瑟可不这样想。即使许以一个王国，齐奥默先生也不肯把小女儿嫁在大女儿之前。不幸，这伙计却倾心于小的一个，奥古丝汀小姐。要说明这份痴情是怎么潜滋暗长的，非得进一步看看老布商专权家庭的内幕。

齐奥默先生有两位千金。大女儿维吉妮，跟母亲活脱活像。齐奥默太太，是前老板谢富乐先生之女。她坐在账台旁，腰杆挺得笔直，不止一次，人家开她玩笑，打赌说她身体里准插了木桩。一副瘦长脸，显出过分虔敬的神情。既无风韵，也无动人的举止，看上去有六十来岁，头上总戴一顶软帽，样式从来不变，穗儿零当，跟寡妇的帽子一样。街坊管她叫"门房嬷嬷"。她话很短，手势像按电报键那样一颠一颠的。眼睛亮得像猫眼，好像因为自己长得丑而恨死了所有人。维吉妮小姐跟妹妹一样，受着母亲专制的管教，年纪已到二十八岁。脸相酷似其母，时常有种令人不悦的神情，靠了青春年少，才略微冲淡了些。母亲管教甚严，养成了她温柔与忍耐两种德性，倒把其余的缺点抵消掉了。妹妹奥古丝汀，年方十八，长得既不像爸，也不像妈，跟父母的样子毫不相干，使人想起那句老话："孩子是上帝给的！"奥古丝汀身材不高，美言之，则是娇小玲珑。模样绰约可爱，天真妩媚，对这样的天生佳丽，连上流社会中的人想要吹毛求疵，也只能说她举止有点小家子气，风度不雅，时显拘谨。文静的脸上，时常掠过一丝忧愁，这在一般天性过于柔弱、不敢违抗母命的姑娘身上是常会有的。

两姐妹一向穿着朴素，女人生来爱打扮的心理，只得靠把自己收拾得十分整洁，来得到些许满足。衣衫干净，显得芳洁可爱，也与擦得锃亮的柜台，纤尘不染的搁板，和周围古朴的一切，十分协调。维吉妮和奥古丝汀不得已而过的这种生活，只能从不息的劳作里求得些许慰藉。所以母亲对她们一直很满意，为她们有这样的好性情而暗暗高兴。她们受到这种教育，后果是不难设想的。长于经商的环境，听到的无非是唯利是图的盘算，学到的不过是语法、簿记、一点儿犹太史，及勒·拉格瓦通俗本法国史。看什么书都要母亲点头，所以她们的思路不开阔。她们懂得怎么治家，晓得东西的价钱，知道攒钱之不易，所以十分省俭，对经商的本领不胜敬佩。父亲尽管有家当，但她们无论缝纫和刺绣，样样都拿得起来。母亲还常说，要教她们学学烹调，懂得请客配菜之道，万一抓到厨娘的错儿，可以老实不客气去教训一顿。交际应酬之类的乐趣，她们浑然不知，眼前只有父母那种堪称楷模的生活，连老屋围墙之外都难得张望一下，因为对她们母亲来说，这座屋子就包括整个天地。于两姐妹，世间的全部乐事，就是盼望家庭的节庆聚会。那时，二楼的大客厅里，嘉宾济济，有：珠光宝气的罗甘太太，是谢富乐之女，比齐奥默太太小十五岁；年轻的拉蒲尔登，现任财政部副科长；殷实的花粉商赛查·皮罗多及其夫人；蒲陶南街最阔气的丝绸商加缪索先生，和他的老丈人加陶先生；还有两三个老银行家，以及几位品行端方、无懈可击的女客。节前的准备，给母女三人枯索的生活带来些许变化，银餐具、蜡烛台、水晶杯盏，名窑瓷器，平日都包好收起，这时全要取出摆好，她们来来回回，像修女迎接主教驾到一样忙碌。晚上席散，再把请客用过的器物洗净、擦干、包好，放回原处，忙得疲惫不堪。齐奥默太太由两个女儿服侍上床，一边叹气：

"哎哟，宝贝，今天真是白忙一场，什么正经事也没干！"

有时，逢到这类隆重的聚会，齐奥默太太会把牌局移至自己卧室，腾出客厅来让大家跳舞，这种通融的做法，使两个女儿喜出望外，快活得像父亲带她们去参加狂欢节一样。此外，这位正派的布商，每年都要大请客一次，铺张靡丽，在所不惜。凡是接到邀请者，不管多么有钱，多么体面，俱各应约而来，因为哪怕是最大的商号，也有借重齐奥默先生的信誉、财产和经验的时候。但他的两位千金，并没有像一般所想的那样，在此类交际中得到什么教益。这类盛会，都上得家庭大事记，可惜她们戴的首饰，寒酸之至，自己都感到脸红。跳舞的姿势平平，加上母亲在旁监视，与舞伴攀谈，也只能唯唯而已，应上一句半句。再说，照猫球商店的规矩，出门做客，十一点钟必须回家，而这时酒席和舞会正在兴头上。因此，她们的娱乐，表面看来跟父亲的财富还算相称，其实，由于拘守家法，往往变得索然寡味。至于她们的日常生活，三言两语就可说尽。齐奥默太太给两个女儿定下规矩：一大早就应穿扮整齐，每天按时下楼，起居习惯跟修道院一样刻板。

而奥古丝汀天生心高气傲，对这种生活不免感到空虚。她有时抬起蓝眼睛，似乎向黝黑的楼道和潮湿的店堂发出深邃的探询。这修道院般的幽静领略够了，隐约之间仿佛听到远方的默示，暗示一种视感情重于一切的热烈人生。想到这里，她脸泛红光，停住了手，任白羽纱滑落到光洁的橡木柜台上。紧接着，便听到母亲一声喊，口气即使很柔和，听起来也依旧尖利刺耳：

"奥古丝汀！你在想什么心事呢，我的宝贝？"

也许在想《伊波利特》和《郭明杰伯爵》这类伤感小说[1]——这两本书她是在厨娘的柜子里找到的，这厨娘新近已被她母亲辞退。去年冬天，长夜无事，她花了几个晚上，偷偷把两本书看完，不无所得，助长了她某些思绪。看奥古丝汀的神情，好似怀

---

[1] 分别为奥尔诺华夫人（1690）和唐辛侯爵夫人（1735）所作。

着朦胧的欲求。她温柔的声音，雪白的皮肤，天蓝的眼睛，都在可怜的勒巴心里唤起剧烈而敬慕的恋情。像奥古丝汀这样的姑娘，任性使气，原不难理解；所以，她对眼前这个孤儿毫无意思，也许是因为对他的爱恋一无所知。相反，领班伙计的大手、长腿、粗脖子、栗色头发，却叫维吉妮小姐暗中爱慕不已。她空有二十五万陪嫁，却无人来求亲。这两股各不相涉的激情，在暗黑的柜台边，悄悄滋长起来，如同紫罗兰径自在密林深处绽放，原是最自然不过的事。没头没脑的干活，修道院般的静谧，让年轻人格外感到需要有点消遣。这样，彼此暗地打量，日子一长，迟早会激发出爱意来。一张脸看惯之后，往往会忽略其缺陷，而渐渐发现品性上的优点。

"照那家伙大刀阔斧的做法，"齐奥默先生看到拿破仑颁布的第一号提前征兵令，心里暗忖，"我家女儿碰到一个求婚者，少不得就会屈从的。"

从那天起，为长女红颜易衰而发愁的店老板，想起自己当年娶谢富乐小姐，与今日约瑟·勒巴和维吉妮的处境庶几相仿。把女儿嫁给勒巴，就是说，把自己过去得之于老东家的恩惠，施之于这个孤儿，了此夙愿，岂不是美事一桩！另一方面，约瑟·勒巴已经三十有三，自然会想到年龄障碍，他比奥古丝汀要大上十五岁。而且，以领班伙计的精明，不会猜不到齐奥默先生的意图，深知东家有一套古板的规矩，小女儿决不会嫁在大女儿之前。所以，可怜的伙计，尽管心地像他的长腿厚胸脯一样值得称道，也只得暗自苦恼。

这个小小的独立王国，虽然地处热闹的圣丹尼街中段，却无异于教规森严的苦修院。当时的内情，就如上所述。但是，要想对表面事件或是人物性情有个确切的了解，有必要追溯到故事开始前几个月的情景。

一天，日暮向晚的时分，有个年轻人路过黑洞洞的猫球商店，看到眼前的一幕，不由得立住了脚——这种画面，天底下无论哪位画家见到，都会流连忘返的。那时，店堂里还没点灯，黑乎乎的，宛如画面的底色；店堂深处是饭厅，吊灯洒下一片昏黄的灯光，这种色调，曾给荷兰画派的作品增添不少情韵。白色的台布，银亮的餐具，透明的水晶杯盘，像是辉煌的陪衬，在强烈的明暗对比下，显得格外光彩夺目。老板夫妇的长相，几个伙计的脸容，奥古丝汀冰清玉洁的体态，以及两步之外那个大胖丫头，构成一组大可玩味的群像。这些容颜颇具特色，每种性格都有真率的表情，不难猜到这份人家平和、安宁和简朴的生活。这类可遇而不可求的场景，即使是师法自然的丹青里手，也会觉得难以描摹。这过路人，是年轻画家，七年前得过绘画大奖，新近刚从罗马留学回来。久住艺事昌盛的意大利，心里充满了诗意，两眼饱览拉斐尔和米开朗琪罗杰作之余，倒渴望起真正的自然风物。不管是对是错，当时他的确是这样想的。于奔放热烈的意大利艺术浸润日久，内心却在寻求恬淡娴静的少女范本，但不幸，这只有在罗马绘画中才能找到。此刻，他得以一睹这幅天然图像，心情昂奋，赞赏的目光自然而然盯住画面上的中心人物：奥古丝汀。她似乎遐想出神，不饮不食，灯光正好照着脸部，所以头部轮廓特别分明，上身像置于光环之中，颇有超凡入圣的意味。画家不由得把她比作贬谪下界、思念仙界的天人。一种从未领略过的感受，一股清澈如水、沸腾如汤的恋情，顿时洋溢在他心头。他思绪踟蹰，一站半天，才勉强从销魂境界脱出身来。回到家中，竟至于废寝忘食。

第二天，他一头扎进画室，想起昨夜的情景，仍旧如醉似狂，直到把那神奇的场面移诸画布，才走出画室。然而，还觉得意犹未尽，非把他的偶像也惟妙惟肖地描摹下来不可。为此，他特地又去猫球商店门前转了几次，有一两回还改装易服，大着胆子走进店堂，凑近去仔细瞧瞧齐奥默太太羽翼下的那绝色佳人。他沉溺于恋情，陶醉于绘事，忽忽八个月，连最好的朋友也顾不上见。交游、诗歌、戏剧、音乐，以及日常生活习惯，全然不顾。

一天早晨，奚罗台冲破挡驾的禁令，见到了艺术家，劈面问道：

"这届沙龙，你准备拿什么去应展？"

经这一问，才如梦初醒。画家抓住朋友的手，把他拉进画室，揭示画架上一幅小画和一幅人像。奚罗台把这两件杰作看个仔细，猛然钩住好友的脖子，紧紧抱住，不知说什么好。激奋的情绪，好像只有这样心贴着心，方能传达于万一。

"你坠入情网了？"奚罗台问。

两人都知道，提香、拉斐尔和达·芬奇辈的人像佳作，都是热情的产物，虽然情况各别，但可以说所有杰作，都是在神来兴至之际欣然命笔的。年轻画家只得点点头，代替全部回答。

"意大利刚回来，就在这里找到了爱情，真是好运气！"大画家奚罗台接着说，"不过，这样的作品，劝你还是不要拿到展会上去。你知道吗？画中的妙处，人家还体会不到。这种逼真翔实的色彩，这种工巧入神的画法，时下还不能欣赏。太有深度的作品，公众已不习惯看了。咱们的大作，老弟，买家拿去无非当炉挡和屏风。真的，还不如胡诌几句诗，翻两本古书。那个名气,哼,比咱们画倒霉的画要大多了。"

尽管是善意的,但劝告归劝告,两幅画还是送去参展。描绘室内景物的那件作品,在画坛里引起了一场革命。同类作品应运而生,画展上比比皆是,数量之多,简直使人以为是用机器批量生产出来的。至于那幅女像,气韵生动,很少有艺术家看后不留下深刻印象。观众就其总体而论,有时也很公道,同意授桂冠予人像,由奚罗台亲自置于画上。观众把那两幅画围得水泄不通,照太太们的说法:"人在那里都要挤死了。"艺术掮客和达官贵人出的价钱,换成拿破仑金币,都可以把画面铺满;可是画家不但敬谢不敏,而且不准临摹复本。有人愿出重金,想把这两幅画刻成雕版。鉴赏家固然碰了钉子,经纪人也未必更走运。此事尽管轰动了整个上流社会,但是隔行如隔山,消息还传不到圣丹尼街这块隐蔽地。可巧有一天,公证人夫人来看齐奥默太太,在奥古丝汀面前讲起画展,这位夫人很喜欢奥古丝汀,告诉她展览是怎么回事。罗甘太太的唠叨,自然引起奥古丝汀的兴趣,极想去看看这两张画,便鼓起勇气,暗中求姨妈陪她上罗浮宫。姨妈跟齐奥默太太商量,居然马到成功,准许奥古丝汀可放下烦闷的活计,脱身两个小时。穿过拥挤的人群,年轻姑娘径直走到那幅得奖作品之前。她一下子认出了自己,禁不住像桦树叶片那样一颤。她张皇四顾,想找罗甘太太,人群把她们冲散了。这时,奥古丝汀惊惶的眼睛,突然看到年轻画家满面通红,猛然记起原来就是常在她家门前踯躅的那人,当时出于好奇,曾留意于他,还当是新来的高邻呢。

"请看,这就是爱给我的灵感!"画家走近羞怯的姑娘,凑到她耳边说,姑娘听了一惊。

她不知哪里来的一股劲，劈开人群，走到姨妈跟前；姨妈一直给挤在人堆里出不来，还没走到画前。

"你会给憋得透不过气来的，"奥古丝汀囔着说，"咱们走吧。"

然而，在画廊里，有时并不是你想往哪里走就能朝那方向去的，如此这般，奥古丝汀和姨妈给人群推到离第二幅画只隔几步路的地方。机缘凑巧，两人竟轻轻易易走近这幅走红的画跟前，幸好这一回时尚知道宠爱天才画家。公证人太太一看，当即惊叫一声，亏得人声鼎沸，给嗡嗡之声掩盖了过去。至于奥古丝汀，一看到这美妙的场景，止不住流下泪来。这时，两步开外，站着那个青年画家，看到他出神的样子，奥古丝汀不知出于什么感情，用手指按按自己嘴唇，示意对方不要声张，陌生人点了点头，以示心领神会，还指指罗甘太太，嫌她在旁煞风景。这幕哑剧，等于在姑娘身上扔去一团火。想到和画家的这一默契，觉得像犯了罪似的。令人窒息的闷热，争奇斗艳的打扮，眼花缭乱的色彩，一张张活人的面孔，一幅幅逼真的肖像，数不清的镀金画框，把奥古丝汀看得迷迷糊糊的，更加重了心里的惶恐，感到身上涌起一种前所未有的快意，精神振奋，否则早支撑不住会昏过去的。她相信自己给爱情的魔力控制住了，布道师言之在先，曾说她会坠入情网。是的，此时此刻，她到了疯魔的时刻。她看到那青年得到了爱，得到了幸福，容光焕发，一直陪她走到姨妈的车前。奥古丝汀感到一股冲动，一种任性适意的陶醉，她听从内心雄劲的呼声，对年轻画家瞧了几眼，掩饰不住自己烦乱的心情。她两颊绯红，皮肤雪白，红白对比，容颜从未如此鲜艳明媚。画家从花容玉貌中看到了美丽，从丰姿艳质中看到了娇羞。

奥古丝汀想到自己的出现，予他那么大的快慰，顿时惊喜交迸。而他的名字，正喧传于仕女众人之口；是他的才能，使瞬息即逝的景象得以传之永远。她有人爱！这已毋庸置疑。等看不到画家的身影，心里还回响着这句诚朴的话："请看，这就是爱给我的灵感。"她感到心跳得慌，有点难受似的，因为一腔热血在她身上激荡出前所未有的力量。姨妈问起展出的画，侄女佯装头痛，支吾了事。但是，回到家里，罗甘太太忍不住告诉齐奥默太太，说猫球商店这下子出了名。奥古丝汀听到母亲说要上画展去看自己的铺子，吓得浑身发抖。年轻姑娘连连推说身子不适，这才让她回房睡觉。

"这就是赶热闹的好处，弄得头痛脑热的！"齐奥默先生高声嚷道，"画上看到街上天天见的东西，难道就那么有趣！这类画家，少说两句为好，跟写书的人一样，都是些穷得没饭吃的家伙。见鬼，好端端的铺子，画什么？糟蹋画布！"

"这样一来，倒能给店里招揽点生意，多卖几尺布。"约瑟·勒巴说。

这类实惠的想法，并未使艺术与想象在生意场少受奚落。可想而知，听到这番议论，奥古丝汀不敢再存多大希望。那天夜里，她有生以来第一次思量起爱情。白天的种种，宛如一场梦，一幕幕重新给回想起来。疑惧，希望，愧疚，一颗像她这样纯朴而羞涩的少女之心所能感到的种种情绪波动，她都一一体验过来。在这黑黝黝的屋子，她感到多么空虚，而内心里又蕴有多么丰富的宝藏！嫁个才子，分享他的荣光，噢！对一个在这种家庭中长大的女孩子，怎能不神魂颠倒！对一个囿于俗见而向往高雅生活的姑娘，又该唤起怎样的希冀！如同一线阳光照进了黑牢，奥古丝汀突然萌发了爱。内心各种美好感情一下子都激扬起来，她不及多思，任情之所至。一个年方十八的妙龄少女，带着爱的眼光观察世界，还不把一切都幻成五光十色！她无从测知一个只知爱人的女子和一个充满幻想的男子，婚后会发生什么龃龉。她觉得自己的使命是造福于意中人，却看不到彼此之间的差异。对她来说，当下，就是全部的未来。

第二天，父母看了画展回来，神情沮丧，大失所望。首先，两件作品被画家收了回去；其次，齐奥默太太挤丢了一条开司米披肩。听到自己看过之后画就不再展出，奥古丝汀体会到其中微妙的用心，这是所有女子，光凭本能就十分赏识的。

下一天早晨，戴奥陶·特·索默维安——这个声誉鹊起的姓名也传到了奥古丝汀心里——从舞会出来，站在猫球商店对面，等他天真烂漫的女友出现在窗口，不料给店伙计浇了一身水。姑娘当时不知道他等在那里。画展上再三致意之后，这是两个情人第四次相见。年轻画家奔放不羁的性格，给齐奥默府森严的家规一挫，更激起他对奥古丝汀的痴情，这本是情理中之事。看见心上人坐在账台边，夹在齐奥默太太和维吉妮小姐之间，怎么才能接近呢？其母又寸步不离，怎么给她传递消息呢？像所有情人专会自找麻烦一样，戴奥陶在伙计中也树了个情敌，而别人又从旁帮忙，来跟他作对。即使能逃过许多明眼人，也逃不过老板夫妇严厉的目光呀！到处是障碍，遍地是绝望！大凡求自由的囚徒和热恋中的情人，穷思极想之下，总能想出办法，唯独这青年画家爱到如痴若狂，却一筹莫展。戴奥陶像疯子般在街上转来转去，好像能转出法子来似的。他挖空心思，终于想出用重金收买胖丫头这一策。打那天早晨跟店老板不期而遇，相互打量以来，半个月里，两个情人如此这般已交换过几次书信。他们相约平日在一定的时刻见面，星期天则是趁上圣乐教堂望弥撒和做晚祷之便，奥古丝汀递去一份亲友名单，希望年轻画家去走动走动，在那些只知做买卖赚钱的人中物色一下，是否有人肯为他俩的恋情出把力，当然，对此辈说来，两个人能真心相爱是异乎寻常的事，在商场中是闻所未闻的。除此之外，猫球商店依然恪守旧章，没有任何变更。要是奥古丝汀小姐心有旁骛，有时不顾家规，径自上楼在窗台上放一盆花做暗号，或唉声叹气，或含睇沉思，而竟无人注意，连娘老子也未察觉，一般了解她家作风的人一定会颇感惊讶，因为在这份人家，任何带点诗意的想法都与周围的一切显得格格不入。一瞥一视，一举手一投足，都会给人看在眼里而详加推敲的。然而，说起来也很平常：这艘平静的航船，打着猫球商店的旗号，行驶在巴黎汹涌的海面上，受到季风的影响，常会遇上倾盆大雨。半个月来，五个船员，加上齐奥默太太和维吉妮小姐，正忙于繁重的年度盘点。整捆整捆的布，搬进搬出，重新量尺码，估定存货价。每匹布上的标牌也一一核实，查明进货日期，确定现行价格。齐奥默先生整天站着，手拿量尺，耳背后夹着铅笔，俨然像指挥航行的船长。他的尖嗓门，通过传声孔，向底层货栈问这问那，使用的商业行话简直像谜一样：

"还有多少H-N-Z？"

"全完了。"

"Q-X，还剩多少？'

"两尺。"

"什么价钱的？"

"5-5-3。"

"所有J-J，M-P，剩余的V-D-O，要标3A。"

其他许多话也同样费解，在柜台旁传来传去，像现代派诗，炫新展奇之辈不时引上一句两句，以维持时人对诗歌不衰的热情。到了晚上，齐奥默和大伙计，外加老婆，三人关在房里，结算，登账，催款，开发票。身当重任，三人把结果登录在一大张方纸上，确认店里拥有现金、存货、证券和票据各多少，没有欠账，而人欠达十廿万之巨。证实资本有所增加，庄园有待扩展，房屋宜加修缮，岁收还能加倍，感到有必要再接再厉，积攒更多的钱，而这些勇敢的蚂蚁，脑子里都不曾想一想："世事劳劳，所为何来？"

趁着一年一度这忙乱的当口，算奥古丝汀运气，逃过周围这些刺探的目光。终于，到某星期六晚上，财产清册编造完毕，资产总额里增加了好几个零，光景大好，齐奥默破例撤销禁令，让店员分享长年视若禁脔的甜食。城府很深的老板，搓着双手，特准伙计留在饭桌上。正餐之后，大家刚喝了一小杯家酿酒，便听到雇来的马车驶到。于是全家出动，到多艺剧院去看《灰姑娘》；至于那两个小伙计，每人领到一枚六法郎的赏银，随他们爱上哪儿，但是午夜之前一定得回来。

尽管这样花天酒地，下一天星期天早晨，刚六点钟，老布商就刮好了脸，穿上栗色外套——还像新的一样光显，他颇满意，再套上宽大的绸料短裤，腰上用金搭扣扣住。快七点了，铺子里一切还在沉睡，他走进紧挨底层店铺的密室。全室就靠一扇装有粗铁栅的窗子取光，窗外是四方形的小天井；四壁漆黑，倒真像一口井。老板自己动手，打开铁皮挡板，把窗子顺滑槽推上半截。这时天井里的空气，带着凉意侵入室内；这密室，像所有的公事房一样，有一股特殊的气味。老板站在那里，手搁在藤椅油腻的扶手上，椅子上包的摩洛哥皮也已褪色。他犹豫一下，不知要不要坐下来。他瞧着那张双人写字台，对面就是他女人的位子，埋在厚墙里挖进去的一个拱洞里，感慨万千。钱箱，线绳，器物，编号的纸夹，呢绒上打印记的烙铁，这些年代久远记不清来历的物件，他一一看过，仿佛又面对着老东家谢富乐的身影。他把高脚凳向前挪了挪，记得当年来见已故的东家，就是坐的这张凳子。凳面包了一层黑皮面，鬃毛早就从磨损的凳角往外散落而尚未掉完。他抖索着手，把凳子放在老东家从前放的地方。心中的激奋，难以言述，他拉了一下铃，这铃直通约瑟·勒巴的床头。事关重大的信号发出之后，老头儿拿起三四张借据，眼睛虽然盯着，实际上视而不见，心里横亘着这些沉重的回忆。这时，约瑟·勒巴突然走到他面前。

"请那儿坐！"齐奥默指着那张高脚凳。

布店老板对伙计向来是不让坐的，所以约瑟·勒巴略吃一惊。

"这些借据，信用怎么样？"齐奥默问。

"兑不了现了。"

"怎么回事？"

"听说埃田纳公司前天已在用黄金抵账了。"

"哦！哦！"老布商连连应道，"不到病入膏肓，是不会吐这口苦水的。好吧，咱们谈点别的。约瑟，账都查完了？"

"是的，先生，而且今年的利润也很可观。"

"'利润'这种新名词，别用行吗！说'进账'不行吗？孩子，你想到吗，咱们有这点成绩，也多少靠了你。所以，我觉得对你不应只付工钱。齐奥默太太提议送你一份股份。怎么样，约瑟！'齐奥默与勒巴'，用我们两个姓合做店名，不是合乎社会上常理常情吗？或者，再加上'公司'两字，那就更像块招牌了！"

约瑟·勒巴眼里涌上了泪水，他竭力忍着。

"啊，先生，你这番好意，我怎么配得上呢？！我不过做了点分内事。你肯照应我这个可怜的孤儿，恩情就已够……"

大伙计不敢正眼看老板，用右手袖子揩着左手的袖饰。老板微微一笑，心里想，这老实后生，大概像自己当初一样，要别人给敲边鼓，才能把话说完。

"不过，"维吉妮的父亲接下去说，"我这番意思，看来你的确不配。约瑟！你对我，还不及我信任你。（听到这句话，伙计猛抬起头来。）钱柜的底细，你都一目了然。买卖上的事，这两年来几乎也全告诉了你。还让你跑作坊，了解生产。总之，没有瞒你的事，可你呢？心有所恋，对我就是不漏一句口风！（约瑟·勒巴涨红了脸。）啊！"齐奥默得意起来，"你想瞒过我这老狐狸？我么，你不是亲眼见到，我早就猜到勒戈克要倒！"

"那么，先生，"约瑟·勒巴瞧着东家那专注的神情，不亚于齐奥默对他的注视，"我喜欢谁，你怎么知道的？"

"我有什么不知道的，傻瓜！"这位受人尊敬的商人，自以为得计，拧了一下约瑟的耳朵，"这我都可以原谅，我当年也一样。"

"这么说来，你答应啦？"

"答应，答应，还给二十五万法郎陪嫁，再留下一笔同样数目的款子，咱们打出新牌号，另起炉灶！孩子，还得大干一场，"老商人举起双臂，临空划动，直着嗓子嚷道，"知道吗，我的女婿，只有做买卖，才最有意思！有人问干这一行有啥乐趣，真是傻瓜！好买卖，要靠自己找。交易中要占上风，那才行。像赌博一样，不是眼睁睁瞧着埃田纳公司破产。要让过路的御林军，都穿上用本店呢料做的制服。而对隔壁店家，不妨脚下使绊，当然要做得冠冕堂皇。要使我们制造的料子比别家便宜。开一爿店，从开始筹划，到扩大经营，历经艰险，而后才能办成。对每家商行的底细，要像警察局长一样摸得清清楚楚，免得吃倒账。而在倒闭风潮中，又要能站稳脚跟。凡是有制造业的城市，都要写信去广交朋友。这玩意儿，不是永无止境的吗？这样，才是生活！我会像老东家谢富乐一样操心死的，但我觉得这样开心！"

齐奥默老头即兴说道，江河直下，都顾不上看一眼热泪满面的伙计。

"哎，约瑟，可怜的孩子，你怎么啦？"

"噢，齐奥默先生，你不知道我多爱她，心里一直悬悬不定，我想……"

"哎，孩子，"商人听了也心软，"你运气好得想都想不到！因为她也爱你。这我知道，我！"

他瞧着伙计，眨了眨绿色的小眼睛。

"啊！奥古丝汀小姐！奥古丝汀小姐！"约瑟·勒巴热情迸发之下，叫出声来。

他正要冲出密室，感到给一条铁臂攥住了。是老板听了一愣，使劲把他拽回来。

"这桩事，跟奥古丝汀有什么相干？"一听老板的声音，苦恼的伙计心就凉了半截。

"我爱的,不……是……她吗?"伙计讷讷地说。

这一下可巧没看准,把齐奥默窘住了。他重新落座,双手捧着尖脑袋,考虑自己此刻所处的尴尬局面。约瑟·勒巴又是惶愧,又是绝望,直僵僵地站在一旁。

"约瑟,"老板口气凛然地说道,"我刚才跟你提的是维吉妮。当然,爱情不能强求,这我懂。你嘴巴紧,我知道,这桩事咱们都忘了吧。要知道,我断不会把小女儿嫁在维吉妮之前的。你成功的希望只有一成。"

领班伙计在爱情的鼓动下,增长了胆量和口才,合着双手,对老板讲了刻把钟,说得那么热诚、动人,局面竟起了变化。谈的如果是生意经,老板自有法度,不难做出决定。然而,此事与做买卖风马牛不相及,在感情的海洋上,他没有罗盘指南;漂浮不定,一时没了主意。由于禀性忠厚,开始有点打退堂鼓了。

"噢,真见鬼,约瑟,你不是不知道,我两个女儿年纪差十岁!谢富乐小姐早年也不漂亮,做了我太太,不是也没有什么可抱怨吗?你学学我的样吧。反正,别淌泪抹眼的,这多蠢!你想怎么办?事情终归能圆满解决,走着瞧吧。办法总会有的。咱们男子汉,可不能像赛拉东[1]整天围着女人转。明白吗?齐奥默太太是热心的教徒,而且……这样吧,哟!孩子,今天早上去望弥撒的路上,你让奥古丝汀挽着,你们两人一起走吧!"

这话,齐奥默是随口说的,但听者有意,可乐坏了热恋中的伙计。他握着未来岳翁的手,话中有因地说:"是的,一切都会圆满解决的。"等走出烟雾腾腾的密室,心里已为维吉妮小姐想到

---

[1] 为杜尔菲(1568—1625)小说《阿丝特莱》里的男主人公,是个体贴入微、献媚输诚的男子。

自己有位朋友倒很般配。

"齐奥默太太会怎样想呢？"等到房里只剩他一人，敦厚的老布商为这个念头苦恼不已。

这桩失意事，他决定暂且不让老婆和女儿知道。吃午饭时，齐奥默太太和维吉妮小姐带着狡黠的神气，把约瑟·勒巴看得大为发窘。伙计这种羞涩之态，倒博得岳母大人的好感。师母意兴甚佳，望着丈夫眯眯笑，还说了几句风趣话，这在他们这般忠厚人家稀罕得像凤毛麟角。她怕约瑟和维吉妮高矮不相称，便要两人比一下。这类进入正题前的痴话，使一家之主的老板，额上平添了几片愁云。他装得极重礼仪，吩咐等会上圣乐教堂，要奥古丝汀挽着领班伙计。齐奥默太太想不到丈夫考虑得这么周全，暗暗称奇，对丈夫点点头，表示赞许。一家老幼这样走出门去，街坊上才不致引起什么猜测。

"奥古丝汀小姐，"大伙计颤声说，"你不觉得吗，一个信誉很好的商人，比如齐奥默先生吧，他太太难道不该比令堂大人有更多的享用，不该戴钻戒、乘马车吗？噢，我么，要是结婚，宁可自己吃苦，也要让老婆过得称心如意。我才不让她去站柜台。你想到没有，在布店这一行里，柜台女郎已不像从前那样缺少不得。当然，齐奥默先生这样做，自有他的道理，而且，你母亲也觉得乐在其中。但是，一个女人能在账务、信函、零售、订货、家务方面帮得上忙，不至于闷得慌，也就可以了。七点一到，铺子打烊，我就出去萧散萧散，去看看戏，会会朋友……可是，我归我说，你没听？"

"我听着哪，约瑟先生。搞油画，你觉得怎么样？这很有身份吧。"

"嗯，我认识一个搞漆画墙的，叫卢德华师傅，就挺有几个子儿。"

诸如此类，一家人这样交谈闲聊，走到了圣乐教堂。于是，齐奥默太太重新行使职权，破题儿第一遭叫奥古丝汀坐在自己身边，维吉妮居第四位，紧挨勒巴。这时，戴奥陶躲在一根柱子后面，正热诚地求告他的"圣母"。讲经的时候，奥古丝汀和戴奥陶彼此眉目传情，尚无大碍。到举扬圣体之际，齐奥默太太才瞥见——可惜晚了一点儿——奥古丝汀倒拿着经书。她本想当场发作，却突然放下面网，经也顾不上念，只管朝女儿双眸流盼的方向望去。她透过老式的圆眼镜，看到一位少年艺术家，那身风流倜傥的打扮，绝不会是本区的买卖人，倒像是个来此休假的骑兵上尉之流。齐奥默太太心里火暴得简直难以想象。她一向自诩为善于管教孩子，现在却发现小女儿心里有股私情，其危险的程度，又因她这做娘的过于正经和昧于世事而显得格外严重。于是，便认为女儿完全堕落了，坏到心眼里了。

"小姐，你先把书拿正了。"母亲声音虽低，却十分震怒。

接着，她把那本泄露女儿心思的经书，一把夺过来，将字母摆顺了。

"看着经文，眼睛别瞧别处，"她加上一句，"否则，休想过我这一关！等做完弥撒，你爸和我有话跟你说。"

这几句话，对可怜的奥古丝汀犹如晴天霹雳，觉得简直要晕过去。她深感自己命苦，再加怕在教堂里闹出事来，觉得浑身疲软，但还是鼓起勇气，掩饰自己的烦忧。然而，只要看她手中发颤的祷告书，和落在经文上的眼泪水，就不难猜出她剧烈的情绪。看到齐奥默太太射来火冒三丈的目光，艺术家明白自己的爱情遇到了风险，心里压着一股无名火，冲出门去，决计要为所欲为，不顾一切了。

回到家里，齐奥默太太对奥古丝汀说："你先回房吧，小姐。等会派人来叫你。你别离开房间。"

夫妻俩的谈话，机密透顶，滴水不漏。维吉妮先是打种种手势，给妹妹鼓气；这时就更殷勤，溜到母亲房门口，偷听里面的密谈。她第一次从三楼往下跑到二楼，听到父亲正高声在说：

"太太，你难道要女儿的命？"

"小可怜，"维吉妮回楼对伤心落泪的妹妹说，"爸爸在替你说话呢！"

"那么，他们准备怎么对付戴奥陶？"天真烂漫的姑娘马上追问道。

好奇的维吉妮又跑下楼去，这次，她在门口待的时间更长：得知勒巴爱的是奥古丝汀。书上说，一个家庭，别看平时太平和顺，碰到为难的日子，也会突然变成一座地狱。齐奥默先生告诉过勒巴，奥古丝汀爱了一个他们不认识的人，叫勒巴绝了这个念头。勒巴此前已要自己的一个朋友来向维吉妮小姐求婚，一听老板此言，感到自己的如意算盘落了空。维吉妮小姐明白，约瑟实际上等于拒绝自己，不胜委屈，竟头痛起来。老夫妻俩彼此话不投机，争得很凶，这是他们这辈子第三次意见相左。临了，到下午四点，两眼哭得通红、浑身哆嗦的奥古丝汀，面无血色，给叫到父母跟前。可怜的姑娘好不天真地把这段短促的恋爱史讲了一遍。父亲先开导了几句，答应静静听她把话说完，这样她心里略镇定了些，居然有了勇气，在父母面前说出戴奥陶·特·索默维安的名字，故意把标明贵族世家的"特"字念得特别响。她表白自己的感情,谈着谈着,感到一种从未有过的快意,胆量一壮,便又天真又坚决地宣布,她已经爱上了特·索默维安,还给他写过信,特此含泪加上一句:

"要我嫁别的男人,只能造成我一辈子不幸。"

"哎哟,奥古丝汀,你难道不知道画家是什么东西吗?"母亲骇然嚷道。

"齐奥默太太!"布商喝住了老婆,对女儿说,"奥古丝汀,搞艺术的,通常都是些穷光蛋。他们花销太大,结果没有一个不穷愁潦倒。约瑟·韦尔内先生,勒坎先生,诺威尔先生[1],他们生前,我都给他们办过货。啊!那位诺威尔先生,圣乔治骑士,尤其是斐利铎[2]先生,跟可怜的谢富乐老头调过多少枪花,你真该知道知道才好!都是些怪人,这我很清楚。说起话来,天花乱坠,而且派头十足……啊!休想,你那个素默……什么来着?"

"是特·索默维安。爸爸!"

"行,就算特·索默维安!如果待你好,也好不过圣乔治骑士在官司输给我那天那种礼让客气!这类高等人物,只有过去才有。"

"但是,爸,戴奥陶先生可是出身阀阅世家呀,他信里告诉我,说他很有钱。大革命前那位叫特·索默维安骑士的,就是他父亲。"

听了这几句话,齐奥默先生望望脸色可怕的老婆,她正气

---

[1] 上述三人,分别为法国画家(1712—1789)、悲剧演员(1728—1778)和芭蕾舞大师(1727—1810)。
[2] 圣乔治骑士(1745—1799)为剑术家,斐利铎(1726—1795)为作曲家。

呼呼地,用脚尖踹着地板,在一旁阴沉沉地一声不吭。她满目怒火,对奥古丝汀连看也不看。眼前这桩大事,她似乎把责任全推给了丈夫,谁叫他们不听她话的。不过,尽管表面装得很冷淡,看到丈夫没了生意人的头脑,对这桩倒霉事儿要应承下来,便忍不住嚷道:

"老实说,先生,你对女儿,心也太软了……可是……"

这时,门口马车停下来的声音,打断了齐奥默太太的数落,说实在的,她丈夫也已听怕了。不一会儿,罗甘太太已经进到房间中央,瞧着这场家庭戏里的三个角色:

"我全知道了,堂姐。"她老气横秋地说。

罗甘太太有个毛病,自从做了巴黎公证人的老婆,以为人家什么都得听她的。

"我全知道了,"她又说了一遍,"我像《圣经》里那只鸽子,衔着橄榄枝,给诺亚方舟来报喜啦。这个比喻,我是从夏多布里昂的《基督教真谛》那本书里看来的。"她转身对齐奥默太太说,"你听了这个比方,该高兴才是,姐姐。"她又笑盈盈地对奥古丝汀说,"你知道吗?特·索默维安先生是个挺可爱的人。今天早晨,他为我画了一幅肖像,那才是大师手笔,还题赠给了我。这幅画,少说也值六千法郎。"

说到最后一句,她轻轻拍了一下齐奥默先生的手臂,老布商不由得噘了噘嘴,这是他特有的表情。

"我同特·索默维安先生很熟,"鸽子接着说,"这半个月来,凡我招待朋友,他都大驾光临,给晚会增色不少。他把内心的痛苦,统统告诉了我,要我替他做主。今天早上,我才知道,他看中了奥古丝汀,而且意在必得。啊!堂姐,别摇头不赞成。

告诉你们吧,他就要晋封为男爵了,前不久皇帝亲自在画展上,特授他荣誉团五等勋章。罗甘已受聘做他的法律顾问,知道他的财产状况。就说地产一项吧,他的岁收就有一万两千法郎。而且要知道,做他这样一个人的岳丈,也就成个人物啦,当个区长之类还不容易!杜邦先生封了伯爵后,就当上议员啦,没听说吗?就是因为他以区长的身份,前去恭贺皇上攻入维也纳。噢!这门亲事一定成功。我就喜欢他,这小伙子心地多好。他对奥古丝汀的那种尽心竭力,只有小说里才有。行啦,小姑娘,你的运道来了,别人都恨不得能处在你的地位上呢!我家凡有晚会,特·加里里阿诺公爵夫人必到,她也风靡上了特·索默维安。有些嚼舌根的说,公爵夫人是为了年轻画家才到我家来的,难道一个明日黄花的公爵夫人跑到谢家出身的太太府上就有失体面啦,我们谢家也是殷实富户,有上百年的历史。"

"奥古丝汀,"罗甘太太停了停又说,"那幅画像,我总算看到了。天哪,真绝!你知道吗,皇上还想看呢。他笑着对陆军部次长说,各国君主来朝觐见的时候,出入宫廷的贵妇要是个个都这么美,那欧洲可不就长治久安了。这还不够恭维吗?"

这天一早像要有暴风雨的样子,结果也像自然界一样,最后复归清朗宁静。罗甘太太巧言令色,即使枯索如齐奥默夫妇者,她也要设法拨动他们的心弦。而果然有一根弦给她拨动了。那是一个奇特的时代,商界和金融界特别热衷于联姻高门,拿破仑手下的军官利用这种风尚,就得到不少好处。齐奥默先生有点特别,一向反对这种可悲的时弊。他常爱说:女人嫁老公,不相上下合体统,爬得太高,报应迟早会到。爱情经不起家庭生活折腾,两口子你觉她好,她觉你好,才能和和顺顺;一个高明一个笨，不能了解不能长；丈夫讲东，妻子说西，话不投机，少不得挨饿受饥。以及诸如此类他自己发明的格言。他把这样撮合的婚姻，比作早先的丝毛混纺品，结果毛断丝不断，总有一方倒霉。

然而，人心都是爱虚荣的。猫球商店的掌舵人，一向以谨小慎微见称，也在罗甘太太咄咄逼人的游说下败下阵来。想不到倒是严厉的齐奥默太太，先自认为女儿的抉择有其道理，不同凡例，同意在家里招待特·索默维安先生，以便细细盘问一番。

店老板找到约瑟·勒巴，告以事情的原委。傍晚六点半，饭厅的玻璃屋顶下，聚集着罗甘太太和罗甘先生，年轻有为的画家和娇艳秀曼的奥古丝汀，还有以运气当罪受的约瑟·勒巴，和已经不再头痛的维吉妮小姐。画家的光临，使饭厅顿时蓬荜生辉。齐奥默夫妇依稀看到前景在望：两个女儿终身有靠，猫球商店也交由精明人接手。到上点心的时候，两老的兴致达于极点：画家把他那幅一鸣惊人而岳家翁婆未能看到的画作，送呈当见面礼。这件作品，画的正是老店的内景，是他们生平几多幸福所系的地方！

"你太客气了，"齐奥默大声说道，"听说有人出到三万法郎，就是这张……"

"哟，我帽边上的穗儿，画上也找得到呢！"齐奥默太太接过话头。

"还有，这几块摊开的料子，"勒巴也插嘴道，"好像伸手可以取出来似的。"

"衣料服饰，容易画好，"画家答道，"处理衣褶方面，现代画家倘能达到古代画家的造诣，那才值得高兴呢。"

"啊，原来你也喜欢衣料服饰？"齐奥默老头嚷嚷道，

"啊，那敢情好！来，咱们击掌为凭，小伙子！你看得上做买卖这一行，就好说话了。嘿！做买卖，有什么可瞧不起的？天下世界就是从做买卖开的头，亚当不就是为了区区一只苹果，把天堂出卖了？要说么，这买卖实在划不来！"

店老板乘着酒兴，自得其乐地哈哈大笑。他拿出上好的香槟酒，斟酒劝杯，豪爽非凡。年轻画家被搅得目迷五色，觉得未来的岳父岳母和蔼可亲。间或也说几句笑话，亦庄亦谐，引得他们一片欢欣。因此，颇得大家好感。

入夜，酒阑人散，这间摆满——照齐奥默先生的说法——豪华家什的客厅，顿时显得空旷寂寥。齐奥默太太从桌旁走近壁炉，从灯架走向烛台，忙个不迭，把蜡烛一一吹灭，而老练的商人，只要一涉及买卖或银钱上的事，便目光如炬，看得雪亮。这时，他把奥古丝汀拉到身边，让她坐在自己腿上，跟她讲了这一番话：

"我的小乖乖，你要嫁给索默维安，就随你的便，等于拿你终身的幸福去做冒险的资本。但是好好的布，涂涂抹抹，就能挣到三万法郎，我就不信。钱来得快，去得也快。今晚你没听到这浑小子说吗，银钱之所以是滚圆的，就是便于滚滚而去。对于挥金如土的人，固然是滚圆的，但对于克勤克俭的人，又是扁平的，可以一块块码起来。这花花公子还说要送马车、打钻戒给你呢。他有钱，花在你身上，bene sit（好事一桩），我没话说。但是，我给你的钱，都是辛辛苦苦攒起来的，我可不愿意眼看着变成大马车、小摆设，滚滚而去。花钱大手大脚，便不会大富大有。就算你有十万银币陪嫁，也不能把整个巴黎买下来呀，有朝一日，你名下还能领到几十万法郎，但是，对不起！我要叫你等够了才给。所以,刚才我把那个来求亲的家伙拉到一旁,对一个能逼得勒戈克破产的人来说,要让艺术家同意在婚后与妻子财产分理,简直不用费什么唇舌。签订婚约的时候,我会特别留意遗赠条款的措辞。放心吧,孩子,我还等着做外公呢!我巴不得现在就有外孙可以抱抱。你此时此刻,就得向我起誓:凡是银钱方面的事,不经我同意,就不要签字。我如果走早一步,去见谢富乐老板了,那你发誓:务必听从你姐夫勒巴的意见,这点你得答应我!"

"好吧,爸,我发誓一定照你的话办。"

听到这般依顺的口气,老头儿亲了亲女儿。这天夜里,几个恋人都跟齐奥默夫妇一样,安然入梦。

这个足堪纪念的星期日过后几个月,圣乐教堂的祭司同时为两对大不相同的新人证婚。奥古丝汀和戴奥陶站在祭台前,浑身喜气洋洋,两眼含情脉脉,衣着优雅入时,门外还停有华贵的轿车。维吉妮跟家人是乘出租马车来的,她穿得很朴素,挽着父亲的手臂,跟在妹妹后面,不胜谦卑,像阴影一般衬托整个和谐的画面。齐奥默先生说得唇干舌焦,才使教堂同意,先给维吉妮主婚,算是嫁在妹妹之前。但看到教堂里上上下下的人,不管什么场合,都趋奉那位体面的新娘,老头儿不禁怏怏不乐。他听到邻居特别称颂维吉妮有见识,认为她的婚事最牢靠,矢忠于自己的街区;同时,出于妒忌,对奥古丝汀嫁了一个画家,一个贵族,少不得挖苦几句。此外,也有人表示担心,说齐奥默家如果别有抱负,那他们的呢绒铺就后继无人了。一个扇子店老板说,那个吃光用尽的家伙过不了多久就会叫奥古丝汀睡稻草铺的。齐奥默老头听了,暗自庆幸自己在女儿的婚约上留了后步。当晚,先举行舞会，豪奢靡费，接着是晚宴，酒菜之丰盛，现今这代人已颇少有这类回忆了。席散后，齐奥默夫妇留在举行婚礼的鸽棚街邸宅里，勒巴夫妇乘出租马车回到圣丹尼街的老屋，为猫球商店掌舵。其乐陶陶的艺术家，搂着可爱的奥古丝汀，等轿车驰到三兄街，便抱起新娘，走进一套竭尽精致、分外华美的公寓。

戴奥陶欢恋若痴。差不多有一年光景，少年夫妻生活的蓝天空里没有一丝云翳。两个恋人，逍遥度日，无忧无虑。戴奥陶天天都花样翻新，给欢娱增添点缀。在颠鸾倒凤之后，他喜欢软绵绵懒洋洋地躺躺，这时神思飞越，似乎把两情欢好都忘了。奥古丝汀快活得想不到还要考虑点什么别的，在幸福的浪涛里载沉载浮。在婚姻的名分下，她整个身心都沉浸于两情依依之中，还觉得意犹未尽。以她的纯朴天真，既不懂欲迎故拒地撒娇，也不会发发小姐脾气来威慑丈夫。她爱得太深，想不到要计划未来，想不到这种轻怜蜜爱的生活会有尽期。她为自己能给丈夫带来如许快乐而高兴，觉得丈夫永无止境的爱就是她最美的装饰，正像她的忠贞和依顺有一种永恒的魅力一样。总之，新婚燕尔，她出落得越发光艳明丽，她为自己的姿容感到骄傲，自恃永远能左右一个像索默维安那么容易冲动的男人。因此，身为人妻，除了更懂得爱，别无长进。身在福中，依然故我，还是当年住在圣丹尼街一隅的无知小姑娘，根本想不到要学一点儿为她生活环境所必需的风韵、教养和声气。说的无非是情话，尽管说得委婉细腻，但使用的不过是所有钟情女子的常用语，而钟情似乎就是女人的天性。她偶有一个想法，不合丈夫的意，艺术家便付之一笑，像笑外国人开头常用错字，但久久不改，也会令人厌烦。

这一年，越是欢悦，过得越是快。尽管有千般情爱，一天早上，索默维安也觉得应该重新开始画画，恢复往日的习惯。况且，夫人有喜了。他常出去访朋会友。少妇自己哺育孩子，就够她辛苦一年的，这一年里，画家无疑是在勤奋工作，不过，有时为了散散心，也上交际场所跑跑。他最乐意去的地方，是加里里阿诺公爵夫人府；公爵夫人也终于把大名鼎鼎的画家收在自己门下。等到奥古丝汀产后复原，儿子也不像早先那样叫人一步离不开、逼得母亲非放弃酬酢之乐不可，戴奥陶便想带漂亮的妻子到社交场去露露面，令人艳羡赞美，满足一下他立身社会的自尊心。对奥古丝汀来说，沾丈夫的光，出入沙龙，引起别的女人妒意，也别有一番情趣。不过，她的美满姻缘也已到了回光返照之际。她尽管刻意小心，仍不免露出自己平庸无知、不善辞令和思想偏狭的弱点，一开头便伤了丈夫的虚荣与自负。

开头两年半，新婚情浓，对索默维安的性格有所约束；弹指间，枝叶飘零，情弛意缓，丈夫一度改变的习惯与好尚，又故态复萌，率由旧章。追求诗情画意，陶醉在幻想之域，对高人雅士，自是一种不受时限约束的权利。这两年当中，为一颗强健的灵魂所渴望的这种需求，在戴奥陶心里并未泯灭，只不过找到新的养料罢了。艺术家在爱的原野上任意驰骋，像孩子摘玫瑰摘得手里拿不下时，情况就变了。画家有什么得意的构思，拿图稿给妻子鉴赏，听到的只是像齐奥默老头一样的惊叹："真好看呀！"这种毫无热情的赞誉，并不是真有所感，只是出于爱的笃诚。对奥古丝汀来说，丈夫深情的一瞥，远胜于最美的绘画。认为只有来自心灵的一切，才最高超。戴奥陶终于不得不承认这一惨痛的事实：妻子对诗情画意了无所感，她未能生活在他的天地里，他兴来神往，即席挥洒，妻子不能追随左右，也不能乐他之所乐，忧他之所忧。妻子脚踏实地，置身于现实之中；而画家却昂首天外，神驰在九霄之上。与另一人缔姻，虽情亲意密，却要时时压抑自己奔放的想象，消泯自己美妙的构思，这种绵绵无尽的苦痛，并非常人所能想象。在画家，这种折磨更觉难忍，因为他对终身伴侣的感情，第一要求彼此不应讳莫如深，而应敞开心扉，互诉衷肠。一个人违背常理，就不会不受惩罚，而常理也跟生存需求一样是铁面无私的，当然，生存需求本身也是人类社会的一种常理。

索默维安躲进画室，想求个安静。希望妻子和艺术家交往之下，有裨于陶冶性情，开拓才智；一般高卓之士认为，每个人身上都有慧根，只是沉睡未醒而已。奥古丝汀笃信宗教是出于至诚，所以听到画家们那种不经之谈，不免感到吃惊。戴奥陶第一次请客，宴席上有一位年轻的画家对她说：

"可是，太太，拉斐尔《耶稣显容》里的天堂，不见得会比你的天堂更美！况且，拉斐尔的画，我早就看腻了。"

那画家的插科打诨，奥古丝汀竟听不出顽童般的轻薄口气。其实只是句打趣笑话，意思不在取笑宗教。于是，便对这群才智之士开始存有戒心，这是逃不过众人眼睛的。有她在场，大家觉得拘束，而艺术家受了怠慢，当然也不客气：或是退避三舍，或是语带讥刺。况且齐奥默老夫人确有可笑之处，尤其爱摆出一副俨然凛然的姿态，以为这是已婚妇女的特权；奥古丝汀虽然常揶揄母亲过分古板，自己却耳濡目染也学到了三分。规矩女人难免过于洁身自好，这就招来了几张漫画。对这类无伤大雅的玩笑，索默维安也不便发作。玩笑即使再刻薄，说到底，也不过是友朋间的戏谑而已。而戴奥陶很容易受外界影响，这类事对他不会就风吹云散。所以，不知不觉间，对妻子冷淡起来，而且程度有增无已。美满的婚姻可比之于爬山，山巅上是窄窄的一溜地，背坡却又陡又滑，画家的爱情已走上了下坡路。

画家对于妻子的乖张做法，按他的伦理观念，完全说得过去，只是妻子不认可罢了。有些想法，他认为妻子未必理解，瞒她也可以问心无愧，有时他疏远妻子，并非情有可原，却照样我行我素。这样，奥古丝汀只能暗自痛苦，无可告慰。这类难言之情，等于在夫妻间加上了一道越来越厚的帷幕。不能说丈夫亏待她，但奥古丝汀看到，他机智的谈锋，优雅的举止，以前都奉献于她脚下的，现在却都施之于别人，不免感到寒心。更糟的是，她很快把社交场那些风雅的谈吐，都认为是男人用情不专。语言之间虽没什么抱怨，但整个态度无异于苛责。伉俪三年，出门有华贵的轿车，风头十足，生活在荣华富贵圈里，又叫多少不明世事的人看了眼红，却想不到这位年轻美貌的少妇正陷于极度的苦闷之中，脸容失去了早先的红润。她思前想后，如果人生是本大书的话，苦难就是她最初的篇章。她决心硬着头皮，尽到为人妻的义务，希望以自己的宽宏大度，打动丈夫回心转意；可是事与愿违。有时，索默维安工作累了，走出画室，奥古丝汀也不马上收起手上的活计，画家看到妻子像个普通主妇，在一针一线缝补家人和自己的衣服。她自己的钱，慷慨拿出来供丈夫挥霍，毫无怨言，但为了保全丈夫的财产，无论是自己花销，还是日常用度，她都十分撙节。而这种精打细算，与艺术家大手大脚的派头，很不投合，艺术家但求享受人生，从来不问一问最后为什么会潦倒。至于蜜月的清辉，怎么逐渐暗淡，终于沦为幽暗一片，这里就不细叙了。

很久以来，奥古丝汀听到丈夫谈起加里里阿诺公爵夫人，其情绪之热烈常溢于言表。一天，她正很忧伤，有位女友来看她，说到索默维安对这位出入宫廷的妖娆女子甚为依恋，并把这种关系点明了，还给了她一些不无恶意的忠告。二十一岁，正值青春年少，花容月貌，而丈夫竟为一个三十六岁的半老佳人而欺骗自己！在社交场，在家宴上，奥古丝汀会陡感凄苦，弄不懂别人对她有什么可赞美、可妒羡的。面容也换了一副表情。她衷心郁悒，眉宇之间有种隐忍的雅致，失宠的娴静。不久，少不得有风流倜傥的男子来向她献媚输诚，但她还是孤芳自赏，安分守己。倒是丈夫漏出几句瞧不起她的话，加重了她的绝望情绪。她终于不得不看到，症结在于彼此难于沟通，由于自己教养不足，跟丈夫的心无法圆匀融洽。她还是很爱丈夫，只怪自己不是，对他的一切都原谅了事。这真是她伤心泣血的时刻。世上的错姻缘，有的固然因为习俗不同、门第不配，可也有的是因为意气不投；等她意会到此，已后悔莫及了。回想新婚时期春光旖旎，更对逝去的幸福觉得意义重大。她私心认为，这样圆满的爱情，抵得过人家整整的一生，现在只能用不幸作代价来补偿了。然而，相爱之心未变，期望并未完全丧失。于是，她在二十一岁上，开始培植自己，希望自己的想象力至少配得上她所赞佩的人。

"如果成不了诗人，"她心里想，"至少可以懂点诗。"

特·索默维安太太拿出全部的意志和精力，那是所有钟情女子都具备的，试图改变自己的性情、好尚和习惯。大本大本的书，狼吞虎咽，苦学不辍，到头来也只是不那么无知而已。轻松自如的才调，优雅风趣的谈吐，原是天然的禀赋，或是早在摇篮时期就熏陶出来的。她能欣赏音乐，自己唱就谈不上有情韵。文学她懂,诗歌的美也能领略,就是年纪一大,记不得许多。上流社会的交谈,她听得津津有味,但自己说来就语不惊人。她的宗教观念和童稚偏见,影响才智得不到充分发展。最后,戴奥陶对她怀有的成见,更是她无法克服的。每逢人家称赞他夫人,戴奥陶就冷嘲热讽,看来貌似笑谈,却也不无道理。艺术家盛气凌人,把个娇媚少妇镇住了。有他在场,或单独相见,奥古丝汀就感到发怵。她一心想取悦于丈夫,结果反而弄得手足无措。她的聪敏,她的知识,统归无用。这个另有所欢的丈夫,甚至对妻子的忠诚也感到不快,反说她没有感情,好像存心要她失身似的。奥古丝汀竭力不去想,一味迎合丈夫的脾气与兴致,满足丈夫的自私与虚荣,作了种种牺牲,结果毫无成效。两颗心灵总会有最为投契的某一时刻,也许彼此都错失掉了。一天,少妇敏感的心灵,又受到沉重的一击,旁人以为他们的关系已趋破裂。奥古丝汀更感孤独了。事过不久,她想到一个要不得的主意,预备回娘家去求点安慰,讨点主意。

一天清晨,她回到那座毫无气派、常年寂静的老屋,那是她度过少女时期的地方。她走近门面怪异的楼房,重睹那扇窗子,不禁触目伤怀,轻轻叹息一声。从这里的窗口,她曾给心上人送去第一个吻,而今,他给她生活带来的痛苦,不亚于当年的荣华。楼房依旧,呢绒生意好像有了起色。现在,安坐在其母当年账台旁那个位子的,是她的姐姐。愁眉苦脸的少妇,一进门先碰到姐夫,他耳背后夹着笔,忙得没工夫理她,因为正在进行年度盘点,周围是一大堆吓人的标签。姐夫说了声"抱歉",便自顾自忙去了。姐姐对她也很冷淡,脸上还带几分愠怒之色。的确,奥古丝汀鲜衣艳服,车马煊赫,平时只有顺路才来看看姐姐。勒巴为人谨小慎微，他太太认为，奥古丝汀清早登门，一定是为银钱上的事来伸手求援的，所以说话特别有分寸，叫奥古丝汀听了暗中好笑。画家的妻子发觉，除了帽旁没有穗儿外，维吉妮十足是她母亲的替身，把猫球商店历久不衰的盛誉赓续绵延下去。

吃中饭时，奥古丝汀发觉饭桌上的规矩也有了变化，这倒应归功于约瑟·勒巴的通达事理：上甜点心时，店员可不必退席；用餐时，也可随意交谈；再者，饭菜很足，看得出生活宽裕而不尚奢华。漂亮的少妇还看到几张法兰西剧院的戏票，想起在剧院里不时看到过姐姐。勒巴太太披的开司米披肩，质地精良，足见丈夫对她很慷慨豪爽。总之，这对夫妻跟着时代在前进。奥古丝汀在店里消磨了大半天，看到他们夫妻相得，生活顺遂，固然没有豪情胜慨，但也没有风狂雨骤，不觉为之动心。生活对姐姐姐夫说来，就是这爿店，做买卖才是根本。姐夫对维吉妮谈不上宠爱逾分，姐姐就努力去培养感情。不知不觉间，丈夫对她开始尊重起来，疼爱起来，幸福之花终于绽放，这对约瑟和维吉妮是天长日久、白头偕老的保证。因此，听到奥古丝汀唉声叹气，谈起自己的苦况，姐姐就搬出一大套圣丹尼街的道德说教，滔滔不绝，像是洪水袭来。

"事情已经如此，"约瑟·勒巴对太太说，"应该给小姨子出出主意。"

精明的商人这时笨头呆脑地帮奥古丝汀分析，从法律和道德方面看小姨子具备哪些有利因素，可以帮她摆脱困境。约瑟作种种设想，一一列举，然后就像对待不同货物，分门别类，放在秤上，权衡轻重。根据小姨子的情况，他觉得有必要采取激烈手段。但这不称奥古丝汀的意，她对丈夫还颇有感情，尤其一听到约瑟·勒巴讲通过法律途径，她的情感全都觉醒了。奥古丝汀向两位朋友道了谢，回去的时候，比来请教之前，更加不得要领。

　　奥古丝汀又冒冒失失上鸽棚街的老宅，想向父母叹叹苦经，好像身患绝症的病人，急来乱投医，连偏方也不妨一试。两老把女儿接进门，不胜慈爱体恤，使奥古丝汀大为感动。女儿的来访，对他们生活是种调剂，弥足珍贵。他们这四年的生活，就像航海家失了罗盘指针，成了漫无目的的漂流。大家围坐在火炉旁，你一言我一语，讲讲限价时期的灾难，历次重大的趸批进货，避免倒闭的手段，对勒戈克破产案尤其津津乐道，不失为齐奥默老头的马伦哥战役[1]。等到陈年老话说完，就重温收益最好的几次资产盘点，以及圣丹尼街的掌故逸闻之类。下午两点光景，齐奥默老头照例到猫球商店去转一转；回来的时候，在沿路的店铺前停停站站，这些店铺从前都是他的对手，现在换了年轻的老板，他们想拉老头儿一起做风险生意，他照惯例，并不当场断然拒绝。两匹诺曼底良马，颐养在邸宅的马棚里，都胖得要死：齐奥默太太只在礼拜天上教堂参加正场弥撒，才坐车出门。这对体面的夫妻，一星期宴客三次。靠女婿索默维安的名声，齐奥默老头当上了军服咨询委员。丈夫在朝中做了大官之后，齐奥默太太决心炫耀一番：间间房间塞足金银摆设，堆满格调不高但价格不菲的家具，连最简朴的房间也成了琳琅满目的祭堂。宅中之物，即使是件小摆设，也体现出搏节与奢靡的较量。小到买一只烛台，齐奥默老头好像也在投放巨资似的。屋里东西多得犹如杂货铺，而阔气的排场也足以说明二老的百无聊赖。杂乱无章之中，

---

[1] 一八零零年六月十四日，拿破仑军队与奥地利优势兵力会战于意大利北部的马伦哥，拿破仑转败为胜，击溃奥军。

索默维安那幅名画占着尊荣的一席，成为老夫妻俩最大的安慰。两老每天都要戴上老花镜看上十来遍，过去生活的种种尽在其中，那时是如此忙碌，又如此有趣！

这座邸宅和房间里，是一派衰老和庸俗的气息，老夫老妻好像在黄金礁石上搁了浅，已经远离人世，远离一切活力，奥古丝汀看了大为惊异。此刻看到的，是人生画卷的后半部，前半部在约瑟·勒巴处已经寓目，那是一种忙忙碌碌而没有波澜的生活，像海狸一样按部就班，凭本能过日子。于是，她对自己的愁蹙困顿感到一种莫可名状的骄傲，因为这种忧戚是承一年半美满婚姻的余绪而来，而这一年半，在她眼里抵得过千百空虚可怕的人生。当然，她把这种有失厚道的感想藏在心里，在父母面前则尽是显摆新学到的优雅风趣，承欢撒娇，使他们乐意听她抱怨丈夫的话。这类私房话，上了年纪的人本来就特别爱听。齐奥默太太觉得女儿这种非同一般的生活，必定有其离奇古怪之处，连细枝末节都要打听明白。拉富丹男爵的游记，老太太拿起来看了好几遍，都没看完，比起女儿讲的事，加拿大野人的生活，简直是无所足道。

"怎么，女儿，你丈夫和一些脱得精光的女人关在房里，你倒老实得可以，相信他在画画？"

老太太说到这里，摘下眼镜，放在一张小针线桌上，然后整整裙子，两手合着搁在抬起的膝盖上，因为她双脚总搁在脚炉上，垫得很高。

"唉，妈，画家作画都要有模特儿。"

"可是他来提亲的时候，这件事瞒着我们没说。我要早知道，决计不会把女儿嫁给干这一行的人。这种不知羞耻的事，宗教是禁止的。你刚才说,他晚上几点钟才回家?"

"也就是一两点吧……"

两老听了面面相觑,呆了半晌。

"那他是出去赌钱啦?"齐奥默先生过了半晌才问道,"想当年只有赌鬼才这么晚回家。"

奥古丝汀努了努嘴,分明排除这种责难。

"他让你等苦了吧,"齐奥默太太接过话茬,"没有,你自己先睡了,是不是?要是输了钱,这恶魔一定会弄醒你的。"

"倒也不是,妈,他有时倒兴致很高。夜色很好的时候,还时常叫我起来,一起到树林里去走走。"

"到树林里去走走,半夜三更的?是不是住处挤,房间、客厅都不够大,只好跑出去?这个坏蛋拉你出去走,不是存心让你着凉吗?是想甩掉你吧。哪里见过一个成家立业、生意顺遂的人,还像夜游神那样东跑西颠的呢?"

"妈,你不知道,要才情飞扬,就得激奋情绪。他很喜欢当场……"

"好啊,我倒要叫他当场出彩,你瞧我的!"齐奥默太太打断女儿的话头,"对这样一个男人,你还让他三分?首先,他光喝白开水,我就不喜欢,这对身体没好处。他看到女人吃东西就摇头,是什么道理?真是少见!简直是个疯子。你讲的那些事,都叫人意想不到。男人家怎么能一声不吭,说走就走,过十天半月才回家?他跟你说,是到迪埃浦画大海去了,难道真是画海?完全是胡编乱造,你真是在白日做梦。"

奥古丝汀刚开口要为丈夫辩解,齐奥默太太就用手一拦,女儿依顺惯了,积习尚存,不敢违抗,只听得母亲冷冷地说道:

"得啦，别跟我再提这家伙啦，他从来没踏进教堂一步，除非为了去看你，去跟你结婚。一个人教都不信，还有什么事干不出来？难道你爸想过要对我隐瞒什么，哪有三天不说一句话，接着又像喜鹊一般叽叽喳喳说个没完没了？"

"哎哟，妈呀，对高超之士可不能这么严。他们要是跟大家一般见识，那就不成其为天才了。"

"那好呀，让天才孵在家里，不结婚好了。怎么？天才就可以让老婆受苦倒霉！有天才，就可以无法无天？天才、天才！像他那样信口雌黄，叫人不知怎么办才好。随便打断别人说话，在家里称王称霸，弄得你不知所措！他不高兴，老婆就不能快活；他要是伤心，老婆也得跟着发愁。"

"可是，妈，想象最要紧的……"

"什么想象？"齐奥默太太抢着说，"他的想象真叫奇妙，我的天！哪有一个人，也不听听医生的，忽然心血来潮，什么也不吃，只吃蔬菜，这算什么路数？要是信教，倒也罢了，吃素还有个好处，看来他还不及胡格诺教徒，连一点儿信仰都没有。他倒好，喜欢起马来，超过喜欢邻人。头发烫得曲曲弯弯的，简直像个异教徒。再说，那些石头雕像，也用得着盖细洁的轻罗纱？白天工作，把窗关起来，而点着灯，哪里见过这样的人？哼，听我说，要是他不这么粗俗无礼，伤风败俗，疯人院还能收他呢。你去请教一下洛霍先生，就是那位圣·舒尔比斯教堂的助理司铎，问问他的意思看，他准会说，你丈夫这种行为，不像个基督徒……"

"噢，妈，难道你相信……"

"不错，我相信！你爱他，所以这些事，你都看不见。可我记得，你们婚后不久，我在爱丽舍大街遇到他，骑着马。你猜怎么着？他一忽儿让马没命地快跑，一忽儿又把马一勒，慢吞吞慢吞吞走，当时我心里就想：这个人做事真没准儿。"

"嗨！"齐奥默老头搓着手嚷道，"你出嫁时，我把你的产权跟这怪物的分开，真做对了。"

这时，奥古丝汀一时失口，说出与丈夫不甚相得，两老一听气得说不出话来。齐奥默太太马上提出离婚。一听"离婚"两字，刚才还无所表示的店老板好像突然惊醒过来，那就只听他一人说了，一来因为爱女心切，更何况打一场官司，会给他止水般的生活带来跌宕变化。他要出头去打离婚官司，差不多想自己出庭去替女儿辩护。他主动提出，一切诉讼费归他负担，并自告奋勇，由他去找诉讼代理人、律师、法官，搅他个天翻地覆！画家夫人反倒害怕起来，谢绝父亲效劳的好意，声称哪怕再倒霉十倍，也不愿离开丈夫，之后，就再也不肯提自己的忧愁。两老为了宽慰女儿，照应得无微不至，反弄得她疲惫不堪。奥古丝汀抽身告退之际，感到高超之辈很难为庸常之流所了解。她懂得，女人的有些烦恼，是很难得到别人同情的，应当对所有的人，甚至包括父母，都三缄其口。上层圈子里的风暴和苦难，只有高尚之士才能理解。一切事上，唯惺惺才能相惜。

可怜的奥古丝汀回到冰清冷落的家里，瞻前顾后，不胜痛苦。用功对她已毫无意义，再学习也不能使丈夫回心转意。这类烈火般的心灵，她虽然得窥幽微，却束手无策；与他们为伍，快乐分享不到，苦恼却惹了不少。在感情的巨浪面前，社交场合显得那么偏狭渺小，她深感厌恶。总之，此生已是虚度。

一天晚上，她突然有个想法，仿佛一线天光洞观她黑暗的苦难，而这种想法，也只有对像她这样单纯善良的心才会露出笑脸。她决定亲自去见加里里阿诺公爵夫人，不是去兴师问罪，索回丈夫，而只想讨教讨教婉转作态的媚功，想使这位上流社会的娇娘看在密友的孩子面上，能关切她这个为人母的人，并想说动公爵夫人来协力缔造自己日后的幸福，正像那贵夫人已经铸成她眼前的不幸一样。于是选定日子，一向腼腆的奥古丝汀，拿出超乎寻常的勇气，在下午两点光景，踏上马车，想直接进到这位美妇的客厅，可是早了一点，还不到人家会客的时间。

圣日耳曼区那些气象万千的华邸大宅，特·索默维安夫人尚未拜识过。她穿过堂皇典丽的前厅，踏上恢宏壮观的楼梯，走进轩朗宽敞的客厅，尽管时值隆冬，这里还摆满鲜花。陈设高雅，看得出女主人不是在富贵圈中长大，便是过惯养尊处优的贵族化生活的，奥古丝汀感到揪心的痛苦：这样的气派，她连想都想不到，很愿探悉其中的奥妙。她嗅到了雍容华贵的气息，也明白了这座屋子为什么对她丈夫特具魅力。她走进公爵夫人的小厅，看到家具、窗帷和布幔都布置得赏心悦目，她不单妒忌，而且感到绝望。在这儿，凌乱之中见出韵致，奢华之中含有轻财之意。室内飘溢着好闻的气味，香而不腻。窗外的草坪和绿树，与室内的摆设，有珠联璧合之妙。一切都引人入胜，丝毫看不出人工痕迹。奥古丝汀等待接见的沙龙，更是集女主人全部才情之大成。竭力想从四散的物件中，猜度自己这位情敌的品性，但是杂乱无章，正像井井有条一样，自有某种不易窥破的法度，在纯朴的奥古丝汀眼里，简直成了不解之谜。她所能见到的，就是公爵夫人不愧为女中翘楚。这个感想，对她来说，滋味颇不好受。

"唉，对一个艺术家，"她思忖道，"难道有颗对他一往情深的心，还不够吗？要配得上这些高强的灵魂，难道女人也要同样心高气傲才行吗？我能有这个迷人精的教养，就不怕进行较量，还不旗鼓相当？"

"我不是不在家吗！"

这短短几个字，尽管是在隔壁上房里说的，声音很低，奥古丝汀还是一字不漏都听到了，心里突突直跳。

"可是那位太太早已驾到。"贴身女仆答道。

"你发疯啦！那就马上请她进来吧。"公爵夫人扬声说，声音顿时变得很甜美，口气也很亲切，显得礼数周全。显然，她是有意说得要让人听到。

奥古丝汀虚怯地向前走去。这间上房清新宜人，见到公爵夫人不胜娇慵的样子，斜倚在绿天鹅绒的长沙发上，背后是杏黄底子的半圆形帷幔。鎏金的青铜摆设，布置得高雅绝伦，把公爵夫人烘托得仿佛是华盖之下的一尊古典雕像。墨绿的天鹅绒，丝毫无损于她诱人的姿色。清浅的光线，不像阳光而像反射光，映出她的娇姿美质。赛佛窑的名贵花瓶里，伸展出几株珍奇的鲜花，香气四溢。奥古丝汀好像走进画里，惊诧不置，脚步走得那么轻，无意中看到公爵夫人美目流盼，对着画家夫人一时还看不到那人的方向，好像是说："留下别走，你就会看到一个漂亮女人。有你作陪，我接见她就不会那么无聊了。"

这时，公爵夫人一眼看到奥古丝汀，款款站起身来，让她挨自己坐下。

"啊，太太，承蒙大驾光临，有何见教啊？"说着嫣然一笑。

"干吗这么虚假？"奥古丝汀心里这么想，但只点了点头。

这阵沉默，真是求之不得。原来少妇发觉这场戏里多了一个角色。此人算得是年轻潇洒的体面校官。一身既是戎装亦是便装的衣着,更显得他风度优美。少年英俊,脸上十分富于表情,上唇蓄着乌黑的菱角髭,下颏是一把浓密的帝式须。两鬓修得很齐整,一头像密林般乱蓬蓬的黑发,使脸容显得更加精神。他手中摆弄着马鞭,潇洒自如,得意于自己的仪表与修饰。绶带马马虎虎地挽在纽扣上,好像俊逸的风度比军人的英武更值得炫耀似的。奥古丝汀瞧着公爵夫人,同时瞟了一眼上校,含有恳求之意。

"那就再会了,特·艾格勒蒙。回头布洛涅森林见吧。"

听这妖娆女人说话的声气,像是奥古丝汀进来之前,他们两人就已约定在先。这时公爵夫人用威凌的目光瞪了军官一眼,军官也是咎由自取,因为他带着不胜赞美的神情正欣赏着厅里素净的鲜花,觉得与高傲的公爵夫人大异其趣。花花公子此刻默默弯腰作别,用长筒靴的后跟一转身,风姿翩翩地走出客厅。奥古丝汀斜眼窥视自己的情敌,看到她正目送英俊的军官离去,即便是飘瞥的一瞬,其中的脉脉情意,也决计逃不过一个女子的眼睛。年轻的少妇感到深切的痛苦,眼看自己这次登门拜访成白跑;这位惺惺作态的公爵夫人,唯渴求人家的恭维奉承,对别人是不会有多少体恤之情的。

"夫人,"奥古丝汀声音哽咽地说,"我现在跑来向你求情,你会觉得很奇特;但是,人到了走投无路,不免异想天开,想必你能见谅。戴奥陶为什么喜欢来您公馆,您为什么对他那么举足轻重,我现在都明白了。唉!我只要反躬自问,就能找到许多理由。可是,夫人,我爱我的丈夫呀!两年来我所流的眼泪,也没把他的身影从我心上抹去,虽然我已失去他的欢心。我在气头上，也想跟你争个短长；今天我特地前来拜访，就想来领教怎样才能在情场上稳操胜券。噢！夫人。"少妇热切地抓起她情敌的手，公爵夫人任由她握着，"您要是能帮我重新赢得我丈夫的……不说爱情，就算是友情吧，我就要拿出为自己都不曾有过的热诚来求上帝保佑你幸福终身。我的全部希望，都寄托于您身上了。啊！告诉我，您有何妙法，能博得他的欢心，使他连新婚燕尔那段日子也忘了……"

说到这里，奥古丝汀止不住抽泣起来，哽哽咽咽地语不成声。她为自己的软弱感到不好意思，便用手帕捂着脸，一下子把手帕都沾湿了。

"还那么孩子气呢，我的小美人儿。"公爵夫人觉得这场面很新异，很有趣，想到这位少妇或许是全巴黎最贤惠的女子，能得到她的敬意，不禁有点动心。她从画家妻子的手里拿过手绢，亲手替她揩拭泪珠，一边不胜怜爱地嘀嘀咕咕的哄她。

静默了一会，妖娆的公爵夫人伸出高贵的双手，攥住奥古丝汀的纤纤素手，用亲切柔和的口气对她说：

"我第一个忠告，就是劝你别这样哭哭啼啼的，哭相总是难看的。应该善于克制悲伤，要知道忧愁能伤人，而且爱情在痛苦的床上，是睡不长的。再说，神情忧郁，开始固然能略增情韵，不无可爱之处；但老是一副愁容，会把脸上的线条拉长，哪怕最娇艳的脸蛋儿也会憔悴下去。还有一点，我们的暴君都很自负，希望看到他们的女奴成天都快快乐乐的！"

"啊！夫人，我不是没察觉。看到自己的脸，以前因为得到了爱，得到欢乐，曾经容光焕发，如今却变得灰暗苍白，神情冷漠，怎么不万箭攒心呢！可是我控制不住自己的情绪啊！"

"那可不好，漂亮的太太。我觉得，你的全本故事，我都知道了。首先，你得明白，你丈夫如果变心，与我无关。如果说，我曾把他罗致到自己沙龙里，那我得承认，这完全是自尊心作怪。他这名流，不是哪里都不走动吗？我太喜欢你了，他为我做的那些疯癫的事儿，不便一一奉告。我只透露一桩，或许对我们有点用处，一则可以叫他回心转意，再则也可以治一治他对我的胆大妄为。他这样下去，迟早会败坏我的名声。这个上流社会，亲爱的，我是深有了解的。我可不愿意受一个自视颇高的人任意摆布。你该明白，男人们愿意奉承讨好，大献殷勤，尽可听便；但嫁给他们，那可就错了。我们女人家，对才华横溢的男人，固然应该敬佩，像看好戏一样加以赞赏，但跟他们一起过日子，对不起！那等于好好的包厢空着不坐，绚丽的幻景放着不看，却跑到后台去看什么机关装置。可怜的孩子，你府上出了点事，是不是？那你就得把自己武装起来，对付他的专横暴虐。"

"啊，夫人！在走进这客厅，见到你之前，我已经心有所悟，这些妙计我想都想不到。"

"那么，有空可常来坐坐，不用多久，你就可以学到许多小关节。别看是小道，还相当重要哩。这类表面文章，对那些傻瓜，也有半条性命那么要紧，而且即使是天才，才智出众，在这种事上，也会傻得可以，而且这种人还不是一个两个。我敢打赌，你对戴奥陶，一向是有求必应，从不拒绝的。"

"夫人，对一个倾心相与的人，还有什么可以拒绝的？'

"你真过于天真啦，我就喜欢你这股傻劲儿。你得明白，我们越爱一个人，就越不能衷心太露，尤其是对丈夫。两人中间谁爱得深，谁就受罪，更糟的是，迟早会给遗弃。你想占上风，就该……"

"怎么,夫人?难道还要隐瞒,算计,作假,矫饰,而且要一直这样做下去?噢!这种日子怎么过法?请问,难道您……"说着说着就迟疑起来,公爵夫人爽然一笑。

"亲爱的,"这位贵夫人语重心长地说,"婚姻要想美满,就得用点心计,但要慎之又慎。假如我跟你说婚姻,而你却说爱情,那我们就谈不拢了。您听我说,"她用推心置腹的口气往下说,"我有幸见过当代多位名流。凡是已经结婚的,除个别例外,娶的夫人都不甚足道。而想不到这些夫人倒能把丈夫镇住,就像皇帝君临天下一样,不说得到丈夫的宠爱,至少得到丈夫的尊重。我很喜欢知道这类秘密,特别是跟我们女人有关的秘密,能找出谜底,很有意思。你知道吗,我的宝贝,这些巾帼英雄的本事,就是把丈夫的性格摸透了,她们不像您,觉得丈夫高出一头,拜倒在他面前,而是卖乖弄巧,点出丈夫品性上的欠缺,而所欠缺的,不管她们自己是否真的具备,总之,在丈夫面前张张扬扬,最终把丈夫收服。再者,还应当知道,这些男人看上去很了不得,实际上都有点疯疯癫癫,就要善加利用。只要决意想收服他们,抱定宗旨,把我们所有的举措,想法,媚功,全都用上,就不怕不能制服这些桀骜不驯的家伙。也正因为他们心猿意马,我们就不愁没办法左右他们。"

"噢,天哪,"年轻的少妇听后为之骇然,"生活原来如此。简直是搏斗……"

"可不是,得时时摆出咄咄逼人的架势,"公爵夫人笑道,"我们的功夫,全在似假非真之间。可不能给男人看扁了,不然,得使尽手段,才能重新抬头。您过来,"她加上一句,"我教您一招，包您能把丈夫拴住。"

公爵夫人站起身来，笑盈盈地领着这位来学御夫术的女弟子，穿过小小的迷宫，来到一座通向客房的暗梯旁。她转动门上的暗锁，略停一停，瞧了一眼奥古丝汀，那种精明和媚姿简直学都学不来。

"告诉您吧，加里里阿诺公爵就是喜欢我！可是，没有我的许可，他就不敢进这道门。他这人，惯于指挥千军万马，面对排炮毫无惧色，但是在我面前……他知道戒惧。"

奥古丝汀叹了口气。她们走进华美的画廊，公爵夫人把画家的妻子领到当年戴奥陶为齐奥默小姐所作的肖像前。一见这画，奥古丝汀不觉惊叫一声。

"这幅画，我早知道不在家里了，"她说，"但没想到……会在这儿……"

"我的小乖乖，我把这幅画要过来，无非想看看一个天才男子会荒唐到什么地步。画，我迟早会奉还的，而真迹会站在摹本之前，倒叫我始料所不及。趁这会儿说话的工夫，我叫下人把画送到你车上去。有了这件法宝，还管不住丈夫，真也太无用了。再有倒霉事儿，只能怪你自己了！"

奥古丝汀俯身吻了一下公爵夫人的手，公爵夫人把她搂进怀里抱了一阵，情意之缱绻，足以到第二天就把她忘个一干二净。这种场面，换了别人，不像奥古丝汀那么贤惠的，会把憨厚纯良的秉性彻底毁掉。公爵夫人揭示的奥秘，说有用也有用，说有害也有害，因为上层社会尔虞我诈的手段，对奥古丝汀无异方枘圆凿，正像约瑟·勒巴的器识狭隘和母亲大人的卑俗说教，对她都不相宜一样。人生中只要稍有差池，就会陷人于阴错阳差的境地,造成难言的后果!奥古丝汀的处境,就像阿尔卑斯山牧人突然遇上雪崩:略一迟疑,或者听到呼救声就跑过去,结局就不堪设想。一个人面临这种危局,不是为之心碎,就会变得心硬如铁。

特·索默维安太太在回家路上,情绪波动之大,非笔墨所能尽述。加里里阿诺夫人的一席话,把她心里搅得乱腾腾的。她像寓言中的小羊,各种想法互相抵牾,狼不在眼前,便勇气十足。她自言自语,设谋划策,想装得千娇百媚,就像对着丈夫一样讲起话来,恢复了女人家能说会道的本领,可是一想到戴奥陶雪亮的眼睛会盯着她,先就战栗起来。她进门问先生在不在家,声音低到几乎听不到。得知丈夫不回来吃饭,心里感到说不出的高兴,像死囚不服原判,上诉期间不管多短,也像有漫漫的一生。她把画像摆在自己房里,怀着希望,忐忑不安地等候丈夫回来。她预感到,今后的祸福穷通,就在此一举,所以听到一点儿声响,便心惊肉跳;甚至连挂钟的摆动,也像在推波助澜,加重她的疑惧。她东摸摸,西弄弄,挨延时光。她突然心生一计,想把自己打扮得跟画里一模一样。深知丈夫遇事踟蹰的性格,她叫下人把房里灯光点得通亮,非同寻常,相信丈夫回来,出于好奇,一定会到她房里来。

午夜刚过,马车夫一声吆喝,公馆的大门随即拉开。院子里静悄悄的,画家的马车辗过石板路面停了下来。

"灯光通明,是什么好兆头啊?"画家走进太太的房间,声音里透着高兴。

奥古丝汀灵机一动,抓住良机,奔过去钩住丈夫的脖子,手指着那张画。画家一瞧,顿时像石头似的呆住了,眼睛看看奥古丝汀,又看看指证罪证的画像。怯弱的妻子,吓了个半死,看见丈夫渐渐变脸，凶相毕露，额上的皱纹像乌云一般攒聚，她觉得全身的血都凝住了。丈夫两眼冒火，声音低沉地质问道：

"这幅画，在哪里找到的？"

"是特·加里里阿诺公爵夫人还给我的。"

"是你讨来的？"

"我压根儿不知道画在她那儿。"

这个天使甜润的，或者说悦耳的嗓音，足以感化吃人生番，却不能打动一个自尊心受到伤害的艺术家。

"瞧她干的好事！"画家大吼一声，"这口气，我非出不可！"他大步踱来踱去，"我要把她画出来，叫她丢尽脸面，无地自容。对，我要把她画成放荡的梅煞灵（Messaline），深更半夜从宫里逃出去跟人私奔！"

"戴奥陶！……"奥古丝汀的声音像要断气似的。

"我要她的命。"

"我的朋友！"

"她看上了骑兵上校，就因为那小子骑马骑得好。"

"戴奥陶！"

"哼，别管我！"画家的声音简直近乎号叫。

整个情景，描述下来只会叫人厌恶。总之，到了最后，画家发火发得忘乎所以，大吵大闹，换了一个比奥古丝汀年轻的女人，准以为他神经错乱了。

第二天早晨八点，齐奥默太太突然跑去看女儿，发觉奥古丝汀面无血色，两眼红肿，头发散乱，手中拿着一块哭湿的手绢，望着地上撕成碎片的画布和砸得不可收拾的镀金画框，呆呆地坐在那里出神。奥古丝汀悲痛得失去知觉，只用绝望的手势，指了指狼藉满地的布片碎屑。

"哟,这倒是一笔损失呢!"猫球商店的皇太后嚷道,"画是画得真像,的确不错。但我听说,街上有人代画肖像,张张讨人喜欢,才收五十个银币。"

"哎,妈!……"

"可怜的孩子,这才对啦!"女儿看了母亲一眼,其中的意思,齐奥默太太并没懂得,"算了吧,孩子,天底下的人,只有做母亲的才最知疼爱。我的心肝,我全猜到了。把你的伤心事统统说出来,让我来宽慰你心。我不是早就说过吗,这家伙是个疯子!你的贴身女仆告诉我好些事,就更加不近人情了……这真是个恶魔!"

奥古丝汀用手指按着苍白的嘴唇,好像哀求母亲别说了。经过昨夜这个可怕的夜晚,苦难已教会她要逆来顺受,而这种隐忍功夫,在一般做母亲的和多情女子身上,远远超过常人的能耐,显示女子身上有些动人心弦的品性,上帝是拒绝恩赐给男人的。

蒙玛脱公墓里,现有一块不高的墓碑;据碑文记载,特·索默维安夫人终年二十七岁。这位娇弱的女人生前有位朋友,他从简朴的碑文里,得以窥到她戏剧性一生的临终一幕。年年岁岁,每逢十一月二日[1]这个庄重的日子,他走到这块新立的大理石墓碑前,心里总要想:是不是只有不像奥古丝汀那么脆弱的女性,才经得住天才强劲的拥抱?

"那些卑微朴野的鲜花,"他心里寻思道,"开在深山幽谷确是百般芳菲,一旦移栽到天际日边,那里烈日炎炎,更有风雨

---

[1] 亡人节

相摧,或许就更易凋谢。"

一八二九年十月,作于马弗里埃
二〇一七岁末　校核

夏倍上校

01

诉讼代理人的事务所

"哎唷！咱们的老**卡列克**[1]又来了！"

这样大惊小怪嚷着的是一个小职员，在一般事务所中被称为**跳沟的**[2]。他把身子靠着窗口，狼吞虎咽的啃着一块面包，挖出些瓤搓成一个丸子，有心开玩笑，从撑开了一半的窗里摔出去，摔得那么准，面包丸不但打中了一个陌生人的帽子，还跳起来，跳到差不多和窗子一般高。陌生人刚在楼下穿过天井。天井的所在地是维维安纳街上诉讼代理人[3]但尔维先生住的屋子。

首席帮办正在那里核一笔账，停下来说："喂，西蒙宁，别跟人捣乱；要不然我把你赶出去了。不管当事人怎么穷，到底也是个人！"

---

[1] 卡列克为十八世纪末至十九世纪初叶流行的一种大氅。相传为英人约翰·卡列克所创；上半身披肩部分长至手腕，共有两三叠之多。
[2] 十九世纪时巴黎街道尚极污秽，道旁阴沟污水淤积，行人常有失足之事；故吾人俗称为跑腿的，当时巴黎人称为跳沟的。
[3] 法国司法制度，律师只负责庭上辩护；凡拟写状子，准备一切诉讼手续及代表当事人出庭等等均由诉讼代理人负责。代理人的资格须经司法当局核准，且全国诉讼代理人的总数有一定限额。

凡是当**跳沟的**，通常都和西蒙宁那样是个十三四岁的男孩子，在事务所里特别受首席帮办管辖。除了上书记官那儿送公文，向法院递状子以外，还得替首席帮办当差，带送情书什么的。他的习气跟巴黎的顽童一样，将来又是靠打官司这一行吃饭的：永远不哀怜人，一味的撒野，不守规矩，常常编些小调，喜欢挖苦人，又贪心，又懒惰。可是这一类的小职员大半都有一个住在六层楼上的老母，一家两口就靠他每月挣的三四十法郎度日。

"他要是个人，干吗你们叫他做老**卡列克**呢？"西蒙宁的神气活像一个小学生抓住了老师的错儿。

说完他又吃着面包跟乳饼，把半边肩头靠在窗框上；因为他像街车上的马似的站着歇息，提着一条腿，把靴尖抵着另一条腿。

叫作高特夏的第三帮办正在随念随写，拟一份状子的底稿，由第四帮办写着正本，两个新来的内地人写着副本。这时高特夏恰好在状子里发挥议论，忽然停下来轻轻的说道："这怪物，咱们怎么样要他一下才好呢！"

然后又把他的腹稿念下去：

"……但以路易十八陛下之仁德睿智……（喂，写正本的台洛希学士，十八两字不能用阿拉伯字！）……自重掌大政以后，即深知……（深知什么呢，这大滑头？）……深知天帝所赋予之使命！……（加惊叹号，后面加六点。法院里还有相当的宗教信仰，大概天帝二字还看得下去吧）故圣虑所及，欲对于为祸惨烈的大革命时期之牺牲者首先予以补偿——此点鉴于颁布诏书之日期即可证明——将不少忠实臣下（不少两字一定使法院里的人看了得意的）被充公而未曾标卖之产业，不论其是否归入公产，抑归入王上之普通产业或特殊产业，或拨归公共机关，一律发还；

吾人不揣冒昧，敢断言此乃颁布于一八××年之圣谕之真意所在……"

念到这里，高特夏对三个职员说："等忽儿，这要命的句子把我的纸填满了。"他用舌头舔了舔纸角，预备把厚厚的公文纸翻过来。

"喂，你们要开玩笑的话，只消告诉他，说咱们的东家要半夜里二三点钟才接见当事人，看这老坏蛋来不来。"

然后高特夏把那没结束的句子念下去："颁布于一八……（你们赶上没有？）"

"赶上了。"三个书记一齐回答。

谈话，起稿，捉弄人的计划，都在那里同时进行。

"颁布于一八……（喂，蒲加老头，诏书是哪年颁布的？那可含糊不得。真要命！纸张倒耗费不少了。）"

首席帮办蒲加还没回答，一个书记接应了一句："**真要命！**"

高特夏带着又严厉又挖苦的神气瞧着新来的抄写员，嚷道："怎么！你把真要命这几个字也写上了吗？"

第四帮办台洛希把抄写员的副本瞅了一眼，说道："一点不错；他写的是：那可含糊不得。**真要命！**……"

所有的职员听了都哈哈大笑。

西蒙宁嚷道："怎么，于莱先生，你把**真要命**当作法律名词吗？亏你还说是莫太涅地方出身！"

"快点儿抹掉！"首席帮办说。

"给核算讼费的推事看了，不要说我们荒谬绝伦吗？你要给东家惹是招非了。于莱先生，以后别这样乱搅！一个诺曼底人写状子不应该糊里糊涂[1]！这是吃法律饭的第一件要紧事儿。"

高特夏还在问："**颁布于……颁布于……**（蒲加，告诉我到底是哪一年呀？）"

"一八一四年六月。"首席帮办回答的时候照旧做着他的工作。

事务所的门上有人敲了一下，把冗长累赘的状子里的文句打断了。五个胃口极好，目光炯炯，眼神含讥带讽，小脑袋，卷头发的职员，像唱圣诗一般同时叫了声"进来！"便一齐抬起头来。

蒲加把头埋在公文堆里（法院的俗语叫作**废纸**），继续写他的账单。

那事务所是一个大房间，装着一般的事务所通用的那种炉子。管子从斜里穿过房间，通到一个底下给堵死了的壁炉烟囱。壁炉架的大理石面上，可以看到大大小小的面包，三角形的勃里乳饼，新鲜的猪排，玻璃杯，酒瓶，和首席帮办喝巧克力用的杯子。这些食物的腥味，烧得太热的炉子的秽气，和办公室与纸张文件特有的霉味混合之下，便是有只狐狸在那儿，你也不会闻出它的臊臭。地板上已经被职员们带进许多泥巴和雪。靠窗摆着首席帮办用的，盖子可以上下推动的书桌；背靠这书桌的是第二帮办的小桌子。他那时正在**跑法院**。时间大概在早上八点与九点之间。室内的装饰只有那些黄色的大招贴，无非是不动产扣押的公告，拍卖的公告，成年人与未成年人共有财产拍卖的公告，预备公断或正式公断的公告；这都算是替一般事务所增光的！首席帮办的位置后面，靠壁放着一口其大无比的文件柜，把墙壁从上到

---

[1] 诺曼底一带（包括莫太涅在内）素来是出讼师的地方，故诺曼底人不谙公文程式，特别显得荒谬。

下都占满了，每一格里塞满了卷宗，挂着无数的签条与红线，使诉讼案卷在一切案卷中另有一副面目。底下几格装着旧得发黄的蓝镶边的纸夹，标着大主顾的姓名，他们那些油水充足的案子正在烹调的过程中。乌七八糟的玻璃窗只透进一点儿亮光。并且，二月里巴黎很少事务所在上午十点以前能不点灯写字，因为这种地方的邋遢是我们想象得到的：大家在这儿进出，谁也不在这儿逗留，没有一个人会觉得这么平凡的景象对自己有什么关系。在主人眼里，事务所是一个实验室，在当事人是一个过路的地方，在职员是一个教室：他们都不在乎它的漂亮不漂亮。满是油垢的家具，从一个又一个的代理人手里郑重其事的传下来，某些事务所甚至还有古老的字纸篓，切羊皮纸条的模子，和从夏德莱衙门出来的公文夹；这衙门在前朝的司法机构中等于今日的初级法院。所以这个尘埃遍地，光线不足的事务所，跟别的事务所一样，在当事人看来颇有些不可向迩的成分，使它成为巴黎最可怕的魔窟之一。固然，魔窟还不限于此：潮湿的祭衣室是把人们的祷告当作油盐酱醋一般秤斤掂量，计算价钱的；卖旧货的人堆放破衣服的铺子，是令人看到灯红酒绿，歌衫舞袖的下场，使人生的迷梦为之惊醒的。要没有这两种富有诗意的丑地方，法律事务所便是最可怖的社会工场了。但赌场、法院、娼寮、奖券发行所，全是污秽凌乱，不堪入目的。为什么？也许因为在这等场所，内心的活剧使一个人不在乎演剧的道具；大思想家与野心家的生活所以特别朴素，也不外乎这个原因。

"我的刀子在哪儿？"

"我吃早饭呢！"

"该死！状子上怎么能放肉包子！"

"诸位,别闹啊!"

大家这样同时叫嚷的当口,年老的当事人进了事务所,正在关门。可怜虫战战兢兢,动作很不自然。他想对众人笑脸相迎,但在六个漠不关心的职员脸上找不到一点儿善意的表示,他面部的肌肉也就跟着松了下来。大概他看人颇有经验,所以很客气的找**跳沟**的说话,希望这个当出气筒的角色不至于粗声大气的对待他。

"先生,贵东家能不能接见我呢?"

狡猾的**跳沟**的再三用左手轻轻拍着耳朵,仿佛说:"我是聋子。"

"先生,你有什么事啊?"高特夏一边问一边吞下一口面包,那分量足够做一颗两公斤重的炮弹;他手里晃着刀子,交叉着腿,把翘在空中的一只脚举得跟眼睛一般高。

那倒霉蛋回答:"我到这儿来已经是第五次了,希望见一见但尔维先生。"

"可是为了什么案子吗?"

"是的,但我只能告诉但尔维先生……"

"东家还睡着呢,倘若你有什么难题和他商量,他要到半夜里才正式办公。你不妨把案情告诉我们,我们同样能替你解决的……"

陌生人听了声色不动,只怯生生的向四下里瞅着,像一条狗溜进了别人家的厨房,唯恐挨打似的。由于职业关系,事务所的职员从来不怕窃贼,所以对这个穿卡列克的家伙并不怀疑,让他在屋子里东张西望。他显然是很累了,但办公室里找不到一张凳子好让他休息一下。诉讼代理人的事务所照例不多放椅子。普通的主顾站得不耐烦,只得叽里咕噜的走掉,可是决没办法占据代理人的时间。

他回答说:"先生,我已经向你声明过了,我的事只能跟但尔维先生谈,我可以等他起床。"

蒲加把账结好了,闻到他的巧克力香,便从草垫子的椅上站起来走向壁炉架,把老人打量了一番,瞧着那件卡列克,扮了个无法形容的鬼脸。大概他认为随你怎么挤,这当事人也挤不出一个铜子来的,便说了几句斩钉截铁的话,存心要打发一个坏主顾。

"先生,他们说的是实话。敝东家只在夜里办公。倘若你案情严重,我劝你早上一点钟再来罢。"

当事人像发呆似的瞧着首席帮办,一动不动的站了一会。一般健讼的家伙因为迟疑不决或是胡思乱想,脸上往往变化多端,有些意想不到的表情;事务所的职员见得多了,便不再理会那老人,只管吃他们的早点,和牲口吃草一样的大声咀嚼。

临了,老人说道:"好吧,先生,我今天晚上再来。"他跟遭遇不幸的人同样有那种固执脾气,有心到那个时候来揭穿人家缺德的玩意儿。

一般可怜虫是不能用言语来讽刺社会的,只能以行动来暴露法院与慈善机关的偏枉不公,使他们显露原形。一朝看出了人间的虚伪,他们就更急切的把自己交给上帝。

西蒙宁没等老头儿关上门,就说:"嘀!这不是**吹牛**吗?"接着又道:"他的神气像从坟墓里爬出来的。"

"大概是一个向公家讨欠薪的上校吧。"首席帮办说。

"不,他从前一定是看门的。"高特夏说。

蒲加嚷道:"谁敢说他不是个贵族呢?"

"我打赌他是门房出身,"高特夏回答,"只有门房才会穿那种下摆七零八落，全是油迹的破卡列克。他的靴子后跟都开了裂，灌着水，领带下面根本没有衬衣，难道你们没留意吗？他这种人是睡在桥洞底下的。"

台洛希道："他可能又是贵族，又是当过看门的；那也有的是。"

蒲加在众人哄笑声中说道："我断定他一七八九年上是个卖啤酒的，共和政府时代当过上校。"

高特夏回答："我可以赌东道，他要是当过兵，大家想瞧什么玩意儿就归我请客。"

"好极了。"蒲加说。

"喂，先生！先生！"西蒙宁打开窗子叫起来。

"你干什么，西蒙宁？"蒲加问。

"我把他叫回来问问他到底是上校还是门房；他一定知道的。"

所有的职员都哈哈大笑。老头儿已经回头上楼来了。

"咱们跟他说什么好呢？"高特夏嚷道。

"让我来对付罢。"蒲加回答。

可怜的人回进屋子，怯生生的低着眼睛，也许是怕过分贪馋的看着食物会露出自己的饥饿。

蒲加和他说："先生，能不能留个姓名，让敝东家知道……"

"敝姓夏倍。"

至此为止还没开过口的于莱，急于要在众人的刻薄话中加上一句：

"可是在埃洛阵亡的夏倍上校？"

"一点不错。"老头儿回答的神气非常朴实，说完就走了。

办公室内却是一片声嚷起来：

"哎哟！"

"妙啊！"

"嘿嘿！"

"噢！"

"啊！"

"这老滑头！"

"真有意思！"

于莱在第四帮办的肩上重重的拍了一下，力气之大可以打死一条犀牛："特洛希先生，你看白戏看定了。"

大家又是叫又是笑，夹着一大堆惊叹辞，和许多没有意义的声音。

"咱们上哪个戏院呢？"

"歌剧院！"首席帮办说。

"且慢且慢，"高特夏抢着回答，"我没说请大家看戏。只要我高兴，我可以带你们上萨基太太[1]那儿。"

"萨基太太那一套不算数。"

"怎么不算数？"高特夏回答，"咱们先把**事实给确定**一下。诸位，请问我赌的是什么东道？请大家看点玩意儿。什么叫作看玩意儿？无非是看些可看的东西……"

西蒙宁插嘴道："这么说来，带我们去看看塞纳河的流水也算请客吗？"

高特夏继续说："……同时是花了钱看的。"

---

1 萨基太太为当时的舞蹈大家，开着一家专演杂技的剧院。

特洛希道:"花了钱看的不一定都是好看的玩意儿;你这个定义不准确。"

"听我说呀。"

"朋友,"蒲加道,"你明明是不讲理嘛。"

"那么居尔丢斯[1]算不算玩意儿?"高特夏问。

"不算,"首席帮办回答道,"居尔丢斯只是人像陈列所。"

高特夏说:"我可以赌一百法郎的东道,居尔丢斯的的确确是一种玩意儿。他那里的门票就有几等价钱,看你参观的时候占的什么位置。"

"胡说八道!"西蒙宁插了一句。

高特夏骂道:"仔细我打你嘴巴,小鬼!"

所有的职员都耸了耸肩膀。

高特夏尽管申说理由,却被众人的笑声盖住了,便转换话题:"而且,谁敢说这老滑头不是跟我们开玩笑呢?夏倍上校明明死了,他的女人早已再嫁给参议官法洛伯爵。法洛太太现在还是本事务所的主顾呢。"

蒲加道:"这件公案搁到明天再说罢。诸位,工作要紧!该死!我们这儿简直一事不作。先把你们的状子写完,赶着第四民庭没开庭以前递进去。案子今天要开审的。来,快点儿!"

"倘若他果真是夏倍上校,西蒙宁假装聋子的时候,还不赏他一脚吗?"台洛希这么说着,认为这个理由比高特夏的更充分。

蒲加接着说:"既然事情还没分晓,不妨马马虎虎,到喜剧

---

[1] 居尔丢斯为十八世纪末期巴黎蜡人馆的创办人,当时社会上多以居尔丢斯之姓氏称呼蜡人馆。

院去瞧泰玛演尼罗罢。咱们定一个二等包厢,给西蒙宁买张正厅票。"

首席帮办说完便在书桌前面坐下,大家也跟着坐下了。高特夏重新念他的稿子:"颁布于一千八百一十四年六月——(要写全文,不能用阿拉伯数字。你们赶上没有?)"

两个抄副本的和一个抄正本的一齐回答:"赶上了。"他们的笔尖在公文纸上格吱格吱的响着,办公室内的声音活像小学生捉了上百只黄金虫关在纸匣里。

起稿员嘴里又念着:"恳请钧院诸位大人……(慢点儿!我得把句子再看一遍,连我自己都搅不清了。)"

蒲加也在那里自言自语:"四十六……(嗯,不错,一个人常常会搅不清的!……)加三等于四十九……"

高特夏把底稿重新看过了,一口气念道:"恳请钧院诸位大人仰体圣谕意旨,对荣誉团秘书处之行政措施迅予纠正,采用吾人以上申说之广义的观点制成判决……"

小职员插嘴道:"高特夏先生,要不要喝一口水?"

"西蒙宁真淘气!"蒲加说,"喂,小家伙,赶快把这包东西送到安伐里特宫去。"

高特夏继续念他的文件:"……以保障葛朗里欧子爵夫人之权益……"

首席帮办听了叫起来:"怎么!你胆敢为葛朗里欧子爵夫人告荣誉团的官司作状子吗?事务所对这案子的公费是讲的包办制。啊!你真是个大傻瓜!赶快把你的状子,连正本副本一齐丢开,等将来办拿伐兰告救济院案子的时候再用罢。时间不早了,我要办一份等因奉此的申请状,还得亲自往法院走一遭……"

上面那一幕可以说是人生趣事之一,将来谁回想起青春时代,都不由得要说一声:"啊,那个时候才有意思哇!"

半夜一点光景,自称为夏倍上校的老人跑来敲但尔维先生的门了。但尔维是塞纳州初级法院治下的诉讼代理人,虽然年纪很轻,在法院中已经被认为最精明强干的一个。门房说但尔维先生还没回来,老人说是有约在先,便上楼走向法学大家的屋子。将信将疑的当事人打过了铃,看见首席帮办在东家饭厅里的桌子上整理一大堆案卷,预备第二天依次办理,不由得大为诧异。帮办见了他也同样吃了一惊,向上校点点头,让他坐下了。

"先生,你把约会定在这个时间,我还以为是说笑话呢。"老头儿说着,像一个潦倒的人勉强堆着笑容一样,特意装作很高兴。

首席帮办一边工作一边回答:"帮办们说的话虚虚实实,不一定都是假的。但尔维先生有心挑这个时间来研究案子,筹划对策,确定步骤,布置**防线**。他的过人的智慧这时候特别活跃,因为他一天之中只有这个时间才得清静,想得出好主意。他开业到现在,约在半夜里商量案子的,你是第三个。东家晚上回来,把每桩案子都考虑过,每宗文件都看过,忙上四五个钟点,然后打铃叫我进去,把他的用意解释给我听。上午十点到下午两点,他接见当事人;余下的时间都有约会;晚上出去应酬,保持他的社会关系。因此他只有夜里才能研究案情,在法典中找武器,决定作战计划。他一桩官司都不肯打输,对他的艺术爱好到极点,不像一般代理人那样无论什么案子都接。你看他多忙,所以钱也挣得很多。"

老人听着这番解释,一声不出,古怪的脸上表现一副痴呆的神气;帮办看了一眼,不理他了。一会儿但尔维穿着跳舞服装回来了；帮办替他开了门，仍旧去整理案卷。年轻的代理人在半明半暗中瞥见那个等着他的怪当事人，不由得愣了一会。夏倍上校一动不动，跟高特夏想请同事们去瞧的，居尔丢斯陈列馆中的蜡人像一个样儿。待着不动的姿势，倘不是对幽灵似的整个外表有陪衬作用，还不至于教人惊奇。但这老军人又瘦又干；脑门故意用光滑的假发遮着，带点儿神秘意味。眼睛里头似乎有一层透明的翳，可以说是一块肮脏的螺钿，在烛光底下发出似蓝非蓝的闪光。惨白而发青的脸又长又瘦，正是俗语所说的刀锋脸，像死人的一样。脖子里绕着一条品质恶劣的黑绸领带，在他上半身成为一条棕色的线，线以下的身体被黑影遮掉了。一个富有幻想的人大可把这个老人的头看作什么物像的影子，或是没有装框子的伦勃朗笔下的肖像。帽子的边盖在老人额上，把上半个脸罩着一个黑圈。这个天然而又古怪的效果成为一个强烈的对比，使白的皱纹，生硬的曲线，像死尸般阴沉的气息，格外显著。僵着不动的身体，没有一点儿暖意的眼神，跟忧郁痴呆的表情，以及白痴所特有的丧失灵性的征象，非常调和；他的脸也就特别显得凄惨，非言语所能形容。但一个善于观察的人，尤其是诉讼代理人，在这个衰败的老头儿身上很能看出深刻的痛苦的痕迹，看出毁伤这个面貌的灾难的标记，好比成年累月的滴水把一座美丽的大理石像破坏了。当医生的，当作家的，当法官的，一看见这副神奇的丑相，就体会到整个的惨剧。这面目至少还有一点妙处，便是很像艺术家一边跟朋友们谈天，一边在镂刻用的石板上画的想入非非的图形。

生客看到诉讼代理人，不禁浑身一震，仿佛诗人在静寂的夜里被出其不意的声音把诗意盎然的幻想打断了。老人赶紧脱下帽子,站起来行礼;不料衬在帽子里面的那圈皮,油腻很重,把假头发黏住了,揭落了,露出一个赤裸裸的脑壳:一条可怕的伤痕从后脑起斜里穿过头顶,直到右眼为止,到处都是鼓得很高的伤疤。原来可怜的人戴这副肮脏的假头发,就是为遮盖伤痕的;两个吃法律饭的眼看假头发突然揭落,没有半点儿好笑的心思,因为破裂的脑壳简直惨不忍睹,你一瞥之下,立刻会想道:"啊,他的聪明都打这里溜掉了。"

蒲加心里想:"他要不是夏倍上校,至少也是个了不起的军人!"

"先生,"但尔维招呼他,"请教贵姓?"

"鄙人是夏倍上校。"

"哪一位夏倍上校?"

"在埃洛阵亡的那个。"老人回答。

听了这句奇怪的话,帮办与代理人彼此瞅了一眼,意思是说:"嘿,简直是个疯子!"

上校又道:"先生,我想把自己的情形只告诉你一个人。"

值得注意的是,凡是诉讼代理人天生都胆子很大。或许因为平时接触的人太多了,或许因为知道自己有法律保护,或许因为对本身的职务抱着极大的信心,所以他们像教士与医生一样,无论到什么地方都不会害怕。但尔维向蒲加递了个眼色,蒲加便走开去了。

"先生,"代理人说道,"白天我倒并不怎么吝啬时间;可是夜里的每一分钟我都是宝贵的。因此请你说话要简洁,明白。只讲事实,不涉闲文。需要说明的地方,我会问你的。现在你说罢。"

年轻的代理人让古怪的当事人坐了，自己也坐在桌子前面，一边听着那阵亡上校的话，一边翻阅案卷。

上校开言道："先生，也许你是知道的，我在埃洛带领一个骑兵联队。缪拉那次有名的冲锋是决定胜利的关键；而我对于缪拉袭击的成功又颇有功劳[1]。不幸我的阵亡变了一桩史实，在《胜利与武功》[2]上报告得非常详细。当时我们把俄罗斯的三支大军截成两段，但他们立刻合拢，我们不得不回头杀出去。击退了一批俄军，正向着皇帝统率的主力冲回去的时候，忽然遇到一大队敌人的骑兵。我向那些顽敌直扑过去，不料两个巨人般的俄国军官同时来攻击我：一个拿大刀往我头上直劈下来，把头盔什么都砍破了，直砍进我贴肉的黑绸小帽，劈开了脑壳。我从马上翻下来。缪拉赶来救应，带着一千五百人马像潮水般在我身上卷过，那真是非同小可！他们报告皇帝，说我阵亡了。皇帝平时待我不错，那一次猛烈的冲锋我又是有功的；他为谨慎起见，想知道是否还有希望把我救过来，派了两名军医来找我，预备用担架抬回去；他吩咐他们：'去瞧瞧可怜的夏倍是不是还活着。'也许当时口气太随便了些，因为他真忙。那些可恶的医生早先眼看我被两个联队踏过了，大概不再按我的脉搏，便说我死了。于是人家按照军中的法律程序，把我的阵亡做成了定案。"

年轻的代理人听见当事人说话非常清楚，故事虽然离奇，却很像真的；便放下案卷，把左肘撑在桌上，手托着头，目不转睛

---

[1] 一八〇六年二月七、八两日，拿破仑在普鲁士埃洛地方大破普、俄联军。缪拉将军于该役中担任后备。
[2] 《胜利与武功》为一部记载法国征略史的书，包括拿破仑各战役在内。全书系根据政府及各处报告编纂而成，自一八一七年起，至一八二九年方始出齐，共有三十四册。

的看着上校。

他打断了对方的话,说道:"先生,你可知道我的主顾里头就有夏倍上校的寡妇,法洛伯爵夫人吗?"

"你是说我的太太!是的,先生,我知道。就为这个缘故,我向多少诉讼代理人奔走了上百次,毫无结果,被他们当作疯子以后,决意来找你的。我的苦难等会儿再谈,先让我把事实讲清楚,但我的解释多半是根据推想,不一定是实际发生的。只有上帝知道的某些情况,使我只能把好几桩事当作假定。我受的伤大概促发了一种强直症,或是跟所谓止动症相仿的病。要不然,我怎么会被掩埋队按照军中的习惯,剥光了衣服丢在阵亡将士的大坑里呢?说到这里,我要插叙一桩所谓阵亡的过程中的小事,那是事后才知道的。一八一四年,我在斯图加特遇到我联队里的一个下士,关于他的情形以后再谈。那个唯一肯承认我是夏倍上校的好人和我解释,说我受伤的当口,我骑的马也中了一枪。牲口和人都像小孩子摺的纸玩意儿一般被打倒了。它或是往左或是往右倒下去的时节,一定把我压在下面,使我不至于被别的马践踏,也不至于受到流弹。他认为这是我能保全性命的原因。可是先生,当时一醒过来,我所处的地位和四周的空气,便是和你讲到明儿早上也不能使你有个概念。我闻到的气味臭得要命,想转动一下又没有地位;睁开眼睛,又看不见一点东西。空气的稀薄是最大的威胁,也极显著的使我感觉到自己的处境。我知道在那个场合不会再有新鲜空气了,也知道我快死了。这个念头,使我本来为之痛醒的、无法形容的苦楚,对我不生作用。耳朵轰轰的响着。我听见,或者自以为听见,因为我什么都不敢说得肯定,周围的死尸都在那里哼哼唧唧。虽然关于那个时间的回忆很模糊，虽然痛苦的印象远过于我真正的感觉而扰乱了我的思想，但至今有些夜里我还似乎听到那种哽咽和叹息。比这些哀号更可怕的，是别的地方从来没经验过的静默，真正的坟墓中的静默。最后，我举起手来在死人堆中摸索了一会，发觉在我的脑袋和上一层的死尸之间留有一个空隙。我把这个不知怎么会留下的空间估量了一下。似乎掩埋队把我们横七竖八丢下坑的时候，因为粗心或是匆忙的缘故，有两个尸体在我头上凑成一个三角形，好比小孩子用两张纸牌搭的屋子，上面斜靠在一起，底下分开着。那时一分钟都不能耽搁，我赶紧在空隙中摸索，居然很运气，碰到一条手臂，像赫格利斯一般的手臂[1]，救了我的命。要没有这意想不到的援助，我早就完了。你不难想象，当下我发狠从死尸堆里往上顶，想爬出掩埋队盖在我们身上的泥土；我说我们，仿佛我身边还有什么活人似的。我毫不放松的顶上去，居然达到了目的；因为你瞧，我不是活着吗？可是怎么能越过那生死的界线，从人肉堆中翻上来，我到现在也弄不明白。当时仿佛有了三头六臂。被我当作支点一般利用的那条胳膊，使我在竭力挪开的许多死尸之间找到一些空气，维持我的呼吸。临了，先生，我终于见了天日，冰天雪地中的天日！那时我才发觉自己的头裂开了。幸而我的血，那些同伴的血，或是我的马的烂肉，也说不清究竟是什么，凝结之下，好像给我贴了一个天然的大膏药。虽则脑壳上盖着这层硬东西，我一碰到雪也不由得晕过去了。可是我身上仅有的一点儿热气把周围的雪化掉了一些；等到苏醒过来，发觉自己在一个小窟窿的中央，我便大声叫救命，直叫到声嘶力竭为止。

---

[1] 希腊神话载，大力士赫格利斯为丘比特之子，幼年时即膂力过人，扼杀二巨蛇。

太阳出来了，很少希望再使人听到我了。田里是不是已经有人出来呢？幸亏地底下有几个身体结实的尸首，让我的脚能借一把力，把身子往上挣扎。你知道那当然不是跟他们说："可怜的好汉，我向你们致敬！"[1]的时候。总而言之，先生，那些该死的德国人听见叫喊而不见一个人影，吓得只有逃命的分儿，教我看了又急又气；我这么说，可还不足以形容我心中的痛苦。过了不知多久，才有一个或是胆子很大，或是很好奇的女人走近来；当时我的头好似长在地面上的一颗菌。那女的跑去叫了丈夫来，两口儿把我抬进他们简陋的木屋。大概我又发了一次止动症，请你原谅我用这个名词来形容我的昏迷状态；听两位主人说来，想必是那种病。我死去活来，拖了半年，要就是一声不出，要就是胡言乱语。后来他们把我送进埃斯堡城里的医院。先生，你该明白，我从死人坑里爬出来，跟从娘胎里出世一样的精赤条条；因此过了六个月，忽然有一天我神志清醒了，想起自己是夏倍上校的时候，便要求看护女人对我客气一些，别把我当作穷光蛋看待；不料病房里的同伴听了哈哈大笑。幸而，主治的外科医生为了好胜心立意要把我救活，当然很关切我。那好人叫作斯巴区曼，听我有头有尾的把过去的身世讲了一遍，就按照当地的法律手续，托人把我从死人坑里爬出来的奇迹，救我性命的夫妻俩发现我的日子与钟点，统统调查明白；又把我受伤的性质，部位，详细记录下来；姓名状貌也给写得清清楚楚。可是这些重要文件，还有我为了要确定身份而在埃斯堡一个公证人面前亲口叙述的笔录，都不在我身边。后来因为战争关系，我被赶出埃斯堡，从此过着流

---

[1] 相传拿破仑某日看到一队奥国俘虏的时候，不禁脱下帽子，说道："可怜的好汉，我向你们致敬！"

浪生活，讨些面包度日；一提到历险的事，还被人当作疯子。所以我没有一个钱，也挣不到一个钱去领取那些证件；而没有证件，我的社会生活就没法恢复。为了伤口作痛，我往往在德国某些小城里待上一年半载，居民对我这个害病的法国人很热心照顾，但我要自称为夏倍上校就得被讪笑了。这些讪笑，这种怀疑，把我气得不但伤了身体，还在斯图加特城里被人当作疯子，关在牢里。的确，照我讲给你听的情形，你也不难看出人家有理由把我关起来了。两年之间，狱卒不知对人说了多少遍：'这可怜的家伙还自以为夏倍上校呢！'听的人总是回答一句：'唉，可怜！'关了两年之后，我自己也相信那些奇怪的遭遇是不可能的了，就变得性情忧郁，隐忍，安静，不再自称夏倍上校：唯有这样才有希望放出监狱回法国去。噢！先生，我对巴黎简直想念得如醉如痴……"

夏倍把这句话说了一半，就呆着出神了，但尔维耐着性子等着，不忍打扰他。

然后他又往下说："后来有一天，正好是春天，他们把我释放了，给我十个泰勒[1]，认为我各方面说话都很有理性，也不自命为夏倍上校了。的确，那时我觉得自己的姓名可厌透了，便是现在，偶尔还有这感觉。我但求不成其为我。一想到自己在社会上有多少应得的权利，我就痛苦得要死。倘若我的病使我把过去的身世忘了，那就幸福了！我可以随便用一个姓名再去投军，而且谁敢说我此刻不在奥国或俄国当上了将军呢？"

"先生，"代理人说，"你把我的思想都搅乱了。听着你的

---

[1] 泰勒为一种德国货币，价值高于马克。

话，我觉得像做梦。咱们歇一会儿好不好？"

"至此为止，肯这样耐着性子听我的只有你，"上校的神气挺悲伤，"没有一个法律界的人愿意借我十个拿破仑[1]让我把证件从德国寄回来，作打官司的根据……"

"什么官司？"诉讼代理人听着他过去的灾难，竟忘了他眼前的痛苦的处境。

"先生，法洛伯爵夫人不是我的妻子吗？她每年三万法郎的收入都是我的财产，可是她连两个子儿都不愿意给我。我把这些话讲给一般诉讼代理人或是明理的人听，像我这样一个叫花子说要控告一个伯爵和一个伯爵夫人，我这个公认为早已死了的人说要和死亡证、结婚证、出生证对抗的时候，他们就把我撵走，撵走的方式看各人性格而定：有的是冷冷的，有礼的，像你们用来拒绝一个可怜虫的那一套；有的用着粗暴蛮横的态度，以为遇到了坏蛋或是疯子。当初我被埋在死人底下，如今我被埋在活人底下，埋在各种文书各种事实底下，埋在整个社会底下，他们都要我重新钻下地去！"

"先生，请你把故事讲下去罢。"代理人说。

"请！"可怜的老头儿抓着年轻人的手叫起来，"**请**这个字儿从我受伤到现在还是第一次听到……"

上校说着，哭了。他感激之下，连声音都没有了。他的眼神，动作，甚至于静默，所表现的深刻的意义，非言语所能形容，终于使但尔维完全相信，并且大为感动：

"听我说，先生，今天晚上我打牌赢了三百法郎，很可以

---

[1] 拿破仑为镌有拿破仑头像的金币，值二十法郎。

拿出半数来促成一个人的幸福。我马上办手续,教人把你所说的文件寄来;没寄到以前,我每天借给你五法郎。你要真是夏倍上校的话,一定能原谅我只帮你这么一点儿款子,因为我是个年轻人,还得挣我的家业。好了,请你往下说罢。"

自称为上校的一动不动的待了好一会:没有问题,他所遭遇的千灾百难把他的信心完全毁灭了。他现在还追求军人的荣誉,追求他的家产,丢不开自己,大概只因为受着一种无法解释的心情支配,那是在任何人心中都有根芽的:炼丹家的苦功,求名的人的热情,天文学家物理学家的发现,凡是一个人用事实用思想来化身为千万人而使自己伟大的,都是由于那一点心理作用。在上校心目中,所谓自我倒居于次要地位,正如在赌徒看来,得胜的虚荣和快感,比所赌的目的物更宝贵。这个人见弃于妻子,见弃于一切社会成规,前后有十年之久,一朝听到诉讼代理人的话当然认为奇迹了。多少年来被多少人用多少方式拒绝的十块金洋,居然在一个诉讼代理人手中得到了!相传有位太太害了十五年的寒热,一旦寒热停止,竟以为害了另外一种病:上校的情形就是这样。世界上有些幸福,你早已不信会实现的了;真实现的时候,简直像霹雳一般会伤害你的身心。因此那可怜虫感激的情绪太强烈了,没法用言语来表现。肤浅的人或许会觉得他冷淡,可是但尔维看他发愣,完全体会到他的忠厚老实。换了一个狡黠之徒,在那个情形之下一定会天花乱坠的说一套的。

"我讲到哪里了?"上校问话的态度天真得像小孩子或者军人,因为真正的军人往往有赤子之心,而小孩子也往往有军人气息,尤其在法国。

"你说到在斯图加特,刚从监狱里出来。"代理人回答。

"你认识我的女人吗?"上校问。

"认识的。"但尔维点点头。

"现在她怎么样?"

"还是那么娇滴滴的。"

老人做了个手势,似乎把心中的隐痛硬咽下去;在战场上经过炮火,浴过血的人,都有这种克制功夫,使你觉得他庄严肃穆。他显得快活了些,因为呼吸舒畅了,等于第二次从坟墓里爬出来,把一层比当年盖在他头上的雪更难融化的雪融化了;他像走出地牢似的拼命吸着空气,说道:

"先生,倘若我是个美男子,绝不至于受那些苦难。女人相信的是三句不离爱情的男人。一朝喜欢了你,她们就百依百顺,替你出力,替你玩手段,帮你肯定事实,为你翻江倒海,无所不为。可是我,我怎么能打动女人的心?我的脸像个鬼,身上穿得像破靴党,不像法国人而像一个爱斯基摩人,但是一七九九年上我明明是个最漂亮的哥儿,我夏倍明明是个帝政时代的伯爵!……且说我被人家当作狗一般赶到街上的那一天,碰到刚才跟你提过的下士。那弟兄名叫蒲打。可怜他当时的模样和我半斤八两;我散步的时候瞧见了他,认得是他,可是他休想猜到我是谁。我们一块儿上酒店,到了那里,我一报姓名,蒲打就咧着嘴大笑,像一尊开了裂的臼炮。先生,他这一笑使我伤心到极点,它老实不客气让我感觉到自己面目全非,便是最感激最敬重我的朋友也认不得我了。我救过蒲打的性命,其实那是我还他的情分。他当初怎样帮我忙,也不用细表了。只要告诉你事情发生在意大利的拉凡纳。在一个不怎么上等的屋子里,我差点儿被人扎死,亏得蒲打救了我。那时我不是上校,只是个普通的骑兵,和蒲打一样。幸而那件事有些细节只有我们两人知道，经我一提，他对我的疑心就减少了。我又把奇奇怪怪的经历讲给他听。他说，我的眼睛我的声音都变了；头发，牙齿，眉毛，都没有了；惨白的脸色像害着白皮症。虽是这样，他提出许多问话，听我回答得一点不错之后，终于承认这个叫花子原来真是他的上校。他把他的遭遇跟我说了，其离奇也不下于我的；他逃出西伯利亚想到中国去，遇到我的时候便是从中国边境回来。他告诉我俄罗斯战役的惨败，和拿破仑的第一次退位。这个消息给了我极大的打击。我们俩都是劫后余生的怪物，在地球上滚来滚去，像小石子般被大风浪在海洋中卷到东，卷到西，卷过了一阵。把两个人到过的地方合起来，有埃及，有叙利亚，有西班牙，有俄罗斯，有荷兰，有德意志，有意大利，有达尔美西亚，有英国，有中国，有鞑靼，有西伯利亚；只差印度和美洲没去！蒲打比我脚腿轻健，决意日夜兼程的赶往巴黎，把我的情形通知我太太。我给她写了一封极详细的信，那已经是第四封了，先生！倘若我有亲属的话，也许不会到这个田地；可是老实告诉你，我的出身是育婴堂，我的履历是军人；没有遗产，只有勇气；没有家族，只有社会；没有故乡，只有祖国；没有保护人，只有上帝。噢，我说错了！我还有一个父亲，就是皇帝！啊，倘若那亲爱的人还在台上，看到**他的**夏倍——他老是那么称呼我的——像现在这副模样，他要不大发雷霆才怪。有什么办法！我们的太阳下山了，此刻我们都觉得冷了。归根结底，我妻子的杳无信息多半可以用政局的变动来解释。

"蒲打动身了。他才运气哇！他有两只训练好的白熊一路替他挣钱。我不能和他做伴；身上带着病，走不了长路，只能在我体力范围之内把蒲打和他的熊送了一程；分手的时候，先生，我哭了。在卡尔斯鲁埃，我头里闹神经痛，在小客店里潦倒不堪的躺了六星期，睡在干草堆里。唉，先生，我过的叫花子生活，所遭遇的苦难，说也说不完。有了精神上的痛苦，肉体的痛苦变得不足道了；但因为精神的痛苦是肉眼看不见的，倒反不容易得到人家同情。我记得在斯特拉斯堡一家大旅馆前面哭了一场：从前我在那边大开筵席，请过客，如今连一块面包都要不到。我的路由是跟蒲打商量好的，所以到一个地方就上邮局去问，可有寄给我的信和钱。直到巴黎，什么都没收到。那期间我饮泣吞声，多少的悲痛只能往肚里咽！我心里想：'大概蒲打死了罢？'果然，可怜的家伙在滑铁卢送了命。他的死讯是我以后无意之中听到的。他和我太太办的交涉一定是毫无结果。最后我到了巴黎，和哥萨克兵同时进城[1]。那对我真是痛上加痛。看见俄国兵到了法国，我就忘了自己脚上没有鞋，袋里没有一个钱。真的，我身上的衣服全变成破布条了。进巴黎的上一天，我在格莱森林中露宿了一夜。晚上的凉气使我害了一种不知什么病，第二天进圣·马丁城关的时候发作起来，差不多晕倒在一家铁匠铺门口。醒来发觉自己躺在天主医院里的病床上。在那儿待了一个月，日子还算过得快活。不久我被打发出来，一文不名，但身体很好，脚也踏到了巴黎的街道。我多么高兴的，急不及待的赶到白峰街，那是我太太住的地方，屋子还是我的产业呢！谁知白峰街变成旭塞·唐打街。我的屋子不见了，原来给卖掉了，拆掉了。地产商在我从前的花园里盖了好几幢屋子。因为不知道妻子嫁了法洛，

---

[1] 一八一五年六月滑铁卢战役以后，威灵顿部下之英军，与亚历山大部下之哥萨克军，同时进占巴黎。

我什么消息都打听不出。后来去找一个从前代我经手事情的老律师。不料老律师死了，没死以前就把事务所盘给一个年轻人。这位后任把我的遗产如何清算，继承手续如何办理，我的妻子如何再嫁，又生了两个孩子等等全部告诉了我，使我大吃一惊。他一听见我自称为夏倍上校就哈哈大笑，而且笑得那么不客气，我一句话不说就走了。斯图加特监狱的经验使我想起了夏朗东[1]，决意小心行事。我既然知道了太太的住处，便存着希望到她的公馆去了。"上校说到这里做了一个手势，表示他压着一肚子的怨气，"唉，哪知道我用一个假姓名通报的时候，里头回说不在；下回我用了真姓名的时候根本被拦在大门口。为了要看到伯爵夫人半夜里跳舞回来或是看戏回来，我整夜站在大门外界石旁边。车子像闪电一般的过去，我拼命把眼睛盯着车厢朝里望：那个明明是我的而又不再属于我的女人，我只能在眼梢里瞥见一点儿影子。"老人说着，冷不防在但尔维面前站了起来，嘎着嗓子叫道："从那天起，我一心一意只想报复了。她明知道我活着；我回来以后，她还收到我两封亲笔信。原来她不爱我了！我说不上来对她是爱还是恨！一会儿想她，一会儿咒她。她的财产，她的幸福，哪一样不是靠了我？可是她连一点儿小小的帮助都不给我！有时我气得简直不知道怎办！"

讲完这几句，老军人又往椅子里坐下，待着不动；但尔维默默无声，只管打量着当事人。终于他像出神一般的说道：

"事情很严重。即使存在埃斯堡的文件真实可靠，也不能担保我们一开场就胜利。这桩官司前后必须经过三审，对这样一件

---

[1] 夏朗东为巴黎近郊的城市，有著名的疯人院，一般人均以夏朗东三字代表疯人院。

没有前例的案子，非用极冷静的头脑考虑不可。"

"噢！"上校很高傲的抬起头来，冷冷的回答，"万一失败了，我是知道怎么死的，可是要人陪我的。"

那时他全无老态，变了一个刚毅果敢的人，眼中燃着悲愤与报复的火焰。

代理人说："或许咱们应当想法和解。"

"和解！"夏倍上校嚷道，"请问我到底是死的还是活的？"

代理人说："先生，希望你听从我的劝告。我一定把你的案子当作我自己的事。不久你就可以发觉我怎样关切你的处境——那在司法界中几乎从无先例的。目前我先给你一个字条，你拿去见我的公证人，凭你的收据每十天向他支五十法郎。到这儿来拿钱对你不大得体。如果你真是夏倍上校，就根本用不着依靠谁。我给你的垫款是一种借贷的方式。你有产业可以收回，你是有钱的人。"

这最后一番体贴使老人眼泪都冒上来了。但尔维突然站起身子，因为当诉讼代理人的照例不应当流露感情；他进入办公室，出来拿着一个开口的封套交给夏倍伯爵。可怜的人用手指一捻，觉得里头有两块金洋。

代理人说："请你把文件的名称，存放的城与邦[1]的名称，统统告诉我。"

上校逐一说明了，又把代理人写的地名校对一遍；然后一手拿起帽子，望着但尔维，伸出另外一只生满肉茧的手，声音很自

---

[1] 该时德国尚未统一，日耳曼各地均系诸侯分治，故称"邦"。

然的说道：

"真的，先生，除了皇帝，你是我最大的恩人了！你真是一条**好汉**[1]。"

代理人按了按上校的手，掌着灯把他直送到楼梯口。

"蒲加，"但尔维对他的首席帮办说，"我才听到的一桩故事，也许要我破费五百法郎。但即使上了当，赔了钱，我也不后悔，至少是看到了当代最了不得的戏子。"

上校走到街上一盏路灯底下，掏出代理人给的两枚二十法郎的钱瞧了一会。九年以来，这是他第一回看到金洋。

"这一下我可以抽雪茄了！"他心里想。

---

1 "好汉"二字是拿破仑夸奖部下的口头语。

02

谈 判

从夏倍上校半夜里找但尔维谈话以后,大约过了三个月,负责代但尔维给怪主顾透支生活费的公证人,为了一件重要的事去和代理人商议,一开始就向他索取付给老军人的六百法郎垫款。

"你有心养着帝国军队玩玩吗?"公证人取笑但尔维。这公证人叫作格劳太,年纪很轻,原来在一个公证人事务所里当首席帮办,后来东家破产,逃掉了,格劳太便盘下了事务所。

但尔维回答:"谢谢你提醒我这件事。我的慈善事业不预备超过六百法郎,说不定我为了爱国已经受骗了。"

他言犹未了,看到自己的书桌上放着首席帮办拿来的几包文件。有封信贴着许多狭长的、方形的、三角形的、红的、蓝的、奥国邮票,普鲁士邮票,巴伐利亚邮票,法国邮票,他不由得眼睛一亮。

"啊!"他笑着说,"戏文的结果来了,咱们来瞧瞧我是不是上了当。"

他拿起信来拆了,不料写的是德文,一个字都念不上来,便打开办公室的门把信递给首席帮办:

"蒲加，你亲自跑一趟，教人把这信翻译一下；速去速来。"

柏林的公证人复称，全部文件几天之内就可送到。据说那些公事都合格，做过必要的法定手续，足以取信于法院。当初为笔录所举的事实作证的人，几乎都还在普鲁齐赫－埃洛邦内；救夏倍伯爵的女人至今还活着，住在埃斯堡近郊的一个镇上。

蒲加把信念完了，但尔维嚷道："啊，事情当真起来了。——可是，朋友，"他回头向着公证人，"我还需要一些材料，大概就在你事务所里。当初不是那骗子罗更……"

"噢，咱们不说骗子，只说不幸的，可怜的罗更。"亚历山大·格劳太笑着打断了但尔维的话。

"随你说吧。夏倍的遗产案子，不是那可怜的罗更，最近带走了当事人的八十万法郎，使好几分人家急得没办法的罗更，经手的吗？我们的法洛案卷中好像提到这一点。"

"是的，"格劳太回答，"那时我还当着第三帮办；清算遗产的案卷是我誊写的，也仔细研究过。罗士·夏波丹女士是伊阿桑德的寡妇，伊阿桑德一名夏倍，帝政时代封的伯爵，荣誉团勋二位。他们结婚的时候没有订婚约，所以双方的财产是共有制。我记得资产总额一共有六十万法郎。结婚以前，夏倍上校立过一份遗嘱，把四分之一的遗产捐给巴黎的慈善机关，另捐四分之一给公家。他死后办过共有财产拍卖，一般性拍卖，遗产分析等等手续，因为各方面的诉讼代理人都很活跃，在清算期间，统治法国的那个魔王下了一道上谕，把国库应得的一分遗产退还给上校的寡妇。"

"那么夏倍伯爵私人名下的财产只剩三十万了。"

"对啦，朋友！"格劳太回答。

"你们这批诉讼代理人有时理路倒还清楚，虽然人家责备你们不论是辩护还是攻击，常常颠倒事实。"

夏倍伯爵在交给公证人的第一张收据上写的地址是：圣·玛梭区小银行街；房东是一个在帝国禁卫军中当过上士的老头儿，叫作凡尼奥，现在做着鲜货买卖。到了街口上，但尔维不得不下车步行；因为马夫不肯把轻便两轮车赶进一条不铺石子的街，地下的车辙也的确太深了。诉讼代理人向四下里望了一会，终于在紧靠大街的小巷子的某一段，在两堵用兽骨和泥土砌的围墙中间，瞧见两根粗糙的石柱，被来往的车辆撞得剥落了，虽然前面放着两块代替界石的木头也保护不了。石柱顶上有个盖着瓦片的门楣，底下有根横梁，梁上用红字写着**凡尼奥鲜货行**。字的右首用白漆画着几个鸡子，左首画一条母牛。大门打开着，看样子是整天不关的。进门便是一个相当宽敞的院子，院子的尽里头，朝着大门有所屋子，倘若巴黎各城关的一些破房还能称作屋子的话；它们跟无论什么建筑物都不能比，甚至还比不上乡下最单薄的住屋；因为它们只有乡下破房的贫窭而没有它的诗意。田野里有的是新鲜的空气，碧绿的草原，阡陌纵横的景致，起伏的岗峦，一望无际的葡萄藤，曲折的小路，杂树围成的篱垣，茅屋顶上的青苔，农家的用具：所以便是草房木屋也另有的一番风味，不像巴黎的贫民窟因为丑恶而只显出无边的苦难。

这所屋子虽是新盖的，已经有随时可以倒坍的样子。材料没有一样是真正合用的，全是旧货，因为巴黎每天都在拆房子。但尔维看见一扇用木板钉成的护窗上还有**时装商店**几个字。所有的窗子式样都不一律，装的方式也怪得很。似乎可以居住的底层，一边高一边低；低的一边，房间都在地面之下。大门与屋子中间有一个坑，堆满垃圾，其中有雨水，也有屋子里泼出来的脏水。单薄的屋子所依靠的墙要算是最坚固的一堵了；墙根搭着几个稀格的棚子，让一些兔子在里面尽量繁殖。大门右边是个牛棚，顶上是堆干草的阁楼，紧接着一间和正屋通连的牛奶房。左边有一个养鸡鸭的小院子，一个马棚，一个猪栏，猪栏的顶和正屋一样用破板钉成，上面的灯芯草也盖得很马虎。

但尔维插足的院子，和每天供应巴黎食物的场所一样，因为大家要赶早市，到处留下匆忙的痕迹。这儿鼓起来，那儿瘪下去的白铁壶，装乳酪用的瓦罐，塞瓶口用的布条，都乱七八糟丢在牛奶房前面。抹这些用具的破布挂在两头用木柱撑着的绳上，在太阳底下飘飘荡荡。一匹只有在牛奶房里才看得见的那种驯良的马，拖着车走了几步，站在大门紧闭的马棚外面。开裂而发黄的墙上，爬着盖满尘土的瘦小的葡萄藤，一只山羊正在啃藤上的嫩叶。一只猫蹲在乳酪罐上舔乳酪。好些母鸡看到但尔维走近，吓得一边叫一边飞，看家的狗也跟着叫起来。

但尔维对这幕丑恶的景象一瞥之下，心上想："噢！决定埃洛一仗胜败的人原来住在这里！"

看屋子的只有三个男孩子。一个爬在一辆满载青草的车上，向邻屋的烟囱摔石子，希望石子从烟囱里掉进人家的锅子。另外一个想把一只猪赶到车身碰着地面的木板上，第三个拿手攀着车身的另一头，预备猪上了木板，教它一上一下的颠簸。但尔维问他们夏倍先生是不是住在这儿，他们都一声不出，只管望着他，神气又痴又机灵——假如这两个字可以放在一起的话。但尔维又问了一遍，得不到回音。他看着三个顽童的狡猾样子心中有气，便拿出年轻人对付儿童的办法,半真半假的骂了一声,不料他们倒反很粗野的大笑起来。这一下但尔维可恼了。上校听到声音,从牛奶房旁边一间又矮又小的屋内走出来,站在房门口声色不动,完全是一副军人气派;嘴里咬着一支**烟膏**极重(抽烟的人的术语),质地粗劣,俗称为**烫嘴**的白泥烟斗。他把满是油腻的鸭舌帽的遮阳掀了掀,看见了但尔维,因为急于要赶到恩人前面,马上从垃圾堆中跨过来,同时声音很和善的向孩子们喊着:

"弟兄们,别闹!"

三个孩子立刻肃然静下来,足见老军人平日的威严。

他招呼但尔维:"啊,干吗不写信给我呢?"接着他看见客人迟疑不决,怕垃圾弄脏靴子,便又说:"你沿着牛棚走罢,那儿地下是铺着石板的。"

但尔维东窜一下,西跳一下,终于到了上校的屋门口。夏倍因为不得不在卧房里接待客人,脸上很难堪。的确,但尔维在屋内只看到一张椅子。床上只有几束干草,由女主人铺着两三条不知从哪儿弄来的破烂地毯,平常是送牛奶女人垫在大车的木凳上的。脚下是泥地。发霉的墙壁长着绿毛,到处开裂,散布的潮气那么重,只能用草席把紧靠卧床的那片墙遮起来。一只钉上挂着那件可笑的卡列克。墙角里东倒西歪的躺着两双破靴子。至于内衣被服,连一点儿影踪都没有。虫蛀的桌上有一本北朗希翻印的《帝国军报》打开在那里,好像是上校的经常读物。他在这清苦的环境中神态安闲,非常镇静,从那次访问但尔维以后,他面貌似乎改变了;代理人看出他脸上有些心情愉快的影子和由希望反映出来的一道淡淡的光。

他把草垫只剩一半的椅子端给代理人,问道:"我抽烟会使你觉得不舒服吗？"

"嗳，上校，你住的地方太糟了！"

但尔维说这句话是因为第一，代理人都天生的多疑；第二，他涉世不久便看到一些幕后的惨剧，得了许多可叹的经验，所以心上想：

"哼，这家伙拿了我的钱一定去满足他当兵的三大嗜好了：赌钱，喝酒，玩女人！"

"是的，先生，我们这儿谈不到享受，只等于一个营帐，全靠友情给它一些温暖，可是……"说到这儿，老军人用深沉的目光瞅着法学家，"可是我从来没害过人，没做过使人难堪的事，不会睡不着觉的。"

代理人觉得盘问他怎么使用那笔预支的钱未免太不客气，结果只说：

"为什么不搬到城里去呢？你不用花更多的钱，可是住得舒服多了。"

上校回答："这里的房东给我白吃白住了一年，难道我现在有了些钱就离开吗？何况这三个孩子的父亲还是个老**埃及人**……"

"怎么！是个埃及人？"

"参加过出征埃及的兵，我们都叫作**埃及人**。我也是其中之一。不但从那里回来的彼此跟弟兄差不多，并且凡尼奥还是我部队里的，在沙漠中和我一块儿喝过水。再说，我教他的几个娃娃认字还没教完呢！"

"既然你付了钱，他应该让你住得好一些。"

"嘿！他的几个孩子还不是和我一样睡在草堆里！他夫妻俩的床也不见得更舒服；他们穷得很，又不自量力，盘了一个铺子。倘若我能收回财产……得啦,别提了!"

"上校,我明后天就能收到你埃斯堡的文件。你的恩人还活着呢!"

"该死的钱!难道我没有钱吗?"他嚷着把土烟斗摔在了地下。

一支烟膏厚重的烟斗对一个抽烟的人是很宝贵的;但他的摔破烟斗是激于义愤,自然而然流露出来的举动,大概烟草专卖局也会加以原谅[1],而烟斗的碎片也许会由天使给捡起来罢。

但尔维跨出房间,想沿着屋子在太阳底下走走。

他说:"上校,你的案子真是复杂极了。"

上校回答:"我觉得简单得很。人家以为我死了,我可是活着!应当还我妻子,还我财产;政府也得给我将官的军阶,因为埃洛战役以前,我已经是帝国禁卫军的上校了。"

"在司法界里,事情就不这么简单啦。我可以承认你是夏倍伯爵;但对于那些为了本身利益而只想把你否认的人,是要用法律手续来证明的。你的文件必然会引起争辩,而这个争辩又得引起十几个先决问题,发生许多矛盾,只要告到大理院,中间不知要打多少官司,拖多少时间;那是我无论如何努力也阻止不了的。你的敌人会请求当局作一个详细的调查,我们不能拒绝,或许还需要委托普鲁士邦组织委员会就地查勘。即使一切顺利,司法当局很快的承认你是夏倍上校了,但法洛伯爵夫人那件无心的重婚案,知道他们怎么判决呢?在这种情形之下,你和法洛伯爵究竟谁对伯爵夫人更有权利,不在法典规定的范围之内,只能由

---

[1] 法国是烟草专卖的国家,故抽烟的人的烟斗也为专卖局所重视,少一烟斗即少一抽烟的人,专卖局即少一份收入。

法官凭良心裁判，正如社会上有些特殊的刑事案件只能由陪审官用自己良心裁判一样。你和你太太并没生男育女，法洛先生和他太太却生有两个儿子；法官的裁定，可能把婚姻关系比较浅的一方面牺牲，只要另一方面的结合是出于善意。以你这个年龄，这个处境，坚决要求把一个已经不爱你的女人判还给你，你精神上会舒服吗？你的太太和她现在的丈夫势必和你对抗，而这两位又是极有势力，可能左右法院的。所以官司非拖不可。那期间你却是悲愤交加，很快的衰老了。"

"那么我的财产呢？"

"你以为你真有天大的家私吗？"

"我当初不是有三万法郎收入吗？"

"上校，你在一七九九年上还没结婚的时候，立了一份遗嘱，注明把四分之一的遗产捐给救济机关。"

"不错。"

"那么既然人家认为你死了，不是要把你的财产登记，清算，才能把那四分之一拨给救济机关吗？你的太太只顾着自身的利益，不惜损害穷人的利益。清点遗产的时候，她的现款和首饰一定是隐匿不报的，便是银器也只拿出小小的一部分；家具的估价只等于实际价值的三分之一，或是为她自己留地步，或是为了少付一笔税，同时也因为那是由估价员负责的，所以她尽可以胆大妄为；登记的结果，你的财产只值六十万法郎。你的寡妇照理应当得到一半。拍卖的遗产都由她出钱买回来，沾了不少便宜，救济机关把应得的七万五拿去了[1]。你遗嘱上既没提到妻子，没有

---

[1] 六十万遗产，妻子分去半数，只剩三十万，三十万的四分之一为七万五。

受主的那份遗产应当归入公家，但皇帝下了一道上谕，把那一份给了你的寡妇。由此看来，你现在名正言顺可以争回来的财产还有多少呢？仅仅是三十万法郎，还得除掉一切费用。"

上校大吃一惊，问道："你们把这个叫作大公无私的法律吗？"

"当然啰……"

"那真是太妙了！"

"上校，法律就是这么回事。现在你该明白了吧，你认为容易的事并不容易。可能法洛太太还想把皇帝给她的那一份抓着不放呢。"

"事实上她又不是寡妇，那道上谕应当作废。"

"对。可是世界上没有一件事不可以争辩。告诉你，在这种情形之下，我觉得对你，对她，和解是最好的办法。你和解以后所能到手的财产，可以比你在法律上有权收回的更可观。"

"那不等于把我的妻子卖掉吗？"

"一年有了两万四的收入，再加你的地位，尽可找一个比你原来的太太更合适，使你更幸福的女人。我预备今天就去拜访法洛伯爵夫人，探探风色，但我没通知你以前，不愿意就去。"

"咱们一块儿去罢……"

"凭你这种装束去吗？"代理人说，"不行，不行，上校。那你的官司是输定了……"

"我这官司有没有希望打赢呢？"

"从无论哪一点上看都没问题。可是亲爱的上校，你忘了一件事。我不是富翁，我为了受盘事务所借的债还没还清。倘若法院答应预支你一笔钱，就是说让你在应得的财产里头先拿一部分,也得等到你夏倍伯爵,荣誉团勋二位的身份确定以后。"

"啊!我还是荣誉团勋二位呢,我竟忘了。"他很天真的说。

但尔维接着又道:"而你的身份没确定以前,不是先得教人辩护吗?律师,要钱;送状子,抄判决书,要钱;执达吏,要钱;你自己还得有笔生活费。几次预审的费用,约估一下就得一万二到一万五以上。我没有这笔款子;借钱给我盘这个事务所的债主要的利息很高,把我压得喘不过气来。而你,你又从哪儿去张罗?"

可怜的军人黯淡无光的眼中滚出两颗很大的泪珠,淌在全是皱痕的面颊上。看到这些困难,他灰心了。社会与司法界像一个噩梦似的压着他的胸部。

他嚷道:"好吧,我去站在王杜姆广场的华表下面,大声的叫:我是夏倍上校,我是在埃洛冲破俄罗斯大军的方阵的人!——那铜像一定认得我的[1]。"

"这样,人家就把你送夏朗东。"一听到这可怕的名字,老军人可泄气了。

"难道陆军部也不会有人替我做主吗?"

"那些衙门!"但尔维说,"要去先把宣告你的死亡无效的公事端整好了再去。他们正恨不得把所有帝政时代的人物一齐消灭呢。"

上校呆若木鸡,一动不动的愣了好一会,眼睛视而不见的朝前望着。军事法庭办起事来是干脆,迅速,粗暴的,判的案子几乎永远是公道的;夏倍所知道的法律只有这一种。如今看到所

---

[1] 巴黎王杜姆广场上的华表,用以记载大革命及帝政时代的武功,顶上置有拿破仑铜像。

要遭遇的难关像迷魂阵一样，要花多少钱才能进去游历一周，可怜的军人的意志不禁受到严重的打击，而意志原是男人特有的一种力量。他觉得受不了打官司的生活，还不如熬着穷苦，做个叫花子，或者有什么部队肯收留，再去投军当个骑兵，倒反简单多了。肉体与精神的痛苦，因为损害了几个最重要的器官，已经使他健康大受影响。他害的病在医药上没有名字，病灶像我们身上受害最烈的神经系统一般，没有一定的地方，只能称之为痛苦的忧郁症。这种无形而实在的病不论怎样严重，只要生活愉快，还是能痊愈的。但要完全摧毁他结实的身体，只消一个新的阻碍或是什么意外的事，把已经衰弱的生机斩断，使他处处犹豫，做事有头无尾，没人了解——那都是生理学家在受伤过度的人身上常常看到的症状。

但尔维发觉当事人有了失魂落魄的现象，便说：

"别灰心，结果只会对你有利的。但你得想一想是否能完全信托我，对我认为最好的办法能不能闭着眼睛接受？"

"你爱怎办就怎办罢。"夏倍说。

"不错，但你听我摆布的程度，是不是能够把生死置之度外？"

"难道我从此只能无名无姓，没有身份的混下去吗？这怎么受得了？"

"我的意思不是这样，"代理人说，"我们可以用友好的方式得到法院的判决，把你的死亡登记和婚约撤销，把你的公民权恢复。靠了法洛伯爵的力量，你一定还能得到将官的军阶和一笔恩俸。"

"好，你放手做去罢！我完全信托你。"

"那么我等会把委托书寄给你签字。再见了,别灰心!要用钱,尽管问我。"

夏倍很热烈的握了握但尔维的手,背靠着墙,除了目送一程以外没有气力再送客。正如一般不大了解司法界内情的人,他看到这场意想不到的斗争吓坏了。他们俩谈话期间,街上有个人掩在大门口一根柱子旁边,伸头探颈的等着。但尔维一出门,他就走过来。那是个老头儿,穿着蓝色上衣,跟卖啤酒的商人一样束一条叠裥的白围裙,头上戴一顶獭皮小帽。凹陷的脸是棕色的,皱纹密布,但因为工作辛苦,老在外边跑,颧骨倒晒得通红。

他伸出手臂拦住了但尔维,说道:"先生,我很冒昧的跟你说话,请你原谅。我一看到你,就疑心是我们将军的朋友。"

但尔维回答:"你关切他什么事呢?"又不大放心的追问一句,"你是谁呀?"

"我叫作路易·凡尼奥,有几句话要跟你说。"

"原来是你把夏倍伯爵安顿在这种地方的。"

"对不起,先生,请你原谅,他住的已经是最好的屋子了。倘若我自己有个房间,一定让给他;我可以睡在马房里。嗐,他遭了多少难,还教我几个小的认字;他是一个将军,一个埃及人,我在部队里遇到的第一个排长就是他!……真的,一家之中他住得最好了。我有什么,他也有什么。可怜我拿不出多少东西,只有面包,牛奶,鸡子;穷人只能过穷日子!至少是一片好心。可是他教我们下不了台啊。"

"他?"

"是的,先生,一点不假,他伤透了我们的心……我不自量力盘了一个铺子,他看得清清楚楚。他替我们刷马,那教人怎么受得了！我说：'哎哟！我的将军，你怎么的？'他说：'嗳，我不愿意闲着，刷兔子什么的，我早学会了。'为了盘牛奶棚，我签了一些约期票给葛拉杜……你认得葛拉杜吗，先生？"

"朋友，我没时间听你呀。快点告诉我，上校怎么样使你下不了台？"

"先生，他使我下不了台是千真万确的事，正如我叫作凡尼奥一样的千真万确，我的女人还为此哭了呢。他从邻居那儿知道我们的债票到期了，一个子儿都没着落。老军人一句话不说，候着债主上门，拿你给他的钱一股脑儿把约期票付清了。你看他多厉害！我跟我老婆眼看可怜的老人连烟草都没有了，他硬压着自己，省掉了。本来吗，他每天早上已经有了雪茄！真的，我宁可把自己卖掉的……我们受不了！他说你是个好人，所以我想拿铺子作抵押，向你借三百法郎，让我们替他缝些衣服，买些家具，他以为替我们还了债！唉，谁知道他倒反教我们欠了新债……还教我们心里受不了！他不应该丢我们的脸，伤我们的心；那还成为朋友吗？你放心，我路易·凡尼奥宁可再去当兵，绝不赖你的钱……"

但尔维看了看鲜货商，往后退了几步，把屋子，院子，垃圾，马房，兔子，孩子，重新瞧了一眼，心里想："据我看，一个人要有德行，主要是占有产业的欲望不能太强。"

"好吧，你要三百法郎，给你就是了，再多一些也行。但这不是我给的。上校有的是钱，很有力量帮助你，我不愿意抢掉他这点儿乐趣。"

"他是不是不久就有钱了？"

"当然。"

"啊，天哪，我女人知道了才高兴呢！"

鲜货商说着，棕色的脸似乎舒坦了些。

但尔维一边踏上两轮车，一边想："现在让我到敌人那儿去走一遭。别泄露我们手里的牌，要想法看到她的，先下手为强。第一得吓她一吓。她是个女人，女人最怕的是什么呢？对啦，女人只怕……"

他把伯爵夫人的处境推敲之下，像大政治家设计划策，猜度敌国的内情一样出神了。诉讼代理人不就是处理私事的政治家吗？现在我们必须对法洛伯爵夫妇的情形有所了解，才能领会但尔维的天才。

法洛伯爵是从前巴黎高等法院一个法官的儿子，恐怖时期流亡在国外，逃了命，却丢了财产。他在执政时期回国，守着父亲在大革命以前来往的小圈子，始终拥护路易十八的利益。所以在圣·日耳曼区的贵族中，法洛属于很清高的不受拿破仑引诱的一派。他那时还没有头衔，但才能出众的名气已经使他成为拿破仑勾引的对象。拿破仑笼络贵族阶级的成功往往不下于战场上的成功。人家告诉法洛，说他的头衔可以恢复，没有标卖的财产可以发还，将来还有入阁和进参议院的希望。可是皇帝的努力终于白费。在夏倍伯爵阵亡的时期，法洛先生是一个二十六岁的青年，没有财产，身段很好，在圣·日耳曼区很走红，被认为后起之秀。另一方面，夏倍伯爵夫人在清算亡夫遗产的过程中得了不少利益，孀居十八个月以后，每年的进款有四万法郎之多。她和青年伯爵的结合，也在圣·日耳曼区的各党派意料之中。拿破仑素来希望自己的部下与贵族阶级通婚，对夏倍太太的再醮自然很满意，便把上校遗产中应当归公的一份退还给她。但拿破仑借此拉拢的心思仍旧落了一个空。法洛太太不但热爱她年轻的情人，而且想到能踏进那个虽然受了委屈，但始终控制着帝国宫廷的高傲的社会，也很得意。这门亲事既满足了她的热情，也满足了她各方面的虚荣心。她快要一变而为大家闺秀了。等到圣·日耳曼区的人知道青年伯爵的婚姻并非对贵族阶级的叛变，所有的沙龙立刻对他的太太表示欢迎。然后是王政复辟的时期。法洛伯爵的政治前程，发展并不太快。他很明白路易十八的政治环境受着许多限制，也深知内幕情形，**等着大革命造成的缺口慢慢的合拢**。路易十八说的这句话虽然被自由分子嘲笑，的确有它的政治意义。这个故事开场的时候帮办所引用的那一段诏书，把法洛伯爵的两个森林，一块田产，都发还了。那些产业在公家代管期间价值大为提高。如今他虽则身为参议官兼某一个部的署长，自认为还不过是政治生涯的开端。

因为雄心勃勃而忙得不得了，他雇着一个秘书，把一切私人事务都交给他办。那秘书叫作台倍克，是个破产的诉讼代理人，精明透顶；凡是司法界的门道，无一不知，无一不晓。狡猾的讼师很明白自己在伯爵家的地位，为了前途不敢不老实。他照顾东家的财产简直无微不至，希望日后靠他的势力谋个缺分。他的行事和过去截然不同，以致大家认为他从前的坏名声是受人阴损。伯爵夫人天生聪明机警，那是所有的妇女都有的长处，只是程度不同而已；她猜透了总管的心，暗中把他监视着，又调度得很巧妙，使他甘心情愿的卖力，增加她那分私产。她教台倍克相信法洛先生是抓在她手里的，只要他一心一意的忠于她的利益，将来准可以到第一等的大城市里去当个初级法院的庭长。一朝有了一个终身职的差事，他就能结一门好亲事；以后当选了议员，更可以觊觎政治上的高位；这样的诺言当然使台倍克成为伯爵夫人的死党了。王政复辟的最初三年，一般手段高明的人利用房产的涨价与交易所的波动赚了不少钱：这种机会，伯爵夫人靠了台倍克的力量，一个都没错过，轻而易举把财产增加了三倍，尤其因为在伯爵夫人眼里，只要能赶快发财，什么手段都是好的。她拿伯爵在各衙门领的薪水派作家用，把产业的收入存在一边生利；台倍克只帮她在这方面出主意，绝不推敲她的动机。像他那一类的人，只要一件事攸关自己的利益，才肯费心去推究内幕。先是他对于大多数巴黎女子都有的黄金饥渴病觉得很容易找出理由，其次，伯爵的野心需要极大的家私作后盾，因此总管有时候以为伯爵夫人的贪得无厌，是表示她对一个始终热爱的男人的忠诚。其实她把真正的用意深藏在心坎里。那是她生死攸关的秘密，也是这个故事的关键。一八一八年初，王政复辟的基础表面上很稳固了，它的大政方针，据一般优秀人士所了解的，应当替法国开创一个繁荣的新时代；于是巴黎社会的面目跟着改变了。法洛伯爵夫人的婚姻无意中使爱情、金钱、野心三者都得到了满足。年纪还轻，风韵犹存，她变了一位时髦太太，经常出入宫廷。本身有钱，丈夫有钱，她既是贵族阶级的一分子，自然分享到贵族的光华。而且丈夫是王上的亲信，被誉为保王党中最有干才的人物之一，早晚有当部长的希望。在这个万事如意的局面中，她精神上却长着一个癌。男人的某些心思不管掩藏得如何周密，总是瞒不过女人的。路易十八第一次回来的时候[1]，法洛伯爵就有些后悔自己的婚姻。先是夏倍上校的寡妇没有替他拉上豪门贵戚的关系，

---

[1] 一八一四年拿破仑逊位时，路易十八即回国；一度又于拿破仑百日时期内逃亡。

使他在到处都是暗礁与敌人的生涯中孤立无助。其次，在他能够用冷静的头脑观察妻子的时间，或许还发现她有些教育方面的缺陷，不宜于做他事业上的帮手。他批评泰勒朗的婚姻的一句话，使伯爵夫人看透了他的心，就是说如果他现在要结婚的话，对象绝不会是法洛太太。丈夫心里有这种遗憾，世界上哪个妻子肯加以原谅呢？侮辱，叛变，遗弃，不是都有了根苗吗？假定她怕看到前夫回来，那么后夫的那句话岂非更犯了她的心病？她早知道夏倍活着而置之不理；后来没再听见他的名字，以为他和蒲打两人跟着帝国的鹰旗在滑铁卢同归于尽了。虽然如此，她还是决意用最有力量的锁链，黄金的锁链，把伯爵拴在手里，希望凭着巨大的资财，使她第二次的婚约无法解除，万一夏倍上校再出现的话。而他居然出现了。她倒是弄不明白，她所担心的那场斗争怎么还没爆发。或许是痛苦，疾病，替她把这个人解决了。或许他发了疯，由夏朗东收管去了。她不愿意把心事告诉台倍克或警察局，免得授人把柄或者触发那件祸事。巴黎不少妇女都像法洛太太一样，不是天天跟恶魔做伴，便是走在深渊边上；她们尽量把创口磨成一个肉茧，所以还能嬉笑玩乐。

两轮车到了华兰纳街法洛公馆门口，但尔维从沉思默想中醒来，对自己说着："法洛伯爵的情形真有点儿古怪。有这么多钱，又受到王上的宠幸，怎么至今还没进贵族院？固然，像葛朗里欧太太和我说的，这可能表示他有心配合王上的政策，以爱惜爵位的方式抬高贵族院的声价。并且一个高等法院法官的儿子，也没资格与克里翁和罗昂等等那些勋贵后裔相提并论。法洛伯爵要进贵族院绝不能大张旗鼓，惹人注目。但若他能离婚，再娶一个没有儿子的老参议员的女儿，不是就能以继承人的地位一跃而为贵族院议员,免得王上为难了吗?"但尔维一边走上台阶一边想:"哼,不错,这一点倒大可以拿来恐吓伯爵夫人。"

但尔维无意之间击中了法洛太太的要害,摸到她那个刻骨铭心的毒瘤。她接见他的屋子是一间精雅的冬季餐厅;她正在用早点,旁边有一根钉着铁档的柱子拴着一只猴子,让她逗着玩儿。伯爵夫人穿着一件很漂亮的梳妆衣,便帽底下拖出几个随便束着的头发卷,显得很精神。她容光焕发,笑容可掬。金器,银器,嵌螺钿的杯盘,在餐桌上发光,周围摆着几个精美的瓷盆,种着名贵的花草。夏倍伯爵的女人靠了夏倍的遗产,生活豪华,站在社会的峰尖上;可怜的老头儿却在鲜货商家里和牲口家禽住在一块;代理人看了不由得私下想道:

"由此可以得到一个结论:一个俊俏的女人,绝不肯把一个穿旧卡列克,戴着野草般的假头发,脚上套着破靴子的老头儿,再认作丈夫;哪怕过去是她的情人也不相干。"

大半的巴黎人家尽管用多多少少的谎话遮掩自己的生活,也瞒不过一个以地位关系而能看到事实的人;所以但尔维当下堆着一副狡猾而尖刻的笑容,表示半感慨半嘲弄的心情。

"但尔维先生,你好!"伯爵夫人说着,继续拿咖啡喂她的猴子。

但尔维听她招呼的口气那么轻浮,觉得很刺耳,便直截了当的和她说:"太太,我是来跟你谈一件相当严重的事的。"

"啊,遗憾得很。伯爵不在家呢……"

"我觉得幸运得很,太太。他要是参加我们的谈话,那才是遗憾呢。并且我从台倍克那儿知道,你喜欢自己的事自己了,不愿意打搅伯爵的。"

"那么我教人把台倍克找来罢。"

"他虽然能干,这一回也帮不了你的忙。太太,你只要听我一句话就不会再嘻嘻哈哈了。夏倍伯爵的确没有死。"

"难道这种荒唐话就能使我不再嘻嘻哈哈了吗?"她说着,大声的笑了。

可是但尔维目不转睛的瞪着她,明亮的眼神仿佛看透了她的心事,伯爵夫人的态度便突然软化了。

"太太,"他冷冷的用着又严肃又尖锐的口气说,"你还不知道你冒的危险有多大呢。不消说,全部文书都是真实的,确定夏倍伯爵没有死的证件都是可靠的。你一向知道我不是接受无根无据的案子的人。我们申请撤销死亡登记的时候,倘若你出来反对,这第一场官司你就非输不可;而我们赢了第一审,以后的几审也就赢定了。"

"那么你还预备跟我谈些什么呢?"

"既不谈上校,也不谈你。有些风雅的律师,拿这件案子里奇奇怪怪的事实,加上你再醮以前收到前夫的几封信,很可能做成一些有趣的节略;可是我也不预备和你谈这种问题。"

"这简直是胡扯!"她装腔作势,尽量拿出恶狠狠的神气,"我从来没收到夏倍伯爵的信;并且谁要自称为上校,他准是个骗子,苦役监里放出来的囚犯,像高阿涅[1]之类。单是想到这种事就教人恶心。先生,你以为上校会复活吗?他阵亡以后,波拿帕脱正式派副官来慰问我,国会批准三千法郎抚恤金,我至今还在

---

[1] 比哀·高阿涅为十九世纪初叶法国大冒险家,自称为圣·埃兰伯爵,拐骗盗窃,无所不为,数次入狱越狱,化名投军,居于高位,暗中仍为盗党领袖,卒被识破,判处终身苦役。

支领。自称为夏倍上校的人，不管过去有多少，将来还有多少，我都有一千一万个理由不睬他们。"

"太太，幸亏今天只有咱们两人，尽可以由着你扯谎。"但尔维冷冷的说着，有心刺激伯爵夫人，认为她一怒之下可能露出些破绽来；这是诉讼代理人的惯伎，敌人或当事人尽管发脾气，他们总是声色不动。他临时又想出一个圈套，教她明白自己弱点很多，不堪一击；便私忖道："好，咱们来见个高低罢。"——接着他高声说："太太，送达第一封信的证据，是其中还附有证券……"

"噢！证券吗？信里可没有什么证券。"

但尔维微微一笑："原来这第一封信你是收到的。你瞧，一个诉讼代理人随便唬你一下，你就中了计，还自以为能跟司法当局斗吗？……"

伯爵夫人的脸一会儿红一会儿白，用手遮住了。然后她把羞愧的情绪压了下去，恢复了像她那等女人的天生的镇静。

"既然你作了自称为夏倍的那个人的代理人，那么请你……"

"太太，"但尔维打断了她的话，"我现在除了当上校的代理人之外，同时仍旧是你的代理人。像你这样的大主顾，我肯放弃吗？可是你不愿意听我的话呀……"

"那么先生，你说罢。"她态度变得很殷勤了。

"你得了夏倍伯爵的财产，却给他一个不理不睬。你有了巨万家私，却让他在外边要饭。太太，案情本身既然这样动人，律师的话自然动人了：这件案子里头，有些情节可能引起社会公愤的。"

伯爵夫人被但尔维放在火上一再烧烤，不由得心烦意躁。她说："可是先生，即使你的夏倍真的没死，法院为了我的孩子也会维持我跟法洛伯爵的婚姻，我只要还夏倍二十二万五千法郎就完了。"

"太太，关于感情的问题，我们不知道将来法院怎么看法。一方面固然有母亲与孩子的问题，另一方面，一个受尽苦难的男人，被你一再拒绝而折磨得这样衰老的男人，同样成为问题，教他哪儿再去找个妻子呢？那些法官能够作违法的判决吗？你和上校的婚姻使他对你有优先权。不但如此，一朝人家用丑恶的面貌来形容你的时候，你还会碰到一个意想不到的敌人。太太，这就是我想替你防止的危险。"

"一个意想不到的敌人！谁？"

"就是法洛伯爵，太太。"

"法洛先生太爱我了，对他儿子的母亲太敬重了……"

但尔维打断了她的话："诉讼代理人是把人家的心看得雪亮的，你这些废话都甭提啦。此刻法洛先生决没意思跟你离婚，我也相信他非常爱你；但要是有人跟他说，他的婚姻可能宣告无效，他的太太要在公众眼里成为罪大恶极的女人……"

"那他会保护我的。"

"不会的，太太。"

"请问他有什么理由把我放弃呢，先生？"

"因为他可以娶一个贵族院议员的独养女儿，那时只要王上一道诏书，就好把贵族院的职位移转给他……"

伯爵夫人听着脸色变了。

但尔维心上想："行啦，被我抓住了！可怜的上校，你官司赢定啦。"然后他高声说道："并且法洛先生那么办，心里也没什么过不去；因为一个光荣的男人，又是将军，又是伯爵，又是荣誉团勋二位，决非等闲之辈；倘使这个人向他要回太太的话……"

"得了，得了，先生！"她说，"你永远是我的代理人。请你告诉我应当怎办？"

"想法和解呀！"

"他是不是还爱我呢？"她问。

"我不信他不爱你。"

听到这句话，伯爵夫人马上把头抬了起来，眼中闪出一道表示希望的光；或许她想用一些女人的诡计，利用前夫的爱情来赢她的官司。

"太太，究竟要我们把公事送给你呢，还是你愿意到我事务所来商订和解的原则，我等候你的吩咐。"但尔维说着，向伯爵夫人告辞了。

但尔维访问上校和法洛太太以后一星期，六月里一个晴朗的早上，被命运拆散的一对夫妇，从巴黎的两极出发，到他们共同的代理人那儿相会。

但尔维预支给夏倍上校的大量金钱，使他能够把衣衫穿得跟身份相称。阵亡军人居然坐着一辆挺干净的两轮车，戴着一副与面貌相配的假头发，穿着蓝呢衣服，白衬衫，领下挂着荣誉团勋二位的大红绶带。生活优裕的习惯一恢复，当年那种威武的气概也跟着恢复了。他身子笔直，容貌庄严而神秘，活现出愉快和满怀希望的心情，脸不但变得年轻，而且用画家的术语来说，更丰满了。在他身上，你再也找不出穿破卡列克的夏倍的影子，正如一枚新铸的四十法郎的金洋绝不会跟一个铜子儿相像。路上的人看到了，很容易认出他是我们帝国军中的遗老，是那些英雄之中的一个；国家的光荣照着他们，他们也代表国家的光荣，好比阳光底下的镜子把太阳的每一道光芒都反射出来。这般老军人每个都等于一幅画，同时也等于一部书。

伯爵从车上跳下来走进但尔维家的时候，动作的轻灵不下于青年人。他的两轮车刚掉过车身，一辆漆着爵徽的华丽的轿车也跟着赶到了。车中走下法洛伯爵夫人，装束非常朴素，但很巧妙的衬托出年轻的身腰。她戴着一顶漂亮的小帽子，周围缀着蔷薇花，像捧云托月似的使她脸蛋的轮廓不太清楚，而神态更生动。两个当事人都变得年轻了，事务所却还是老样子，和这个故事开场的时候所描写的没有分别。西蒙宁吃着早点，肩膀靠在打开的窗上，从四周都是黑沉沉的房屋而只给院子留出的空隙中，眺望着蓝天。

他忽然嚷道："啊！夏倍上校变了将军，挂着红带了：谁愿意赌东道请看戏吗？"

"咱们的老板真会变戏法。"高特夏说。

"这一回大家不跟他开玩笑了吗？"台洛希问。

"放心，他的太太，法洛伯爵夫人，会耍他的！"蒲加回答。

高特夏又道："那么伯爵夫人要服侍两个丈夫了，可不是？"

"噢，她也来了！"西蒙宁嚷着。

这时上校走进事务所，说要见但尔维先生。

"他在里头呢，伯爵。"西蒙宁告诉他。

"原来你耳朵并不聋，小鬼！"夏倍扯着**跳沟**的耳朵拧了一把，教那些帮办看着乐死了，哈哈大笑，同时也打量着上校，表示对这个怪人好奇到极点。

法洛太太进事务所的时候，夏倍伯爵正在但尔维的办公室里。

"喂，蒲加，这一下老板办公室里可要来一幕精采的戏文啦！那位太太不妨双日陪法洛伯爵，单日陪夏倍伯爵。"

"逢到闰年，这笔账可以轧平了。"高特夏接着说。

"诸位，别胡扯了，人家听得见的。"蒲加很严厉的喝阻。

"像你们这样把当事人打哈哈的事务所，从来没见过。"

伯爵夫人一到，但尔维就把上校请到卧房去坐。

他说："太太，因为不知道你愿不愿意和夏倍伯爵见面，我把你们俩分开了。倘若你喜欢……"

"先生，多谢你这么体贴。"

"我拟了一份和解书的稿子，其中的条款，你和夏倍先生可以当场磋商；两方面的意思由我居间传达。"

"好吧，先生。"伯爵夫人作了一个不耐烦的手势。

但尔维念道：

"立协议书人甲方：伊阿桑德，别号夏倍，现封伯爵，陆军少将，荣誉团勋二位；住巴黎小银行街。

"乙方：罗士·夏波丹，为甲方夏倍伯爵之妻……"

伯爵夫人插言道："开场的套头不用念了，单听条文罢。"

"太太，"代理人回答，"开场的套头很简短的说明你们双方的地位。然后是正文。第一条，当着三个见证——其中两位是公证人，一位是你丈夫的房东，做鲜货买卖的，我已经关照他严守秘密——你承认甲方是你的前夫夏倍伯爵；确定他身份的文书，由你的公证人克劳太另行办理。

"第二条，甲方为顾全乙方幸福起见，除非在本和解书规定的情形之下，自愿不再实行丈夫的权利。"但尔维念到这儿又插进两句:"所谓本和解书规定的情形,就是乙方不履行这个秘密文件中的条款。——其次,甲方同意与乙方以友好方式,共同申请法院撤销甲方之死亡登记,及甲方与乙方之婚约。"

伯爵夫人听了很诧异,说道:"这一点对我完全不合适,我不愿意惊动法院。你知道为什么。"

代理人声色不动,照旧往下念:

"第三条,乙方自愿每年以二万四千法郎交与甲方夏倍伯爵;此项终身年金由乙方以购买政府公债所生之利息支付;但甲方死亡时,本金仍归乙方所有……"

"那太贵了!"伯爵夫人说。

"你能花更低的代价成立和解吗?"

"也许。"

"太太,那么你要怎办呢?"

"我要……我不要经过法院;我要……"

"要他永远做死人吗?"但尔维顶了一句。

"先生,倘若要花二万四的年金,我宁可打官司……"

"好,咱们打官司罢。"上校用他那种调门很低的声音嚷道。他突然之间打开房门站在他女人面前,一手插在背心袋里,一手指着地板。因为想起了痛苦的往事,他这姿势格外显得悲壮。

"真的是他!"伯爵夫人私下想。

老军人接着又道:"哼,太贵了!我给了你近一百万,你却眼看我穷途潦倒,跟我讨价还价。好吧,现在我非要你不可了,既要你的财产,也要你的人。咱们的财产是共有的,咱们的婚约还没终止……"

伯爵夫人装作惊讶的神气,嚷道:"这一位又不是夏倍上校喽。"

"啊!"老人带着挖苦得很厉害的口吻,"你要证据吗?我当初是在王宫市场把你找来的……"[1]

伯爵夫人马上变了脸色。老军人看到自己从前热爱的女人那么痛苦,连胭脂也遮不了惨白的脸色,不由得心中一动,把话咽住了。但她睁着恶毒的眼睛瞪着他,于是他一气之下,又往下说道:

"你原来在……"

"先生,我受不了,"伯爵夫人对代理人说,"让我走罢。我不是到这儿来听这种下流话的。"

她站起身子走了。但尔维跟着冲出去。伯爵夫人像长了翅膀似的,一眨眼就飞掉了。代理人回到办公室,看见上校气坏了,在屋子里大踏步踱着。

他说:"那个时候一个人讨老婆是不管出身的;我可是拣错了人,被她的外表骗过去了;谁知她这样的没心没肺。"

"唉,上校,我不是早告诉你今天别来吗?现在我相信你真是夏倍伯爵了。你一出现,伯爵夫人浑身一震:我把她的思想看得清清楚楚。可是你的官司输定了,你太太知道你面目全非,认不得了。"

"那我就杀了她……"

"发疯!这不是把你自己送上断头台吗?说不定你还杀不了她!一个人想杀老婆而没杀死,才是大笑话呢[2]。让我来补救罢,大孩子!你先回去,诸事小心;她很可能安排一些圈套,送你上夏朗东的。我要立刻把公事送给她,以防万一。"

---

[1] 自大革命起至王政复辟初期,巴黎的王宫市场为娼寮赌场的集中地。
[2] 杀妻不成,就是说一个人犯了重罪而仍不能摆脱妻子;当然是很可笑的。

可怜的上校听从了恩人的吩咐，结结巴巴说了几句抱歉的话，出门了。他慢吞吞的走下黑暗的楼梯，憋着一肚子郁闷，被刚才那一下最残酷、把他的心伤得最厉害的打击压倒了。走到最后一个楼梯台，他听见衣衫悉索的声音，忽然太太出现了。

"跟我来，先生。"她上来挽着他的手臂；那种姿势他从前是非常熟悉的。

伯爵夫人的举动和一下子又变得温柔的口吻，尽够消释上校的怒意，把他带到车子旁边。

跟班的放下踏级，伯爵夫人招呼上校道："喂，上车罢！"

于是他像着了魔似的，挨着妻子坐在轿车里。

"太太上哪儿去？"跟班的问。

"上葛罗斯莱。"

驾车的马开始奔驰，穿过整个的巴黎城。

"先生……"伯爵夫人叫出这两个字的声音是泄露人生最少有的情绪的声音，表示身心都在震颤。

在这种时候，一个人的心、纤维、神经、面貌、肉体、灵魂，甚至每个毛孔都在那里抖动。我们的生命似乎不在自己身上了；它跑在身外跳个不停，好像有瘟疫一般的传染性，能借着目光、音调、手势，去感应别人，把我们的意志去强制别人。老军人仅仅听她叫出可怕的"先生"二字，就打了一个寒噤。那两字同时包含责备、央求、原谅、希望、绝望、询问、回答的意味，简直包括一切。能在一言半语之间放进那么多意思那么多感情的，必然是高明的戏子。一个人所能表达的真情实意往往是不完全的，真情绝不整个儿显露在外面，只让你揣摩到内在的意义。上校对于自己刚才的猜疑，要求，发怒，觉得非常惭愧，便低着头，不愿意露出心中的慌乱。

伯爵夫人略微歇了一会，又道："先生，我一看见你就认出来了！"

"罗西纳，"老军人回答，"你这句话才是唯一的止痛膏，能够使我把过去的苦难忘了的。"

他像父亲对女儿一般抓着妻子的手握了握，让两颗热泪掉在她手上。

"先生，你怎么没想到，以我这样为难的处境，在外人面前怎么受得了！即使我的地位使我脸红，至少让我只对自己人脸红。这一段秘密不是应当埋在我们心里的吗？希望你原谅我对夏倍上校的苦难表面上不理不睬。我觉得我不应当相信他还活着的。"她看到丈夫脸上有点儿质问的表情，便赶紧声明："你的信是收到的；但收到的时候和埃洛战役已经相隔十三个月，又是被拆开了的，脏得要命，字也不容易认。既然拿破仑已经批准我再嫁的婚约，我就认为一定是什么坏蛋来耍弄我。为了避免扰乱法洛伯爵的心绪，破坏家庭关系，我不得不提防有人假冒夏倍。你说我这么办对不对？"

"不错，你是对的；我却是个傻子，畜生，笨伯，没把这种局面的后果细细想一想。"上校说着，看见车子经过夏班尔关卡，便问，"咱们到哪儿去呢？"

"到我的乡下别墅去，靠近葛罗斯莱，在蒙莫朗西盆地上。先生，咱们在那儿可以一同考虑怎么办。我知道我的责任，我在法律上固然是你的人，但事实上不属于你了。难道你愿意咱们俩成为巴黎的话柄吗？这个局面对我简直是桩大笑话，还是别让大众知道，保持咱们的尊严为妙。"她对上校又温柔又凄凉的瞟了一眼，接着说："你还爱着我；可是我，我不是得到了法律的准许才另外结婚的吗？处着这个微妙的地位，我冥冥中听到一个声音，教我把希望寄托在你的慷慨豪侠上面，那是我素来知道的。我把自己的命运交在你一个人手里，只听凭你一个人处理：这算不算我错了呢？原告和法官，请你一个人兼了罢。我完全信托你高尚的心胸。你一定能宽宏大量，原谅我无心的过失所促成的后果。因此我敢向你承认，我是爱法洛先生的，也自认为有爱他的权利。我在你面前说这个话并不脸红；即使你听了不舒服，可并不降低我们的人格。我不能把事实瞒你。当初命运弄人，使我做了寡妇的时候，我并没有身孕。"

上校对妻子做了个手势，意思要她别往下说了。车子走了一里多路，两人没交换一句话。夏倍仿佛看到两个孩子就在面前。

"罗西纳！"

"怎么呢？"

"死人不应该复活，是不是？"

"噢！先生，哪里，哪里！别以为我忘恩负义。可是你离开的时候留下的妻子，你回来的时候她不但再嫁了，而且做了母亲。虽然我不能再爱你，但我知道受你多少恩惠，同时我还有像女儿对父亲那样的感情奉献给你。"

"罗西纳，"老人用着温柔的声调回答，"现在我一点不恨你了。咱们把一切都忘了罢。"说到这里，他微微笑了笑，那种仁慈的气息永远是一个人心灵高尚的标记。

"我不至于那么糊涂，硬要一个已经不爱我的女人假装爱我。"

伯爵夫人瞅了他一眼，不胜感激的表情使可怜的夏倍几乎愿意回进埃洛的死人坑。世界上真有些人抱着那么伟大的牺牲精神，以为能使所爱的人快乐便是自己得了酬报。

"朋友，这些事等咱们以后心情安定的时候再谈罢。"伯爵夫人说。

于是两人的谈话换了一个方向，因为这问题是不能长久谈下去的。虽然夫妻俩或是正式的，或是非正式的，常常提到他们古怪的局面，一路上倒也觉得相当愉快，谈着过去的夫妇生活和帝政时代的旧事。伯爵夫人使这些回忆显得甜蜜可爱，同时在谈话中加进一点必不可少的惆怅的情调，维持他们之间的庄严。她只引起对方旧日的爱情，而并不刺激他的欲念；一方面尽量让前夫看到她内心的境界给培养得多么丰富，一方面使他对于幸福的希冀只限于像父亲见着爱女一般的快慰。当年上校只认识一个帝政时代的伯爵夫人，如今却见到一个王政复辟时代的伯爵夫人。最后，夫妇俩穿过一条横路到一个大花园；花园的所在地是玛扬西高岗与美丽的葛罗斯莱村子之间的一个小山谷。伯爵夫人在这儿有一所精雅的别庄；上校到的时候，发现一切布置都是预备他夫妇俩小住几天的。苦难好比一道神奇的符箓，能加强我们的天性，使猜忌与凶恶的人愈加猜忌愈加凶恶，慈悲的人愈加慈悲。

以上校而论，不幸的遭遇倒反使他心肠更好，更愿意帮助人。女性的痛苦，多半的男子是不知道它的真相的，这一下上校可是体会到了。但他虽则胸无城府，也不由得和妻子说：

"你把我带到这儿来觉得放心吗？"

"放心的，倘若在跟我打官司的人身上，我还能找到夏倍上校的话。"

她回答的神气装得很真诚，不但祛除了上校心里那个小小的疑团，甚至还使他暗中惭愧，觉得不应该起疑。一连三天，伯爵夫人对待前夫的态度好得无以复加。她老是那么温柔，那么体贴，仿佛要他忘掉过去所受的磨折，原谅她无意中（照她自己的说法）给他的痛苦。她一边表现一种凄凉抑郁的情绪，一边把他素来欣赏的风度尽量拿出来；因为有些姿态，有些感情的或精神的表现，是我们特别喜欢而抵抗不了的。她要使他关切她的处境，惹动他的柔情，以便控制他的思想而称心如意的支配他。

她决意要不顾一切的达到目的，只是还没想出处置这男人的方法，但要他在社会上不能立足是毫无问题的。

第三天傍晚，她因为不知道自己的战略结果如何，觉得心乱如麻，无论如何努力，面上总是遮盖不了。为了松动一下，她上楼到自己屋里，对书桌坐着，把在上校面前装作心情安定的面具拿了下来，好比一个戏子演完了最辛苦的第五幕，半死不活的回到化妆室，把截然不同的面目留在舞台上。她续完了一封写给台倍克的信，要他上但尔维那边把有关夏倍上校的文件抄来，然后立刻赶到葛罗斯莱看她。刚写完，她听见走廊里有上校的脚声，原来他是不放心而特意来找她的。

她故意高声自言自语："唉！我要死了才好呢！这局面真受不了……"

"啊，怎么回事呀？"老人问。

"没有什么，没有什么。"

她站起来，离开上校下楼去，偷偷把信交给贴身女仆送往巴黎，面交台倍克，等他看过了还得把原信带回。然后伯爵夫人到一个并不怎么偏僻的地方拣一张凳子坐下，使上校随时能找到她。果然上校已经在找她了，便过来坐在她身边。

"罗西纳,你怎么啦?"

她不作声。傍晚的风光幽美恬静,那种说不出的和谐使六月里的夕照格外韵味深长。空气清新,万籁俱寂,只听见花园深处有儿童笑语的声音,给清幽的景色添上几段悦耳的歌曲。

"你不回答我吗?"上校又问了一声。

"我的丈夫……"伯爵夫人忽然停下,做了一个手势,红着脸问,"我提到法洛伯爵该怎么称呼呢?"

"就说你的丈夫罢,可怜的孩子;他不是你两个孩子的父亲吗?"上校用着慈祥的口吻回答。

她说:"倘若法洛先生问我到这儿来干什么,倘若他知道我跟一个陌生人躲在这里,我对他怎么交代?"然后又拿出非常庄严的态度,"先生,请你决定罢,我准备听天由命了……"

上校抓着她的手:"亲爱的,为了你的幸福,我已经决定牺牲自己……"

她浑身抽搐了一下,嚷道:"那不行。你想,你所谓牺牲是要把你自己否定,而且要用切实的方式……"

"怎么,我的话还不足为凭吗?"

切实二字直刺到老人心里,使他不由自主的起了疑心。他对妻子瞅了一眼,她脸一红,把头低下了;而他也生怕自己会瞧她不起。伯爵夫人素来知道上校慷慨豪爽,毫无虚假,唯恐这一下把这血性男子的严格的道德观念伤害了。双方这些感想不免在他们额上堆起一些乌云,但由于下面一段插曲,两人之间的关系马上又变得和谐了。事情是这样的:伯爵夫人听到远远有一声儿童的叫喊,便嚷道:

"于勒,别跟妹妹淘气!"

"怎么了！你的孩子在这里吗？"上校问。

"是的，可是我不许他们来打扰你。"

老军人对这种殷勤的措置咂摸出女性的体贴和用心的细腻，便握着伯爵夫人的手亲了一下。

"让他们到这儿来罢。"他说。

小女孩子跑来告状，说她哥哥捣乱：

"妈妈！"

"妈妈！"

"他把我……"

"她把我……"

两个孩子一齐向母亲伸着手，喊喊喳喳的闹成一片，等于突然展开了一幅美妙动人的图画。

伯爵夫人的眼泪再也忍不住了："可怜的孩子！唉，要离开他们了！法院将来判给谁呢？母亲的心是分割不开的，教我怎么放得下呢？"

"是您呕妈妈哭的吗？"于勒怒气冲冲的问上校。

"别多嘴，于勒！"母亲很威严的把他喝住了。

两个孩子不声不响的站在那里，一会儿瞧瞧母亲，一会儿瞧瞧客人，好奇的神色非言语所能形容。

"噢！"她又说，"倘若要我离开伯爵而让我保留孩子，那我不管什么也就忍受了……"

这句攸关大局的话使她全部的希望都实现了。

"对！"上校好像是把心里想了一半的话接下去，"我早说过了，我应该重新钻下地去。"

"我怎么能接受这样的牺牲呢？"伯爵夫人回答，"固然有些男人为了挽救情妇的名誉不惜一死,但他们只死一次。你却是每天都受着死刑!那断断使不得!倘若只牵涉到你的生命倒还罢了;可是要你签字声明不是夏倍上校,承认你是个冒名的骗子,牺牲你的名誉,从早到晚的向人说谎……噢,一个人无论这么牺牲也不能到这个地步。你想想罢!那怎么行!要没有这两个可怜的孩子,我早跟你逃到天涯海角去了……"

"嗳,"夏倍说,"难道我不能在这儿待下去,装作你的亲戚,住在你那个小楼里吗?我已经老朽无用,像一尊废炮,只要一些烟草和一份《立宪报》就行了。"

伯爵夫人哭得像泪人儿一般。两人你推我让,争着要牺牲自己,结果是军人得胜了。一天傍晚,在暮色苍茫,万籁俱寂的乡间,眼看孩子们绕在母亲膝下,宛然是一幅融融泄泄的天伦图的时候,老军人感动得忍不住了,决意回到坟墓中去,也不怕签署文件,切切实实的否定自己了。他问伯爵夫人应当怎办才能一劳永逸的保障她家庭的幸福。

她回答说:"随你怎办罢!我声明绝不参加这件事。那是不应该的。"

台倍克已经到了几天,依照伯爵夫人的吩咐,居然和老军人混得很好,得到了他的信任。第二天早上,夏倍伯爵和他两人一同出发到圣滦泰凡尼去。台倍克已经委托那边的公证人替夏倍拟好一份声明书,可是措辞那么露骨,老军人听完条文马上跑出事务所,嚷道:

"该死!该死!那我不成了个小丑吗?不是变了个骗子吗?"

"先生,"台倍克和他说,"我也不劝你立刻签字。换了我，至少要伯爵夫人拿出三万法郎年金，那她一定给的。"

上校像正人君子受了污辱一般，睁着明亮的眼睛把老奸巨滑的坏蛋瞪了一眼，赶紧溜了，胸中被无数矛盾的情绪搅得七上八下。他又变得猜疑了，一会儿愤慨，一会儿冷静。

他终于从围墙的缺口中进入葛罗斯莱的花园，慢吞吞的走到一个可以望见圣-滦大路的小亭子里歇息，预备在那儿仔细想一想。园子里的走道铺的不是细石子，而是一种红土。伯爵夫人坐在高头一个小阁的客厅内，没听见上校回来；她专心一意想着事情的成功，完全没留意到丈夫那些轻微的声响。老人也没发觉妻子坐在小阁上。

伯爵夫人从隔着土沟的篱垣上面，望见总管一个人在路上走回来，便问："喂，台倍克先生，他签字了没有？"

"没有，太太。他不知跑哪儿去了。老马居然发起性子来了。"

她说："那么就得送他上夏朗东，既然我们把他抓在手里。"

上校忽然像年轻人一样的矫捷，纵过土沟，一霎眼站在总管面前，狠狠的打了他两个嘴巴，那是台倍克一生挨到的最精采的巴掌。同时夏倍又补上一句：

"要知道老马还会踢人呢！"

胸中的怒气发泄过了，上校觉得再没气力跳过土沟。赤裸裸的事实已经摆在眼前：伯爵夫人的话和台倍克的回答，暴露了他们的阴谋。所有的体贴，照顾，原来都是钓他上钩的饵。夏朗东这个名字好比一种烈性的毒药，使老军人精神与肉体的痛苦一刹那间都恢复了。他从园子的大门里走向小亭子，步履蹒跚，像一个快倒下来的人。可见他是永远不得安宁的了！从此就得跟这女人开始一场丑恶的斗争；正如但尔维所说的，成年累月的打着官司，在悲痛中煎熬，每天早上都得喝一杯苦水。而可怕的是：最初几审的讼费哪儿去张罗呢？他对人生厌恶透了：当时旁边要有水的话，他一定跳下去的了，有手枪的话一定把自己打死的了。然后他变得游移不定，毫无主意；这种心情，从但尔维在鲜货商家里和他谈过话以后，就已经动摇了他的信念。到了亭子前面，他走上高头的小阁，发现妻子坐在一张椅子里。阁上装着玫瑰花形的玻璃窗，山谷中幽美的景物可以一览无余：伯爵夫人在那里很镇静的眺望风景，莫测高深的表情正像那般不顾一切的女人一样。她仿佛才掉过眼泪，抹了抹眼睛，心不在焉的拈弄着腰里一根很长的粉红丝带。可是尽管面上装得泰然自若，一看见肃然可敬的恩人站在面前，伸着手臂，惨白的脸那么严正，她也不由得打了个寒噤。

他向她瞪着眼睛，看得她脸都红了，然后说："太太，我不来咒你，只是瞧不起你。谢天谢地，幸亏命运把咱们分开了。我连报复的念头都没有，我不爱你了。我什么都不问你要。凭我这句话，你安心活下去罢；哼，我的话才比巴黎所有公证人的字纸都更可靠呢。我不再要求那个也许被我显扬过的名字。我只是一个叫作伊阿桑德的穷光蛋，只求在太阳底下有个地方活着就行了。再见罢……"

伯爵夫人扑在上校脚下，抓着他的手想挽留他；但他不胜厌恶的把她推开了，说道：

"别碰我。"

伯爵夫人听见丈夫的脚声走远去，做了一个没法形容的手势。然后凭着阴险卑鄙的或是自私狠毒的人的聪明，她觉得这个光明磊落的军人的诺言与轻视，的确可以保证她太平无事的过一辈子的。

夏倍果然销声匿迹了。鲜货商破了产，当了马夫。或许上校有个时期也干过相仿的行业，或许像一颗石子掉在窟窿里，骨碌碌的往下直滚，埋没在巴黎那个衣衫褴褛的人海中去了。

03

养老院

事后六个月,但尔维既没有夏倍上校的消息,也没有伯爵夫人的消息,以为他们和解了,大概伯爵夫人怀恨在心,故意托别的事务所办了手续。于是有一天,他把借给夏倍的钱结算清楚,加上应有的费用,写信给法洛伯爵夫人请她通知夏倍伯爵料理;但尔维断定她是准知道前夫的住址的。

法洛伯爵的总管刚好发表为某个重要城市的初级法院院长;他第二天就复了但尔维一封信,教人看了非常丧气:

法洛伯爵夫人嘱代声明:贵当事人对先生完全用了欺骗手段;自称为夏倍伯爵的人已明白承认假冒身份。此致……

台倍克

但尔维嚷道:"呦!竟有这种混账东西!他们居然会盗窃出生证。你热心罢,慷慨罢,慈悲罢,你可上当了!哪怕你是诉讼代理人也没用!这件事平空白地破费了我两千多法郎。"

又过了一些时候，但尔维有天到法院去找一个正在轻罪法庭出庭的律师说话。他偶然闯进第六庭，庭上刚好把一个叫作伊阿桑德的无业游民判处二个月徒刑，刑满移送圣·特尼乞丐收容所。照警察厅的惯例，这种判决等于终身监禁。

听到伊阿桑德的名字，但尔维对坐在被告席上，夹在两名警察中间的犯人瞧了一眼，原来便是冒充夏倍伯爵的那个家伙。

老军人态度安详，一动不动，几乎是心不在焉的神气。虽则衣服破烂，面上也有饥寒之色，但仍保持着高傲庄严的气概。他的眼神有种坚忍卓绝的表情，绝对逃不过法官的眼睛；但一个人落入法网以后，就变了一个抽象的东西，一个法理的问题，好比他在统计学家心目中只成为一个数字。

他被带往书记室，预备等会和同案判决的游民一齐送往监狱。凭着代理人在法院里可以到处通行的特权，但尔维跟他到书记室，把他和别的几个奇形怪状的乞丐打量了一番。书记室的穿堂另有一番景象，可惜立法大员，慈善家，画家，作家，都没有研究过。

像一切诉讼实验室一样，这穿堂是一间又暗又臭的屋子，四壁摆着长凳，被那些川流不息的可怜虫坐得发黑了。他们都到这儿来跟社会上各式各样的受难者相会，从来没有一个人失约。倘若你是个诗人，一定会说，在这么许多灾难汇集的阴沟里，阳光是羞于露面的。那儿没有一个位置不坐过未来的或过去的罪犯，很多是受了第一次轻微的惩罚，便横了心变成积犯，终于上了断头台，或者是把自己打一枪送了性命。所有倒在巴黎街上的人，都在这些暗黄的壁上留着痕迹。凡是真正的慈善家，大可以在壁上把那么多自杀案的理由研究出来，不至于再像一般虚伪的作家只会慨叹而没能力加以阻止；因为自杀的原因明明写在这间穿堂里，而穿堂又是一个苗圃，制造验尸所与葛兰佛广场[1]的惨剧的。

那时，一批精神抖擞而浑身都是苦难的疮疤的人，挤在那里一会儿静默，一会儿低声谈话，因为有三个警察在屋子里踱来踱去，腰刀拖在地板上发出铿锵的声音。夏倍上校就坐在这些人堆里。

"你还认得我吗？"但尔维站在老军人面前问。

"认得的，先生。"夏倍站起身子回答。

但尔维轻轻的说道："倘若你是个规矩人，怎么会欠了我的钱不还呢？"

老军人满面通红，好像一个姑娘被母亲揭破了私情。

他高声嚷道："怎么！法洛太太没跟你算账吗？"

"算账？……她写信给我说你是个骗子。"上校抬起眼睛，表示深恶痛绝与诅咒的意思，仿佛在祈求上帝惩罚她这桩新的卑鄙行为。

"先生，"他因为感情冲动，声音变了腔，倒反显得安静了，"请你向警察说一声，让我到书记室去写个字条，那一定发生效力。"

但尔维向警察打了个招呼，把他的当事人带进书记室；伊阿桑德写了一个字条给伯爵夫人，交给但尔维，说道：

"把这个送去，你的公费和借给我的款子保证能收回。先生，虽则我对于你的帮助没有把我的感激表示出来，但我的情意始终在这里，"说着他拿手指着心口，"是的，整个儿在这里。可是穷人有什么力量呢？他们除了感情以外，什么都谈不到。"

---

[1] 葛兰佛广场（一八〇六年后改称为市政厅广场），为巴黎执行死刑的地方，亦为举行大庆祝的地方。

"怎么！"但尔维问他，"你没要求她给你一笔年金吗？"

"甭提啦！"老军人回答，"你真想不到，一般人看得多重的表面生活，我才瞧不起呢。我突然之间害了一种病，厌世病。一想到拿破仑关在圣·埃兰纳，我觉得世界上一切都无所谓了。倒霉的是我不能再去当兵。"他做了一个小孩子般的手势，补充道："归根结底，与其衣服穿得华丽，不如有感情可以浪费。我至少不用怕人家瞧不起。"

说完他又回去坐在他的凳子上。

但尔维出了法院，回到事务所，派那个时期的第二帮办高特夏上法洛太太家。伯爵夫人一看字条，立刻把夏倍上校欠代理人的钱付清了。

一八四○年六月底，高特夏当了诉讼代理人，陪着他的前任但尔维上里斯去。走到一处和通往皮赛德[1]的林荫道交叉的地方，看见路旁一株橡树底下，有个已经成为叫化头的，病病歪歪的白发老人。他住在皮赛德救济院，像穷苦的老婆子住在萨班德里埃[2]一样。他是院内收容的二千个人中的一个，当时坐在一块界石上，聚精会神的干着残废军人搅惯的玩意儿：在太阳底下晒黏在手帕上的烟末，大概是为了爱惜烟末，不愿意把手帕拿去洗的缘故[3]。老人的脸非常动人，穿的是救济院发的丑恶之极的号衣——一件土红色的长袍。

高特夏和同伴说："但尔维，你瞧，那老头儿不是像从德国来

---

1 皮赛德为法国塞纳州的一个小镇，有建筑宏伟的救济院，收容老人及精神病者。
2 萨班德里埃为巴黎妇女救济院的别名，除老年妇女外，亦兼收精神病女子。
3 此处所谓烟末系指鼻烟，烟末常与涕沫同时黏在手帕上，故欲连同手帕晒干以便取下烟末。

的那些丑八怪吗？他居然活着，说不定还活得挺有趣呢！"

但尔维用望远镜瞧了一下，不禁作了一个惊讶的动作，说道：

"嗳，朋友，这老头儿倒是一首诗，或者像浪漫派作家说的，是一出悲惨的戏。你有时还碰到法洛太太吗？"

"碰到的，她很有风趣，很可爱；也许对宗教太热心了一些。"高特夏回答。

"这老头儿便是她的结发丈夫，当过陆军上校的夏倍伯爵；他被送到这儿来准是她玩的花样。夏倍上校住着这个救济院而没住高堂大厦，只因为当面揭穿了美丽的伯爵夫人的出身，说他像雇马车一般把她从街上捡来的。她当时瞅着他的虎视眈眈的眼睛，我至今记得清清楚楚。"

这几句开场白引起了高特夏的好奇心，但尔维便把上面的故事讲了一遍。两天以后，正是一个星期一的早上，两位朋友回巴黎的时候远远向皮赛德望了一眼。但尔维提议去看看夏倍上校。林荫道的半路上有株倒下的树，老人坐在树根上，手里拿着一根棒在沙土上画来画去。他们把他细看了一下，发觉他那天的早点不是在养老院里吃的[1]。

但尔维招呼他："你好，夏倍上校。"

"不是夏倍！不是夏倍！我叫作伊阿桑德。"老人回答。他又像儿童和老人那样带着害怕的神气，很不放心的瞧着但尔维："我不是人呀，我是第七室第一百六十四号。"歇了一会又说："你们可是去看那个死犯的？他没娶老婆，那是他的运气！"

"可怜的人！"高特夏说，"你要不要钱买烟草？"

---

[1] 养老院中的人行动自由，有钱的时候可以在外吃喝一顿，享受一下。此处暗指夏倍喝过酒。

上校赶紧向两个陌生人伸出手去，神气和巴黎的顽童一样天真，从各人手里接了一枚二十法郎的钱，傻头傻脑的对他们望了一眼，表示感谢，嘴里还说：

"倒是两个好汉！"

他作着举枪致敬和瞄准的姿势，微微笑着，嚷道：

"把两尊炮一齐放呀！拿破仑万岁！"

接着他又拿手杖在空中莫名其妙的乱画一阵。

但尔维说："大概他受的伤影响到他的头脑，使他变得跟小孩子一样了。"

救济院中的另外一个老人在旁边望着他们，听了这话叫起来："他跟小孩子一样！哼！有些日子简直一点儿触犯不得。这老奸巨猾把什么都看透了，想象力丰富得很呢。可是今天他是在休息。先生，一八二〇年的时候，他已经在这里了。那一回，有个普鲁士军官因为马车要爬上维勒于伊甫山坡，只得下来走一段。我正好跟伊阿桑德在一起。那军官一边走一边和一个俄国人谈话，看到咱们的老总，便嘻嘻哈哈的说道：'这一定是个到过洛斯巴哈的轻骑兵。'老总回答：'我太年轻了，来不及到洛斯巴哈；可是赶上了伊哀那¹！'普鲁士人听着马上溜了，一句话也不敢多讲。"

但尔维嚷道："他这个命运多奇怪！生在育婴院，死在养老院；那期间帮着拿破仑征略埃及，征略欧洲。"歇了一会又说："朋友，你知道吗？我们的社会上有三等人，教士，医生，司法人员，都是看破人间的。他们穿着黑衣服，或许就是哀悼所有的

---

1 洛斯巴哈为一七五七年普鲁士击败法军之地。伊哀那为一八〇六年拿破仑大败普军之处。

德行和所有的幻象。三等人中最不幸的莫如诉讼代理人。一个人去找教士,总由于悔恨的督促,良心的责备,信仰的驱使;这就使他变得伟大,变得有意思,让那个听他忏悔的人精神上感到安慰;所以教士的职业并非毫无乐趣:他作的是净化的工作,补救的工作,劝人重新皈依上帝的工作。可是我们当诉讼代理人的,只看见同样的卑鄙心理翻来覆去的重演,什么都不能使他们洗心革面;我们的事务所等于一个没法清除的阴沟。哼,我执行业务的期间,什么事都见过了!我亲眼看到一个父亲给了两个女儿每年四万法郎进款,结果自己死在一个阁楼上,不名一文,那些女儿理都没理他!我也看到烧毁遗嘱,看到做母亲的剥削儿女,做丈夫的偷盗妻子,做老婆的利用丈夫对她的爱情来杀死丈夫,使他们发疯或者变成白痴,为的要跟情人消消停停过一辈子。我也看到一些女人有心教儿子吃喝嫖赌,促短寿命,好让她的私生子多得一分家私。我看到的简直说不尽,因为我看到很多为法律治不了的万恶的事。总而言之,凡是小说家自以为凭空造出来的丑史,和事实相比之下真是差得太远了。你啊,你慢慢要领教到这些有趣的玩意儿,我可是要带着太太住到乡下去了,巴黎使我恶心。"

高特夏回答说:"噢,我在台洛希那儿也见得不少了。"

一八三二年三月　巴黎

奥诺丽纳

01

法国人怎样的不喜欢旅行

法国人怕出门的心理和英国人爱出门的心理可以说不相上下，两个极端也许都有理由。走出英国，随处都能发现胜过英国的东西；但要在法国以外找到法国的韵味就极不容易了。别国有的是幽美的风景，比法国舒服得多的设备，我们在这方面是进步最慢的。别国有时还让你看到富丽伟大，动人心魄的豪华场面；它们既不缺少风采，也不缺少高雅；可是精神生活，思想活动，在巴黎不足为奇的辩才与隽永的谈吐，那种心有所思而不形之于口的默契，那种成为法国语言精华的，意在言外的辞令，却是无论什么地方都找不到的。法国人的诙谑已经很少人了解，他在国外自不免像一株移植的树木一般很快就枯萎了。殖民海外这件事，法国民族的看法完全和别国的人相反。许多法国人，例如我们在这里提到的那些，承认只要看到本国的关吏就觉得高兴，这恐怕是把爱国心夸张得最厉害的说法了。

这段小引，目的是要让一般旅行过的法国人，把流寓国外的时期偶尔在外交家的客厅里找到一片水草，找到整个祖国的那种喜悦回想一下；这心情，在从来没离开意大利大街的沥青马路，认为河滨大道与塞纳河左岸已经不算巴黎的人，是不容易了解的。喂，巴黎人！你们可知道什么叫作不在巴黎而仿佛身在巴黎吗？那并非吃到仙岩饭店的厨子鲍兰尔替老饕预备的，只能在蒙多尔葛伊街烹调的名菜；而是看到令人想起仙岩饭店的席面！而是尝到在外国近于神话的，像本文所提到的女子同样少有的法国酒！所谓重睹巴黎，也并非听到从巴黎传至边境就变味的，风行一时的妙语；而是置身于风雅的，心心相印的，识见卓越的环境，为所有的法国人，从诗人到工匠，从公爵夫人到街头的孩子，都耳濡目染，熏陶惯的。

02

一幅兼有意大利与法国风味的画

一八三六年,正当萨尔台涅[1]国王驻跸热那亚的时候,两个多少有点名气的法国人,在法国领事租的一所别庄中间,还能有置身于巴黎的感觉。庄子坐落在一个高岗上。在圣·多玛城门与有名的灯塔之间,那高岗是亚平宁山脉的最后一块高地;至于有名的灯塔,随便哪本纪念册只要有热那亚的风景,没有不把它画上的。当初热那亚城邦全盛的时期,王侯勋贵花到几百万金钱盖造华丽的别墅;本文所说的府第便是其中之一。世界上倘若有什么地方晚景特别幽美的话,那一定是热那亚了。上半天先来一场当地特有的倾盆大雨;然后海水的明净争着与天色的明净比赛:一片静寂笼罩着海滨的大道,笼罩着别庄上的树林,和张着大嘴莫测高深的吐着流泉的石像;明星闪闪,地中海的波浪一个接着一个,仿佛一个女人的自白,被你一句一句逼出来的。那时,芬芳的空气充塞你的肺部,笼罩你的梦境,令人陶醉的韵味仿佛肉眼看得见似的,像大气一样在空中浮动,直扑到你的椅子里——你

---

[1] 萨尔台涅在十七八世纪时为意大利北部的一个王国,为近代意大利统一的核心,犹普鲁士之于近代德意志。

拿羹匙调着冰或果子汁,脚下躺着城市,面前站着美女:像这种薄伽丘情调的良辰美景¹,的确是意大利和地中海滨所独有的。

座上有喜欢招待四方才士的豪客第·奈葛罗侯爵,有大马索·巴莱多侯爵,那是两位在气质上极像法国人的热那亚人²;还有一个法国总领事,由一位美若圣母的太太和因为瞌睡而默不出声的孩子陪着;此外是法国大使,大使夫人,自以为衰老但很狡猾的一等秘书,和两位专诚来向领事太太辞行的巴黎人。庄子的阳台上摆着一桌精美的晚餐,时间是五月中旬。把这些人物和这个场面想象一下,你就能对那幅图画有个概念了:画上的中心人物是一位大名鼎鼎的女子,那个晚会中的上宾,常常引起座客注目的。

余下两个法国人,一个是出名的风景画家雷翁·特·洛拉,一个是出名的批评家格劳特·维浓。他们俩是陪着那女客一起来的;女客是当代妇女界中最知名的一个人物,本姓台·多希,文坛上的名字叫作加米叶·莫班³。台·多希小姐有事上翡冷翠,以她素来殷勤的脾气,把雷翁·特·洛拉顺便带来游历意大利,还特意赶往罗马,让他见识一下罗马郊外的风光。来的时候取道桑普隆山隘,回去是走高尼希到马赛的路。那次在热那亚停留,仍是为了画家的缘故。

不消说,总领事很愿意趁王上的乘舆未到以前,陪一位不但以天才见称,并且以财富、声名、地位而论也应当重视的人

---

1 薄伽丘在《十日谈·第一日》的前言中,假托有一小群人于一三四八年黑死疫最猖獗的时候避于翡冷翠城外的一个别庄上,利用良辰美景,或歌或舞,或讲故事,藉以忘却当前的浩劫。
2 此两侯爵均系十九世纪实有的人物,作者用的亦是真名实姓。
3 加米叶·莫班影射乔治·桑,巴尔扎克常常于小说中提及。

物，去参观热那亚。加米叶·莫班对城中最偏僻的小教堂都了如指掌，偏偏吝啬光阴，把画家交给外交官和当地的两位侯爵了。虽然大使也是个优秀的作家，莫班可不接受他殷勤的情意，怕英国人所谓的招摇；直到总领事为她饯行，她方始不再推辞。雷翁·特·洛拉告诉加米叶，说唯有她这次肯赏光，他才能向大使夫妇，领事夫妇，以及两位热那亚侯爵表示他的谢意。于是台·多希小姐只能把那些完全空闲的日子，一个受人注目的人物在巴黎难得遇到的日子，牺牲一天。

03

一个总领事的谜

在座的人物介绍过了,我们就不难想象他们之间绝没有客套,也不难想象有许多女人,连上层阶级的在内,都不曾被邀请;因为她们都很好奇的想知道,加米叶·莫班那种富于男性气息的才具是否和漂亮女子的妩媚的风度冲突,是否犯了牝鸡司晨的毛病。从晚餐开始到九点,就是说直到端上小点心的时间,虽则谈话忽而轻松,忽而严肃,虽则以说话俏皮闻名巴黎的雷翁·特·洛拉常常插进几句妙语,逗大家发笑,而在座诸人的雅趣也替谈话生色不少,却始终不大提到文学。可是一来二去,谈锋早晚会碰到这个纯粹法国式的题目的,哪怕只是略微接触一下。趁话题还没改变方向而轮到总领事发言的时候,我们不妨把他这个人物和家庭先提一提。

这外交家年纪大约有三十四岁,结婚才六年,活脱是拜伦勋爵的肖像。既然拜伦的相貌遐迩闻名,我也不必再为领事写照。但他做梦一般的神气全无做作的意味。拜伦勋爵是诗人,那外交家也很有诗意;这点儿区别,一般女性都能分辨,同时也足以说明她们一部分感情的根源,虽不能证明那些感情的合理。他这种潇洒的风度，加上可爱的性格，孤独与用功的生活所养成的习惯，使一个有钱的热那亚少女入迷了。有钱的热那亚少女！这句话可能使当地人听了发笑，因为女子被剥夺承继权以后，难得会有钱的了。但奥诺列娜·班特罗蒂是一个银行家的独养女儿，并无弟兄，所以是例外。虽然女子的痴情是一般男人引为得意的事，总领事却似乎并不愿意结婚。直过了两年，法国大使趁王室驻在热那亚的期间奔走了几次，这门亲事方始成功。但年轻的外交官所以回心转意，还不是为了奥诺列娜·班特罗蒂的动人的感情，而是因为出了一桩没人知道的事，因为他的私生活有了一次剧烈的波动；那种波动大半立刻被日常生活的巨潮压在底下，使一个人以后的行为，便是最自然的，也显得不可解。这一类隐蔽的原因往往也影响到历史上最重大的事件。

以上所述，至少是热那亚城里一般人的意见；某些妇女认为法国领事的沉默寡言与悒郁不欢的态度，一定是心中别有所恋的缘故。在此不妨顺便提一句，女人从来不因为男人更喜欢别的女人而抱怨的，她们很乐意为女性共同的利益牺牲。奥诺列娜·班特罗蒂倘使受到没有理由的轻视，是很可能怀恨的；但知道那轻视是由于别有所恋，她便照旧，也许更爱她的丈夫了。在感情问题上，女人承认有优先权。只要对方心中有个女人，就不算女性失面子了。一个男人当外交官不是白当的：这丈夫嘴巴紧得很，简直像坟墓一样，甚至热那亚的商界中人以为青年领事的态度是出于预谋：要不是他装作对另一个女人寄着相思病的话，那独养女儿可能不给他抓住的。假如真有这样的事，一般妇女也觉得太卑鄙了，绝不肯相信。班特罗蒂的女儿把自己的爱情改作了安慰，用意大利式的柔情蜜意去缓解他的无人知道的痛苦。此外,班特罗蒂先生对于爱女强迫他选择的女婿,也没什么可抱怨的。有势力的大老在巴黎照顾着青年外交官的前程。法国大使对银行家许下的诺言果然兑现了:总领事封了男爵,得了荣誉团三等勋章。便是班特罗蒂本人也被萨尔台涅国王封为伯爵。陪嫁是一百万。班特罗蒂银号的资产,因为在麦子生意上赚了钱,估计有二百万之多,在新夫妇结婚以后六个月便落到他们手里;因为第一个同时也是最后一个班特罗蒂伯爵,到一八三一年正月就故世了。

04

伯爵夫人

奥诺列娜·班特罗蒂是那种美丽的热那亚女子。热那亚女子长得好看的时候，简直是全意大利最有气派的美女。为了于里安·梅迪西斯墓上的雕塑，米开朗琪罗是到热那亚来挑选模特儿的。因为这个缘故，《日》与《夜》那几个女像的胸部特别膨大；许多批评家认为夸张，其实是里瞿里省[1]女人的特征。今日之下，热那亚的美人只有到戴**美纱罗**面纱的妇女中寻访，正如在威尼斯只能在戴**法齐奥里**包头布的妇女中发现。这是衰老的民族共同的现象。高雅的典型只出现在平民阶级，好像城市遭了大火，名贵的徽章都给埋在灰烬底下了。但奥诺列娜在财产方面已经是一个例外，以贵族气派的美貌而论又是一个例外。读者不妨想象一下：假定米开朗琪罗放在《思想家》下面的《夜》[2]，披上了现

---

[1] 里瞿里省即热那亚隶属的省份。
[2] 米开朗琪罗为于里安·梅迪西斯及洛朗查·梅迪西斯的坟墓所作的雕像，上面居中各为一巨型的男像：一个象征里安，一个象征洛朗查，象征洛朗查的即美术史上盛称的《思想家》。每一巨像之下各有雕像二座（男女各二），题作：《晨》《暮》《日》《夜》，身体均为斜倚半睡的姿势。但《思想家》像下之女像乃代表《晨》，于里安下面之女像方代表《夜》；巴尔扎克误记，致谓"《思想家》下面的《夜》"。

代的衣衫，秀美的长发盘在皮肤略带棕色的，庄严的头上，惘然出神的眼中燃着火焰，丰满的胸部裹着披肩，身上穿着白底绣花的长袍；假定这雕像撑起身子坐着，交叉着手臂，像有名的女演员乔治小姐一样的姿态，那么你对于领事太太的形象就如在目前了。站在她身旁的是一个六岁的男孩子，长相的漂亮正符合做母亲的愿望；坐在她膝上的是一个四岁的女儿，其美丽正好和雕塑家达维特为装饰一个坟墓而竭力寻访的儿童典型一模一样。

加米叶·莫班暗中注意着这一对夫妇。她觉得领事有了美满的幸福，不应该再有那种心不在焉的神气。

虽然夫妻俩那天教人看到的是十全十美的快乐家庭的景象，加米叶却始终不了解：这男人明明是她认识的人中最优秀的一个，出入于巴黎的沙龙，有每年十万法郎收入的家产，为什么只在热那亚当一个总领事？另一方面，凭着女人像《查第格》故事中那个明哲的阿拉伯人[1]一样的聪明，加米叶在许多小地方看出丈夫对妻子的感情的确很忠实。没有问题，这两个出众的人物可以白头偕老，相爱无间。但看着总领事莫测高深的态度，和不下于英国人、野蛮人、东方人，和老外交家的镇静，加米叶不由得在肚里左思右想：——"怎么回事呢？"——"噢，没有什么！"

---

[1] 伏尔泰在所著寓言体小说《查第格》中提到一阿拉伯人，叫作赛多克，在市场上买到查第格作奴隶，不久发现查识见卓越，即与之为友，事事咨询，故经营之商业获利甚丰。

05

社会的解剖

一牵涉文学,大家就谈到文坛上的老题目:女人的失节。他们的意见不久归结到两点:女人的失节究竟错在女人还是错在男人?在座的大使夫人,领事夫人,台·多希小姐,这三位公认为白璧无瑕的太太把女人批判得很严。几个男的却竭力向三位优秀的女性证明,说女人失足以后还可能有她的德行。

雷翁·特·洛拉说道:"咱们这种捉迷藏式的游戏,玩到什么时候为止呢?"

领事对他的太太说:"你打发孩子去睡觉罢;教奥娜把我放在蒲勒家具上的小公事包给拿来。"

领事太太一言不发,站了起来;这证明她很爱丈夫,因为她的法文程度已经能懂得他的意思等于要她走开。

然后领事说道:"让我给大家讲一个我自己还在里头当一个角色的故事,你们听完了再讨论罢。拿着解剖刀空划一阵是没意思的。要解剖,就得有个尸首。"

于是在场的人坐下来预备听了,尤其因为各人的话已经说得相当多,快要兴尽,正是讲故事的人应当挑选的时间。以下便是总领事口述的话——

06

神甫的主意

我二十二岁上得了法学博士学位以后,我的七十二岁的舅舅洛罗神甫,认为需要替我找个后台,安排一个前程了。这位好人即使不是圣者,至少把每个新年都看作上帝的恩赏。不必说,太子的忏悔师要安插一个亲手培植的年轻人,他妹妹的独生子,真是太容易了。因此一八二四年年底,这位年高德劭的老人有天特意到我房间里来找我。那时他在巴黎勃朗-芒多教堂已经当了五年本堂神甫,我住的就是他教士私宅中的一间屋子。他和我说:

"孩子,你穿起衣服来,我要带你去见一个人;他找你到家里去当秘书。要是我没看错,将来上帝召我回去的时候,那位先生可以代我照顾你。我的弥撒祭到九点完场,还有三刻钟的时间,尽够你收拾了。"

"啊!舅舅,我在这个房里过了四年多愉快的日子,难道要我离开了吗?……"

"我身后没什么东西传给你呀。"他回答。

"你的名字和你的功德永久留在人们的记忆中,我还不沾光吗?"

他微微一笑，说道："别提这种遗产。你对人生还阅历不够，不知道这种性质的遗产是最难兑现的，不比我今天要带你去见的……"——（说到这里，领事停下来加两句说明。）——我只能用我保护人受洗的名字称呼他，把他叫作奥太佛伯爵……"不比我今天要带你去见的奥太佛伯爵，只要你能讨这位廉洁的政治家喜欢（那我相信你一定办得到的），倒真正能庇护你，等于我给了你一份家私。本来吗，要不是你父亲的破产和你妈妈的故世像晴天霹雳一般把我搅昏了，我也很可能替你积一笔钱的。"

"你是伯爵的忏悔师吗？"

"嘿！要是这样，我还能把你荐去吗？在忏悔室里听来的秘密，世界上有哪个教士敢利用？不，你是由司法部长保举的。亲爱的莫利斯，你住在他家里等于住在一个父亲家里。伯爵给你两千四百法郎年薪，供给住宿，外加一千二的伙食津贴；他既不能和你一桌吃饭，也不愿意为你另开一桌，把你交给仆人照管。我知道了奥太佛伯爵的秘书绝不是高等佣人的性质，才代你接受下来。你工作一定很忙，因为伯爵自己便是工作极紧张的；但经过了那番训练，你将来无论什么高级的职务都能胜任了。谨慎机密一类的话，我想也用不着再嘱咐你，那是预备进政界的人最重要的条件。"

你们想，我当时心里多么好奇。奥太佛伯爵是最高的司法大员之一，又得到太子的王妃信任，那时刚好由于她的力量，发表为国务部长。他的生活，和诸位大概都认识的赛里齐伯爵的差不多，可是更深藏，因为他住在玛莱区巴伊安纳街，几乎从来不招待宾客。由于持续不断的工作，日子过得像僧侣一般朴素，他的私生活是外边不知道的。现在我先把我的地位简单的描写一下。

07

一个青年人的画像

　　我是十八岁念完中学的;道貌岸然的圣·路易中学校长,受着我舅舅的嘱托,等于做了我的监护人。离开中学的时候,我的纯洁不下于一个从圣·舒尔比斯神学院出来的,信心极坚的学生。母亲临终要舅舅答应绝不让我当教士,但我好像准备进教会的青年一样虔诚。我一出中学,洛罗神甫就把我安置在他的私宅内,教我念法律。为了要得所有的学位,必须念满四年大学;那四年我非常用功,特别在枯索的法学园地之外。住在校长家里的中学时代不大能接触文学,这时便急于缓解一下我的饥渴:一朝念了几本近代的名著,跟着把前几个世纪的代表作都念了。我对戏剧入了迷,有个很长的时期天天上戏院,虽则舅舅每月只给一百法郎零用。老人家手头这么紧,多半是由于怜惜穷人,大量施舍的缘故;结果正好限制青年人的欲望,使它适可而止。我到伯爵家去就职的时候,固然不是什么未经人事的青年,但逢场作戏的荒唐事儿,我自己还看作天大的罪过。舅舅为人好得像天使一样,我真怕使他伤心,所以那四年从来没有在外边过夜。他老人家只要等我回去了才睡觉。这种慈母一般的关切,比着青年人在严格的家庭中受到的教训与责备，倒反更能够约束我。

当时我还没见识过组成巴黎社会的不同的阶级，所知道的良家妇女与布尔乔亚女子，只限于散步的时候或是戏院里见到的，并且还是从正厅里远望的。倘若有人对我说："等会你可以见到加拿利[1]，或是加米叶·莫班。"我头里肚子里都会像火烧一样的发热。在我心目中，名人的说话，走路，吃饭，都跟平常人两样。青年人的脑子里不知装着多少《天方夜谭》式的神话！……他先要虚构了多少**神灯**[2]以后，才明白真正的**神灯**不是靠偶然，便是靠苦功，或是靠天才。这种由于精神兴奋而来的梦想，在某些人是时间很短的，但我始终保存着。那个时代我夜里入睡的当口不是做了多斯加大公爵，便是成了百万富翁；不是有个公主爱我，就是自己享了大名。

所以在奥太佛伯爵那儿有个职位，一年有二千多法郎进款，对于我就是开始过独立生活。我觉得从此有希望踏进社会，追求我最急切的梦想——找一个女子做后台，不让我走入危险的路；那种危险的路是一般二十二岁左右的青年，无论怎么安分怎么有教养，在巴黎都是容易走上的。我开始惴惴不安，对自己害怕了。便是我下过苦功的法律知识，也不一定每次都能把那些可怕的妄想压下去。是的，有时我胡思乱想，假定过着舞台生活，自命为可能成为一个大演员，做着声名盖世、艳福无穷的美梦，完全不知道令人失望的内幕——那当然是到处一样的，人生每一个舞台都有它的内幕。有几次我跑到外边去，中心如沸，恨不得到巴黎城中去探奇猎艳，碰上一个美女，跟她到门口，刺探她，写

---

1 加拿利为巴尔扎克小说中常提到的诗人，有时影射拉马丁，有时影射雨果。
2 神灯为《天方夜谭》中最有名的故事之一；阿拉丁靠了神灯获致巨富。

信给她，把自己整个儿交给她，用爱情的力量征服她。

我的舅舅——这个心肠极慈悲的人，这个七十岁的老孩子，和上帝一样聪明，和天才一样幼稚，大概也猜到了我心中的骚动，因为他每次觉得把我束缚太紧，快要爆裂的时候，一定会对我说："得了罢，莫利斯，你也是个穷人！给你二十法郎去玩儿罢，你又不是教士！"倘若你们看到使他的灰色眼睛发亮的那种磷火，把可爱的嘴唇往两边扯开去的那副笑容，挂在他像使徒一般丑陋而庄严的脸上的、那种令人疼爱的表情，你们就会了解我当时的心情，使我只能把勃朗－芒多的本堂神甫当作母亲一般的拥抱，来代替我的回答。

08

一所老屋子

到巴伊安纳街去的路上，舅舅和我说："奥太佛只会把你当作朋友，绝不当作下属；但他是多疑的，或者更准确的说，是很谨慎的。必须日子久了，才能赢得这位政治家的友谊；因为他虽则眼光犀利，看人看得很多，也受了你前任的骗，险些儿吃亏。你听了这话就知道在他手下应当怎么行事了。"

到了一所前有院子，后有花园，规模和加那华莱府第[1]一样大的屋子前面，我们在一扇其大无比的门上敲了几下，敲出来的声音好像散在旷野里。舅舅向一个穿号衣的老门丁说明来意，我却望了望院子，一眼之间把什么都瞧见了：地下的石板被野草遮掉了，极有格局的建筑物装饰很多，黝黑的墙高头长着草木，赛似小小的花坛，屋顶的高度跟蒂勒黎宫的相仿。楼上的游廊、柱子已经剥落。从一个巍峨的拱门中，我瞥见侧里另外有个院子；那是连门都在腐烂的下房。一个老马夫在里头抹一辆旧车。看他懒洋洋的神气，可以断定当年牲口众多，极有气派的马房，如今至

---

[1] 加那华莱为巴黎有名的府第，建于十六世纪，现为巴黎市公产，改为博物馆。

多只剩一二匹马了。正对院子的门面，建筑十分壮丽，但气象萧索，好似派作机关用的政府的公产或是王上的私产。正当我跟舅舅俩从门房（门房高头还留着**请向门丁接洽**几个字）走向台阶的时候，听见一声铃响，阶沿上跑出一个当差，穿的号衣很像法兰西喜剧院中的拉勃朗希[1]穿的。由于平日宾客稀少，当差的一边打开一扇嵌着小玻璃的门，一边还在披上褂子。门的两旁各有一盏露天的灯，把墙壁薰了许多像星一样的黑点。列柱成行的走廊，富丽不亚于凡尔赛宫中的，它让你看到一座将来不会再造的那种楼梯，占的地位跟现在新盖的整幢屋子一样大，宽度可以让八个人并列着走；石级冷冰冰的，像坟墓里的阶梯，高大的穹窿传出我们脚步的回声，似乎进了一所大教堂。铁栏杆是亨利三世时代的镂刻艺术家匠心独运的结晶品，大可饱人眼福。我们仿佛肩上披了一件冰冷的大氅，走过穿堂，走过一连串不铺地毯的客厅，里头摆着精雅的，有资格搬到古董店去的古式家具。最后我们到了与正屋成直角的楼厅部分，走进一间宽敞的书房，窗子都朝着大花园。

---

[1] 十八世纪初勒萨日喜剧中的人物。

09

一幅肖像

进入第一间穿堂的时候,带我们上楼的当差已经把我们交给另外一个仆人。一到书房门口,仆人就通报道:

"勃朗-芒多的本堂神甫,和他的外甥特·洛斯太先生!"

奥太佛伯爵穿着长裤,灰色法兰绒上衣,从一张其大无比的书桌后面站起来,走向壁炉架,一边向我做手势让坐,一边去跟我舅舅握手,嘴里说着:

"我虽然属于圣·保禄教区,也常常听人提起勃朗-芒多的本堂神甫。今天真是幸会了。"

我舅舅回答:"阁下真是太好了。我把我独一无二的亲属带了来。倘若我自以为给阁下送一件礼物,同时却也替我外甥找了一个像父亲一般的保护人。"

"神甫,这一点绝对无问题,只要令甥和我经过相当时间,双方都觉得能相处的话。"接着他问我:

"你的名字是?……"

"莫利斯。"

"他是法学博士。"舅舅补上一句。

"好极了，好极了，"伯爵说着，把我从头看到脚，"神甫，先是为了令甥，其次为了我，希望你赏光每星期一到这儿来吃晚饭。没有外客，等于咱们的家庭晚会。"

舅舅和伯爵开始用政治观点谈论宗教问题，慈善事业，消弭罪案的问题；我趁此机会把有关我终身出处的人物从从容容的打量了一番。

伯爵是中等身材，穿的衣服使我看不出他的肥瘦，但我觉得是偏于清瘦干枯的。陷下去的脸，皮肤很粗。五官清秀，微嫌太大的嘴巴兼有慈爱与嘲弄的表情。脑门或许太宽了些，长得像疯子一般使人害怕，尤其因为它和下半个脸成为强烈的对比。下巴很小，和下嘴唇离得很近。一双青绿色的眼睛又聪明又精神，跟我以后见到而很欣赏的泰勒朗亲王的一般无二，并且和亲王一样能把眼神收敛，变得无精打采；这双眼使他那张不是苍白而是发黄的脸更显得奇怪。这皮色似乎暗示他性子暴躁，心中藏着剧烈的感情。已经带些银色的头发，梳理得很细到，把头顶盖满了一道白一道黑的颜色。英国小说家莱维斯曾经模仿腊克里夫太太的手法，描写一个修道士[1]；要不是伯爵的头发梳得那么有模有样，他就跟那个骇人听闻的修道士完全相像了。因为清早就得上法院办公，伯爵已经剃好胡子。一对有罩子的四根插头的烛台，分摆在书桌两头，蜡烛还点着，说明那位司法大员天没亮就起床了。他打铃叫仆人的时候，我看到他一双手又白又好看，像女人的一样……

---

[1] 腊克里夫太太（1764—1823）与莱维斯（1755—1818）都是专写恐怖小说的英国作家，但事实上腊克里夫太太的小说《意大利人》，较莱维斯的《修道士》为晚出，故巴尔扎克谓莱维斯模仿腊克里夫太太之说并不可靠。

（领事说到这里又插了几句话。）

诸位，我讲这故事，不得不把这个人物的职务与头衔改动一下，但仍相当于他实际上的地位。身份，官阶，财产，享用，生活方式，全部真实；可是我既不愿意对不住我的恩主，也不愿意违反我代人保守秘密的习惯。

10

年轻的老人

（领事歇了一会，又往下说。）

以社会关系而论，我在伯爵前面好比虫蚁之于老鹰；但我并没那个心理，只觉得一看见他另有一种说不出的感觉，现在我可弄明白了。天才的艺术家……（领事向大使，女作家，和两位巴黎人很殷勤的弯了弯腰）名副其实的政治家，诗人，统率队伍的将军，一切真正伟大的人物都是很本色的，而他们的本色就使你觉得和他们平等。诸位在思想上都高人一等（领事特意对着在座的宾客说），也许已经注意到，社会所造成的心理方面的距离，往往能够由感情来缩短。倘若我们在思想上不如你们，我们可以在忠诚不二的友谊方面和你们并肩。以心的温度来说——原谅我用这种名词——我觉得跟我的保护人离得这么近，正如我和他的身份离得那么远。总之，我们的心明亮得很，能预感到别人的痛苦，悲伤，快乐，责备，仇恨。等到发现伯爵的脸也有我早已在舅舅脸上注意到的表情，我就隐隐然觉得那是胸中藏着一团神秘的征象。道德的实践，良心的平安，思想的纯洁，把我舅舅的相貌从极丑的变为极美。在伯爵脸上，我却看到相反的变化：一眼之间,我以为他有五十五岁;后来经过仔细观察,才觉得在那副因悲戚而冷若冰霜的面容之下,在呕尽心血的疲劳之下,在失意的感情所表现的郁闷的气色之下,还藏着青年人的朝气。听我舅舅说到某句话,伯爵的眼睛一下子又变得雁来红一般的鲜明,堆起一副表示叹赏的笑容,于是我看出他的真实年龄不过四十岁,这些念头,我并非当时就有,而是以后把那次会面的经过回想之下,分析出来的。

当差托着盘,端着主人的早餐进来了。

伯爵说:"我不是要早点,也罢,放在这儿;你先陪特·洛斯太先生去瞧瞧他的房间。"

我跟着当差出去;他带我去看几间精雅的屋子:正房套房,一应俱全;顶上是个平台,侧里一边是正屋的院子,一边是下房,底下是从厨房通往大楼梯的走廊。回到伯爵书房,刚要开门进去,我听见舅舅正在对我下这样的评语:

"他可能犯错误,因为他很重感情;无伤大雅的过失,我们都免不了;但他没有一点劣根性。"

伯爵很亲热的把我瞅了一眼,问:"怎么样?你喜欢那地方吗?这里空房间很多,你觉得不舒服,我可以另外拨几间屋子。"

我回答说:"在舅舅那儿,我只住一间屋呢。"

"那么你今晚就可以安顿下来,你们学生的行李,一辆街车就能对付了吧?今晚上咱们三人一块儿吃饭。"

他说着,望了望我的舅舅。

和伯爵的书房相连的,有一间规模宏丽的藏书室。他带我们进去,又给我看到另外一个小巧玲珑的套房,挂满了画,从前大概是个静修的地方。

　　他说:"这便是你的小书房了;你需要和我一同工作的时候就待在这里;放心,我绝不用链子把你拴着的。"

　　于是他详细告诉我做的工作是什么性质,要占据多少时间。我一边听一边觉得他真是个伟大的政治导师。

11

无人知道的内心的斗争

我大约花了一个月功夫去摸熟我新环境中的人物,把我的职务研究清楚,对伯爵的态度举动觉得习惯。一个当秘书的必然留神观察他的东家。他的口味,嗜好,性情,怪癖,都成为你不由自主的研究对象。这样两个人精神上的结合,比着夫妇的结合可以说又过之,又不及。三个月中间,我跟奥太佛伯爵彼此都在暗中刺探。我很奇怪的发现伯爵只有三十七岁。他那种生活的表面上的安静,洁身自好的操守,并不完全出于严肃的责任感和自甘淡泊的思想;和这个被一般熟悉的人认为了不起的人经常接触的结果,我觉得在他繁忙的工作之下,彬彬有礼的举动之下,和蔼可亲的面具之下,极像心绪安定而很容易瞒过人的隐忍的态度之下,大有深不可测的奥妙。平时我们走在森林里,可以从脚步的声音上猜到某些地面底下是窟窿还是大块的石头;同样,用礼貌遮盖的自私,和被灾难挖成的地下隧道,也会在朝夕相处的生活中发出空洞的声音。盘踞这个伟大的心灵的不是灰心,而是痛苦。伯爵懂得一个在社会上负有责任的人,最重要的是有行动,有事实。因此他虽然抱着隐痛,仍旧走着他的路,用清明的目光望着前途,像一个信仰坚定的殉道者。秘不示人的哀伤,惨痛的失望,并没把他引入看破一切,不复信仰的荒土;这勇敢的政治家是虔诚的,但毫无炫耀的意思,他到圣·保禄教堂参加的弥撒,是为一般诚心的工匠与仆役们举行的清早第一场弥撒。朋友之中,宫廷之中,谁也不知道他奉行宗教仪式如此诚心。他的崇拜上帝,像某些规矩人满足什么嗜好一样讳莫如深。所以我后来发现,伯爵所遭遇的不幸远过于一般自以为受尽劫难的人;他们因为渡过了情欲与信仰的难关,便用讥讽与轻蔑的口吻嘲笑别人的情欲与信仰。伯爵却既不讪笑被希望拖入泥淖而仍在那里希望的人,也不讪笑攀登高峰以求孤独的人,或是热血奔腾的继续奋斗,用幻想作兴奋剂的人;他是从全面看社会的,不受信仰的束缚,肯听别人的怨叹,不轻信感情,尤其不轻信忠诚;但这个伟大的严厉的法官,对人间一切都能同情,都能赏识,不是逗一时的热情,而是出之以默默无声的态度,深思的态度,还有是用自己的柔情与人交流的方式。这可以说是一个加特力教中的没有血案的曼弗莱特[1],抱着信仰而仍不失好奇心,用一股像没有出口的火山一般的热度融化人间的冰雪,跟一颗只有他自己看到的明星絮语!

我认定他的内心生活有很多暗晦不明的地方。他往往在我眼前隐掉,但并非像旅客一般随着地形低陷而失去影踪,而是像被人追捕的狙击兵,故意避人眼目,想找个藏身之处。我弄不明白,为什么他常常在工作最紧张的时候跑到外边去,也不瞒着我,因为他一边把工作交给我,一边说:"替我接下去罢。"这

---

[1] 拜伦所作诗剧《曼弗莱特》中的主人翁曼弗莱特,是一个性格强悍的人物,于绝望中犯有血案,丧失爱人,精神痛苦达于极点,但至死无宗教信仰。

位忙着政治家、大法官、演说家三重职务的人，酷爱鲜花，我看了很喜欢；那是心胸高洁的表现，也差不多是一切风雅人士都有的嗜好。园子和书房里摆满了珍奇的花草，但他永远拣枯萎的买来，也许是有心象征自己的命运！……他本身便像那些快要谢落的花，而那些花的近乎变质的香味，又能给他一股异样的醉意。伯爵非常爱国，献身于公共事业的狂热很像一个人要借此忘掉另外一股热情；可是他浑身浸在里头的研究工作和公事，对他还嫌不够；他心中常有一些剧烈的斗争，爆发的时候不免迸出些火花射到我身上。此外，他常常流露出渴求幸福的意愿，我也觉得他还是能够幸福的；那么究竟有什么阻碍呢？是不是害着相思病呢？这是我想到的一个问题。但在归结到一个这么简单而又这么可怕的问题以前，我左思右想，把痛苦的境界到处摸索过了。可见他无论如何努力，仍遮盖不了内心的波动。在他严肃的姿态底下，在法官那种沉默的态度底下，明明有股热情激荡，但被他用那么大的威力镇压着，所以除了我这个与他共同生活的人，谁也没疑心到这桩秘密。他的座右铭仿佛是："痛苦就痛苦罢，绝不开一句口。"随处受到的敬重与钦佩，和他同样勤劳王事的葛朗维与赛里齐两位院长的友谊，对伯爵都毫无作用；或者是他对他们讳莫如深，或者是他们早已明白底蕴。在众人前面，他始终昂着头，不动声色，只有极少的时间才会露出真面目，例如独自待在书房里，花园里，以为四下无人的时候；那他就像孩子一样，不再以法官的身份遏止他的眼泪，而有非常冲动的表现了；那种情形倘若用恶意去解释，很可能损害他识见卓越的政治家声名的。

等到我把这些情形肯定以后，奥太佛伯爵在我心中便成了个问题，而且像所有的问题一样有那种强烈的吸引力；同时我对他的关切也像关切我自己的父亲一般了。为了尊敬而不敢表示出来的好奇心,你们能了解吗?……他没有野心,但像庇德[1]一样从十八岁起就致力于经世治国之学,成为渊博的学者;他是法官,深通国际法、参政法、民法、刑法,既不用怕受人欺侮,也不用担心自己犯错误;他又是思想深刻的立法大员,态度严肃的作家,热心宗教的独身者,他的生活就足以证明他没有一点可批评的地方:这样一个人物究竟是被什么灾难压倒的呢?便是一个罪大恶极的人受到上帝的惩罚,也不及他所受的那么严酷:悲伤把他睡眠的时间剥夺了一半,一天只睡四小时!其余的时间,他表面上很安静,用功,没有声音,没有怨叹,但我常常撞见他搁着笔,把手支着头,眼睛像两颗固定的星似的,或者有泪湿的痕迹!他心里到底有什么斗争呢?这股活泼的泉水流在晶莹的砂土上,为什么没有被地下的火烘干呢[2]?……难道泉水与地球的洪炉之间,像海洋与地壳一样隔着一层花岗石吗?换句话说,这座火山还会有爆发的一天吗?

有时候,伯爵用好奇的,锐利的目光,很快的把我瞧上一眼,等于一个人想物色同党而打量对方似的;然后一接触我的眼睛,看到它们像张开的嘴巴一般等候答复,似乎说着:"你先开口呀!"他的眼睛便躲开去了。有时他郁闷不堪,脾气很坏;遇到这种情形而伤害了我,他过后自有办法来迁就我:不说一句道歉的话,可是态度温柔,像基督徒一样的谦卑。

---

[1] 此系指英国有名的威廉·庇德(1759—1806),幼有神童之目,七岁即注意国家大事,十四岁即智力成熟。
[2] 泉水象征眼泪,火象征爱情,为法国文学上传统的比喻。但作者在这里引用此譬,是说热情如火的人,一旦遇到不幸,大抵是要发狠报复的,怎么会流泪呢?

12

坚固的友谊

等到我对这个我觉得极神秘,但大众认为极容易了解(因为他们只要用**怪癖**二字就能把所有内心的谜都解释了)的人物,有了父子般的感情以后,他的家务被我大事改革,面目一新。伯爵不事生产,甚至把家里的事搅得很糟。除掉本兼各职的薪水,其中三个差事是不受兼职不兼薪的限制的,他一年还有十六万左右收入,支出是六万法郎,内中至少有三万落在仆役的腰包里。第一年年终,我把那些坏东西统统打发了,请伯爵运用他的威望帮我找了一批老实人。第二年年终,伯爵受到的侍候比以前好得多,饮食也精致了,现代设备也享受到了;他有了两匹好马,是我替他向马夫论月包租的;请客的日子,饭菜由希佛饭店承包,事先讲好价钱,弄得很体面;平日的伙食归我舅舅荐来的一个手段高明的厨娘负责,再加两名下手帮忙;特别开支不计,经常费用一年只花三万法郎,仆人反多了两名;有了他们收拾打扫,这所老公馆就显出它古色古香的诗意,不似先前那么荒凉芜秽了。

伯爵知道了这个结果,便说:"怪不得我那些下人会发财了。七年之间,我两个厨子都开了挺阔气的饭店。"

我回答说："你七年之中损失了三十万法郎。你在法院里向罪犯提起公诉，却在自己家里鼓励人家盗窃。"

一八二六年年初，大概伯爵把我的为人看清楚了；我们的关系也到了上司与下属不能再亲密的程度。他对于我的前程并没说过一句话，只是像老师与父亲一般的教导我：常常要我为他最繁重的工作搜集材料，起草报告；他一边修改一边指出他和我的观点有哪些地方不同，对法律条文的解释有什么分别。等到后来我办的一件稿能当作他亲自办的一样送出去时，他那种高兴的表示等于我最大的报酬，而他也体会到我这种心情。这个小小的插曲，对一个表面上这么严峻的人居然发生很大的作用。伯爵对我，用法律的术语说，已经下了最后一审的判决：他捧着我的头，亲着我的额角，说道：

"莫利斯，你已经不是我的同伴了，我还说不上来将来你跟我究竟是什么关系；倘若我的生活不变，也许会把你当作儿子看待！"

伯爵把我带引到巴黎最高级的人家，让我坐着他的车，带着他的跟班去作他的代表；那种机会真是太多了，因为他往往在正要出发的时候，突然改变主意，叫了一辆街车走了，上哪儿去呢？……简直是一个谜。我从人家招待我的态度上猜到伯爵对我的心意，知道他事先把介绍的话说得多么郑重。他像做父亲一般的体贴，非常豪爽的满足我的需要，而我的知情识趣更使他时时刻刻想到我。一八二七年正月将尽的时候，我在赛里齐伯爵夫人家赌运极坏，输了两千法郎，可不愿意在我经管的账上支付。第二天我心里想："这件事还是告诉舅舅呢，还是告诉伯爵？"结果我采取了第二个办法。他正在用早餐，我对他说：

"昨天我手气坏极了，心里一火，便继续赌下去，输了两千法郎。你能答应我在本年的薪水中预支吗？"

"不，"他很可爱的笑了笑，"在交际场中赌钱，应当有笔赌本。你先拿六千法郎，把赌债还掉；从今天起，咱们各半负担；既然你常常出去作我代表，至少不能让你的自尊心受到委屈。"

我听了并不向伯爵道谢。我跟他之间，道谢的话似乎是多余的。这点儿微妙的地方，足以说明我们的关系是什么性质。

13

幕启以前的讯号

虽然如此，我们还没到推心置腹的地步；他没有把我在他私生活中摸索出来的隧道打开给我看，我也没对他说："你怎么啦？有什么痛苦呢？"他深更半夜的跑在外面干什么？我作他秘书的坐着自备马车回家，他却常常雇着街车，或竟一步一步的走回来！一个这么虔诚的人难道受着什么不正当的嗜好腐蚀，而假仁假义的瞒着人吗？还是胸中存着某种嫉妒的心理，比奥赛罗还藏得紧，而他花尽心力想满足那个心理吗？还是私下养着什么低三下四的女人？有天早上，我记不起在哪个铺子里付了账回来，在圣·保禄教堂与市政厅之间，撞见奥太佛伯爵和一个老婆子讲话讲得那么紧张，甚至没看到我。那老婆子的相貌使我有种说不出的疑心；尤其因为看不见伯爵把积蓄花到哪儿去了，我的疑心更有了根据。你们想，要我来监视主人的行动，岂不可怕？那时我知道他有六十万法郎以上可以存放，倘若存了定期储蓄，以他对我在金钱方面的信任而论，我不会不知情的。有时伯爵早上在花园里散步，到处乱转，仿佛一个人抱着凄凉抑郁的幻想，骑在一匹神话中的飞马上。他尽走，尽走，拼命搓着手，把表皮都快搓破了！倘若我去找他而在一条小路拐弯的地方撞见了，会发觉他眉飞色舞，眼睛不再像一块青玉那样干枯，而变得像雁来红一般有层绒毛了；我初次见到他的时候，就为了这两种不同的眼神的强烈的对比大为惊奇的：一种是幸福的目光，一种是苦恼的目光。在那种情形之下，有两三次他抓着我的手臂走了几步，我满以为他要把他的快乐倾倒在我心里了；可是结果只问我："啊，你找我有什么事呢？"更多的时候，特别从我能代他办理公事，起草报告以后，可怜的人站在一口美丽的白石水池旁边，几小时的看着金鱼；水池在园子中央，周围是个圆形的花坛，种着最鲜艳的花。这位政治家扯着面包屑喂鱼，居然为了这种简单的乐趣出神了。

　　以上是这个内心的悲剧暴露的经过：他不但创痛巨深，骚动不已，而且在但丁的《地狱》没有描写到的范围中间，还有些惨不忍睹的快乐的表现……

　　（说到这里，总领事又歇了一会。）

14

枢密会议中的一场辩论

某星期一，特·葛朗维院长和参事院副院长特·赛里齐先生在奥太佛伯爵家里开会。他们三个组成一个委员会，我是其中的秘书。由于伯爵的保举，那时我已经是参事院的候补审计了。当局嘱咐三人小组暗中研究的政治问题，需要不少材料，当下都摆在我们藏书室内一张长桌子上。特·葛朗维和特·赛里齐二位把初步准备工作交给奥太佛伯爵负责，并且决定先在巴伊安纳街集会，免得拿文件再带往委员会主席特·赛里齐家。内阁对这件事非常重视，临了，大部分工作都落在我身上，同时也替我在那一年上挣得了审计官的职位。特·葛朗维和特·赛里齐两位伯爵的生活习惯跟我主人的很相像，从来不在外边吃饭；但等到当差的叫我出去，说"圣·保禄和勃朗－芒多的两位本堂神甫在客厅里等了两小时了"的时候，我们也想不到会议拖得这么晚。

那时已经到了九点了。

奥太佛笑着和他的同僚说："诸位，你们今天少不得要跟两位神甫一起吃饭了；葛朗维一向讨厌教士，不知道受得了受不了。"

"那要看怎么样的教士。"

我回答:"噢!一个是我的舅舅,一个是高特龙神甫。放心,冯太侬神甫已经不在圣·保禄当助理了……"

"好,咱们吃饭罢。"特·葛朗维院长接着说。

"我怕的是那些宗教狂;一个真正虔诚的人倒是最痛快的。"

于是大家进了客厅。饭桌上空气很愉快。真有学问的人,饱经世故而能说善道的政治家,都是讲故事的能手,只要他们肯讲。他们绝不受什么环境牵掣,要就是态度沉闷,要就是妙语横生。对这种风雅的玩意,梅特涅亲王的本领不亚于查理·诺第哀[1]。政治家的诙谐像钻石一般雕琢得玲珑剔透,每句话都清楚明白,光芒四射,同时又富于人情味。我舅舅很有把握在这三个优秀人物之间保持体统,便尽量发挥他的才智,那么细腻,那么温厚,又像以职业关系而惯于把自己的思想隐藏的人一样机灵。当然,那次的谈话没有一点儿无聊与庸俗的气息,对听众的精神作用好比洛西尼的音乐。

高特龙神甫,有如特·葛朗维先生说的,不像一个圣·保禄而像一个圣·比哀,是个信仰坚定的乡下人,颟顸臃肿,从头到脚都是方方正正的一块;对于上流社会,对于文学,简直一无所知,老是大惊小怪,问些出其不意的话,使谈话生色不少。最后,大家提到社会永远割不掉的一个疮疤——奸淫问题,也正是我们在饭前研究的。我舅舅指出当初制定法典的立法家始终受着大革命的影响,使民间的法律与宗教的法律完全抵触;他认为一

---

[1] 梅特涅为十九世纪初期的奥国首相。诺第哀为十九世纪法国文人,其沙龙广纳当时浪漫派的文学青年。

切弊病都是从这个矛盾来的。

他说:"在教会看来,奸淫是罪大恶极的行为,在你们法院看来不过是轻罪。犯人不押上重罪法庭而是用马车送往违警庭的。拿破仑手下的参事院对奸夫淫妇极心软,简直是无能。民间的法律不是应当与宗教的法律态度一致,把不安于室的妻子像从前一样送往修道院去过一辈子吗?"

"修道院!"特·赛里齐先生接口道:"第一先得办起修道院来;从前大家还把修道院改作军营呢。并且,神甫,你想把社会不愿意容忍的人送给上帝吗?……"

"噢!"特·葛朗维伯爵说,"你真是不认识法国了。出头告诉的权在于丈夫;但丈夫告发妻子犯奸的案子,一年不到十件。"

奥太佛伯爵接着说:"这是神甫替教会说话,因为奸淫的罪名是耶稣·基督定出来的。在人类发源的东方,女人只是供男人娱乐的一件东西,大家除了要她服从,长得俊俏以外,没要求她具备其他的德行。现代的欧洲家庭是承继耶稣精神的产物,把灵魂放在肉体之上,所以规定婚姻关系不可解除,当作一件神圣的行为。"

"噢!"特·葛朗维嚷道,"婚姻中一切无法解决的困难,教会也的确感觉到的。"

奥太佛微笑着说:"教会造成了一个新社会;但我们这个社会的风俗,和因气候关系而女人七岁就成熟,二十五岁就衰老干枯的那种风俗,永远不会相同。加特力教会把半个地球的人的需要都给忘了。所以我们只能讨论欧洲社会。女人究竟比我们高,还是低? 这是男女关系的真正的问题。倘若女人比我们低,那么教会把她抬得那么高以后，她犯奸淫应当受惩罚。过去便是这么办的。不是处死，就是送进修道院，古时的立法就是这么回事。但以后，风俗照例把法律改变了。国王的宝座做了奸淫的床席；而风流案子的增加也表示加特力教条的衰落。现在教会只要求不贞的妇女能真正忏悔，社会也只给她一个黥印而不再教她受毒刑。固然，法律照旧把犯人判罪，但不再加以威吓。并且道德也有两种：社会的道德与法典的道德。凡是法典处罚不严的，社会就越大胆越不在乎：这一点我同意洛罗神甫的意见。在判决书的主文前面写着义正辞严的理由而心里不羡慕风流罪犯的法官，恐怕很少吧。社会在节会、习惯、娱乐方面表示根本否定法律，但对付事情的态度比法典和教会更严：它先鼓励人作假，然后再责罚人家手段笨拙。我觉得有关婚姻的法律应当彻底改革。或许把女子的承继权撤销以后，法国的法律可以变得完满了。"

15

泄露秘密

特·葛朗维伯爵笑着说："这个问题，我们三个人是彻底了解的。我不愿意跟我那位太太一起生活。赛里齐的太太不愿意跟赛里齐一起生活。至于你，奥太佛，太太又把你丢下了。我们三人合起来可以包括夫妇之间所有的难题；将来要研究离婚问题的话，我们就是个现成的委员会。"

奥太佛的叉掉在玻璃杯上，把玻璃杯打破了，盘子也打破了。他脸白得像死人一样，向葛朗维狠狠的瞪了一眼，又在眼梢里对我瞟了一眼，被我发觉了。

特·葛朗维接着说："对不起，朋友，我没注意到莫利斯。我跟赛里齐两个先做了你的证人，后来又做了你的同党。我以为让两位年高德劭的教士听到是没关系的。"

特·赛里齐先生把谈话转了方向，讲他怎样的想讨太太喜欢而终于没成功。根据这位老人的结论，人的好感恶感是不可能定出规律来的；社会的法律只有和自然界的规律接近的时候才能说最完满。但自然界从来不管心灵的结合，人类能够传种，自然界的目的就算达到了。所以现在的法典把极大的伸缩性付诸偶然是很聪明的办法。只要有男性的承继人，取消女儿的承继权的确是很好的修正：一则免得种族退化，二则减少不合理的婚姻，使男人找对象的时候只着眼于德行与容貌，而夫妇生活可以幸福一点。

然后他做了一个表示厌恶的手势，说道："可是一个国家把七八百名议员集在一起，还有什么办法改善法律！……至于我，虽然我自己牺牲了，至少还有个儿子将来能承继我……"

我舅舅接着说："一切宗教问题丢开不谈，我要向阁下提出一点，就是自然界只管叫我们活着，社会却应当给我们幸福。伯爵，你有没有孩子呢？"

"我，我有孩子吗？"奥太佛伯爵的声音口吻变得那么厉害，使大家不敢再谈女人与婚姻问题了。

喝过咖啡，两位伯爵和两位神甫看到可怜的奥太佛郁闷之极，便悄悄的溜走了；他连客人陆续走掉都没发觉，坐在壁炉旁边一张靠椅里，丧然若失。

等到他发现只剩我们两个人的时候，他说："现在你知道我生活中的秘密了。我结婚以后三年，一天晚上回到家里，从仆人手中拿到太太一封信，声明离开我了。信写得相当有骨气，因为女人的天性使她一方面犯这种可怕的过失，一方面还能保持某些品德……现在大家只知道伯爵夫人在船上遇险，以为她死了。我只身独处，已经过了七年！……好了，莫利斯，今晚上不谈了。等我不怕和你谈这问题的时候再谈罢。一个人害了多年的病，一朝有了转机倒反受不了。好转的现象往往像害了另外一种病。"

16

一位国务部长的自白

我心里乱糟糟的去睡觉,因为疑团非但没廓清,倒反越来越重了。一个像伯爵那样性格的人和一个由伯爵挑选的女人之间,绝不会闹些琐碎无谓的纠纷,所以我预感到必有些古怪的内幕。伯爵既是一个如此高尚,如此可爱,如此完满,如此多情,如此值得人家爱的男人,那么促成伯爵夫人离开的事故至少也是很特殊的。我在隧道上面走了多年,特·葛朗维先生的一句话仿佛在隧道中丢进了一个火把,虽然没照清楚,但已经足够使我注意到隧道的深广。尽管不知道伯爵痛苦的深度与残酷的程度,我可明白了他痛苦的性质。细细推敲之下,我不禁堕入一切有情人都可能有的朦胧半睡的境界:伯爵的发黄的脸,干瘪的太阳穴,大规模的研究工作,常有的出神状态,结了婚的单身汉一切生活上的细节,登时变得通明雪亮,突出来了。噢!可怜的主人,我多么喜欢他啊!他在我心目中显得崇高伟大。我仿佛读到一首伤心的诗,看出我一向认为麻痹的心其实永远在那里活动。极度的痛苦不是常常会变成静止的吗?这位大权在握的法官有没有采取报复行动呢?是不是在那里咀嚼他长期的苦难呢?沸腾不已,达十年之久的怒潮,在巴黎不是一件大事吗?从那次惨变以后,奥太佛一向是怎么应付的?我们这时代和过去大不相同,私生活已经变了一个社会问题,所以夫妇的仳离更其不幸。我们两人考虑了几天,因为深刻的痛苦也有它的羞恶之心;可是有天晚上,伯爵终于音调很严肃的和我说道:"你别走!"

以下大致都是他口述的话——

17

门当户对而又情投意合的亲事

"我离开中学,回到这所老屋子的时候,有个受我父亲监护的,漂亮而有钱的十六岁的姑娘。由我母亲一手教养起来的奥诺丽纳,那时刚好童年梦醒,看到人生。她妩媚可爱,稚气十足,想着将来的幸福像想着什么首饰一样,而幸福对她也许就是灵魂的首饰。奉教的虔诚使她体味到一些幼稚的乐趣,因为这颗纯朴的心觉得世界上一切都有诗意,连宗教在内。她远远的把自己的前途看作永远不散的筵席。无邪,纯洁,从来不曾因为精神骚动而有睡眠不安的现象,从来不曾因为有什么羞耻与悲伤而脸上变色或者掉过眼泪。她甚至也不追究为什么春光明媚的日子心头有些不由自主的冲动。她只觉得自己软弱,天生是听命于人的,她等着出嫁而并没急于出嫁的欲望。凡是文学作品用描写情欲的方式灌输给人的、也许是必不可少的毒素,她的轻松快乐的幻想是完全不知道的;她对于人生毫无认识,对社会上的危险茫无所知。亲爱的孩子受的痛苦太少了,从来没机会试验她勇气。总之,她的天真可以使她毫不畏惧的踏到毒蛇堆里去,像某些画家为**无邪**这个题目所拟想的画面一样。世界上再没一张脸比她的更开朗更快乐的了。明明是意义很清楚的不大得体的问句，她会莫名其妙脱口而出。我和她在一起跟兄妹一样。一年终了，就在这所屋子的花园里，站在池子前面扔着面包屑喂鱼，我和她说：

"——你可愿意咱们俩结婚吗？嫁了我，你可以爱怎么就怎么；换了别个男人，你可能受罪的。

"我母亲正好走来，奥诺丽纳便说：妈妈，我跟奥太佛说定了，将来我和他结婚……

"我母亲回答：十七岁就结婚吗？……不，再等一年半；倘若这期间你们俩情投意合，那么你们的出身，财产，都相等，这门亲事可以说把门第与感情兼顾到了。

"等到我二十六岁，奥诺丽纳十九岁的时候，我们结婚了。我的父母都是前朝的老人；为了尊重他们，我们保存这所屋子的本来面目，连家具都没换新，而我们住在这儿也和过去一样像两个孩子。可是我出去应酬，带太太去见世面，认为教导她是我的责任之一。到后来我才发觉，在我们那种情形之下结合的婚姻原来藏着一个暗礁；多少的感情，谨慎，生活，都是被这暗礁砸得粉碎的。丈夫变了教育家，成了老师；而老师的戒尺迟早会伤人，把爱情给摧残了的；因为一个年轻、美貌、安分、快乐的妻子，绝不答应她天生的长处被别的长处压倒。也许我有许多地方做错了。也许在夫妇生活最难处理的初期，我说话老气横秋。也许是相反，我犯了另外一种错误，太信任那个纯朴的天性，没监督伯爵夫人，以为她绝不会反抗的。唉，不论在政治方面，在夫妇生活方面，我们还不知道世界上那些帝国的崩溃与个人的苦难，到底是由于太信任呢还是由于太严厉。说不定在奥诺丽纳心中，她的丈夫还没有符合她少女的梦想。一个人幸福的时候，怎么能知道自己违反了人生哪几条规则呢？……"

伯爵像一个认真的解剖学家，对于同事们找不出原因的一种病竭力想找出原因来；他责备自己的话，我只记得一个大概；但那种宽大的精神，我觉得和耶稣·基督救渡犯奸妇人的精神不相上下。

18

一股可怕而正当的痴情

伯爵停了一会又说:"我母亲死了几个月,父亲也跟着下世;又过了一年半,终于临到那可怕的一晚,我出其不意的拿到奥诺丽纳的告别信。她受了什么幻想诱惑呢?是肉欲吗?是同情人家的患难呢,还是被天才催眠了?这两种力量究竟是哪一种把她突然之间勾摄去的,或是把她逐渐拖下去的?当时我不愿意追究。那一下的打击真是太残酷了,一个月之间我像发呆了一样。后来仔细想了想,觉得还是不知道原因为妙;而且奥诺丽纳所遭受的不幸,使我对这些事情只嫌懂得太多。至此为止,莫利斯,一切都很平淡;可是我再加上一句话,情形就不同了:就是说我爱着奥诺丽纳,始终疼着她!自从被遗弃的那一天起,我就靠回忆过活,把昔日的欢娱一桩一桩的回想起来,而那些欢娱在奥诺丽纳是一定不感兴趣的。"

他看我眼睛里有些诧异的表情,便接着说:"噢!别把我当作英雄,也别把我看作那么傻,像帝政时代的一个上校说的,不去找点儿消遣。可是,莫利斯,也许那时我太年轻,或者是太痴情了,全世界我竟找不到第二个女人。经过了内心剧烈的斗争,我终于想让自己麻醉一下了；身边揣着钱，已经到了对妻子不忠实的门口：不料我心中的奥诺丽纳，好比一座雪白的雕像一般突然站在我面前。那种细腻滑润的皮肤，连血的流动和神经的震颤都看得出来；那张纯朴的脸，在出事的前一天，和我对她说'你可愿意我们俩结婚吗？'的时候同样的天真；那股跟德行一样芬芳的天国的香味；还有她眼睛的光彩，举动的妩媚：这些都回到我脑海中来，使我马上溜了，仿佛一个盗墓的人，看到死者的灵魂从坟墓中活生生的走了出来。

"在内阁会议上，在法院里，在夜里，我无时无刻不想着奥诺丽纳，甚至要拿出全部的毅力才能集中精神，注意我所做的事，所说的话。你瞧，我的工作骨子里是这么回事。我对她，并不比一个父亲看到心疼的儿子因为粗心大意而陷入危险的时候更气恼。我明白我把太太当作一首诗，因为自己欣赏到如醉若狂的程度，便以为对方也有同样的快感。啊！莫利斯，盲目的爱情是丈夫的过失，可能促成妻子犯各式各种罪恶！我把这孩子就当作孩子一般的疼着，让她的精力闲着不用；也许她心中的爱还没觉醒，我已经用我的爱情惹她厌倦了。她太年轻，没看出妻子对丈夫的忠诚是发挥母性的第一步，却把婚后第一关就当作整个的人生；于是这倔强的孩子私下诅咒人生，也许为了矜持而不敢在我面前诉苦。在这样一个残酷的局面之下，遇到一个使她大为激动的男人，她便无法抵抗了。而我这个被认为极有眼光的法官，心肠好而头脑老是不得空闲的人，对于无人了解的女子心理的规律，领会得太迟了，直到自己的屋子着了火才在火光底下看出来。那时我按照法律，把我的良心作为法庭；因为以法律来说，丈夫在家里等于一个法官：结果我赦免了妻子，判决我自己有罪。但这样以后，我的爱情竟变了一种痴情，正如在某些老年人身上发作的，那种没骨气的，死而无怨的痴情。现在我对于不在眼前的奥诺丽纳，仿佛一个人在六十岁上爱了一个非到手不可的女子，任何代价在所不惜；而且我觉得自己的精力并不亚于青年人。老头儿的大胆，青年人的谨慎，我兼而有之。朋友，要知道社会对于夫妇之间这种可怕的局面，只有冷嘲热讽的份儿。情人被遗弃，社会是可怜他的；丈夫被遗弃，社会只认为他无用。凡是经过教堂与市政府的仪式得来的女人，丈夫要保持不了，就非受人讪笑不可。所以我绝不能声张。赛里齐是幸福的。他因为宽宏大量，还能见到太太，加以庇护，加以保卫，又因为他是疼爱她的，所以能体会到极度的快乐，像一个对什么都不在乎，甚至不怕给人笑话的大施主，他越受人家取笑，越像父亲溺爱儿女一般的得意。

"——我为了顾全太太，才顶着丈夫的名义！赛里齐有一天从内阁会议出来和我这样说。

"可是我啊，我什么都没有，连给人讪笑而我表示不怕的机会都没有！我只靠着没有养料的爱情支撑！对一个上流社会的女子，我没有一句话可说。看到娼妓，我又避之唯恐不及！我是被法术禁锢而不得不守贞的！要没有宗教信仰，我早自杀了。我向工作挑战，没头没脑的埋入里头，可是工作压不倒我，结果只是浑身滚热，心里火辣辣的，再也睡不着觉……"

这个口才那么高明的人说的话，我也不能尽记；但他的热情使他的口才比着法庭上的雄辩更高一级，我听了竟像他一样脸上淌满着眼泪。他歇了一会，我们俩都抹了抹眼睛，然后他又揭穿另外一些秘密。那时我是怎么样的感觉，请你们想想罢。

"以上说的是我内心的活剧，可不是此刻在巴黎演出的看得见的活剧。内心的悲剧，谁也不会感到兴趣。我知道这一点。像你这样和我一同流泪的人，将来也能体会到一个人没法把别人的痛苦移在自己心中，或是移在自己的皮肤上。我们的痛苦只有自己能衡量。便是你罢，你所了解的我的痛苦，也不过凭一种极渺茫的推断。我把无可奈何的相思的苦闷发泄一下的举动，你怎么能看到呢？例如我常常端相着一幅小型画像，觉得她的脑门，她的嘴角的笑容，脸的轮廓，白皙的皮肤，都跟真人一样，我把它们亲着吻着；卷曲的黑头发，几乎能让我在鼻子里闻到它的香味，拿在手里拈弄。有时候我忽然觉得有了希望，纵身跳起来；有时候失望的痛苦对我好比万箭攒心；有时候我在巴黎踩着泥浆乱跑，想用疲劳来镇压心中的烦躁；这种种情形，你可曾撞见过吗？我的急躁可以和肺痨病人相比，狂欢可以和疯子相比，惊慌可以和遇到了警察的杀人犯相比。总之，我的生活是连续不断的高潮，恐惧的高潮，快乐的高潮，绝望的高潮。以下我再把看得见的戏剧讲给你听——

19

一个异想天开的丈夫

"你以为我成天忙着参事院，议会，法院，政治……唉，天哪！我过的那种生活把我头脑刺激得太灵敏了，只要夜里花上七个钟点就可以把这些事打发完了。奥诺丽纳才是我心上的一件大事。怎样把太太重新收服，才是我独一无二的研究工作。在她所住的笼子里监护她而不让她知道在我的掌握之中；供给她生活，让她所喜欢的很少的一些娱乐能够满足；永远待在她周围，但像天使似的既不教她看见，也不教她猜到，要不然我整个的前途就完了，这才是我的生活，我真正的生活！七年以来，没有一晚睡觉之前，我不是先去看一眼她床头的灯光，或是她照在窗帘上的影子的。她离开我家里的时候，除了身上穿的以外，什么都不愿意拿。这孩子把傲气推到极端，近于荒谬的地步。所以她出走了十八个月就被情人遗弃；因为他一看见贫穷那副粗糙、冰冷、阴沉、发臭的面貌便吓坏了。那男人当初一定以为能够过快乐美妙的生活，不是上意大利，便是上瑞士，像一般阔太太们抛弃丈夫以后的情形。奥诺丽纳本身每年有六万法郎收入。那该死东西丢下她的时候让她一文不名，还怀着身孕！一八二〇年十一月，我央求巴黎最高明的产科医生冒充城关区域的一个无名的外科医生。我托她区里的本堂神甫张罗她的生活费,假装是行好事。一方面要让我太太隐姓埋名,绝对不给外人知道;一方面要替她找一个既要对我忠心,又要做我聪明解事的心腹的女管家……这种工作真要费加罗[1]那样的本领才行。你当然知道要找出太太的住址,在我是一件很容易的事。

"经过了三个月的失望而不是绝望以后,我决意为奥诺丽纳的幸福尽心竭力,同时也只让上帝知道我所扮的角色:这是唯有一厢情愿的情人才能体会到的诗意。既然一切死心塌地的爱情都需要养料,那么我对于这个孩子,因为我的疏忽才犯了错误的孩子,不是更应当加以保护,由我来做她的守护天使,不让她遭受新的祸害吗?她的孩子养了七个月,死了:这对她对我都是运气。她死去活来挣扎了九个月,在最需要有个男人帮助的时期被遗弃了;但是我,"他说着像天使般伸出手臂,"我始终在暗里做着她的后援。奥诺丽纳得到的照顾,和她住在自己的府第里一样。她身体养好了,问起是谁帮助她的,怎么帮助她的;人家回答说:那是区里做善事的女修士——产妇救济会——还有是特别关切她的本堂神甫。

"这女人的傲气竟发展成一种恶癖,她在受难期间表现的顽强,使我有些夜晚把它叫作骡子脾气。她要自己谋生!啊,我太太竟然做工!……最近五年,我把她羁留在圣·莫街,住着一幢精雅的小楼,做着纸花和女人的装饰用品。她以为她的高雅的出品是卖给一个商人的,得到相当高的代价,每天足足有二十法郎

---

[1] 此系指博马舍有名的喜剧《赛维尔的理发师》中的角色,为狡黠多智,极有风趣的人物。

收入；六年以来她在这方面没有起过疑心。买的日用品差不多只出三分之一的价钱，所以她一年六千法郎的开销可以有一万五千的享用。她喜欢花草，拿三百法郎雇一个园丁，实际我却出了一千五的工资，还得每三个月付二千法郎的账。我答应给园丁一个菜园，一所跟圣·莫街门房相连的种菜人住的屋子。我那个产业是由法院的一个助理书记顶名的。园丁只要泄露一些风声，他全部的好处就完了。奥诺丽纳住的小楼有花园，有花房，每年只付五百法郎租金。她出面是用她的女管家高朋太太的名字。这是我特意找来的，谨慎机密，万无一失的老婆子，非常喜欢她的女主人。但老婆子的热心，和园丁的一样是我出了重赏换来的，那重赏当然要等事情成功了才给。为了同样的理由，门房夫妇也花了我好大的代价。总而言之，奥诺丽纳三年以来很幸福，满以为她的花草、衣着、享用，都是靠她的工作挣得来的。"

20

尝试失败了

伯爵看到我的眼睛和嘴唇都打着问号,便嚷道:

"噢!……你要说的话,我知道了。是的,我尝试过一次。我太太以前住在圣·安东尼城关。有一天,我听到高朋太太一句话,以为有希望讲和了,便换了一二十次稿子,写了一封劝她回心转意的信从邮局里寄去。当时我心里的焦急也不用细说了。我从巴伊安纳街走到滦伊街,像一个判了死刑的人从法院走往市政厅[1],但他还坐着车子,我可是一步一步走的!……时间是夜里,下着大雾,我去找高朋太太,听她报告我太太的情形。谁知奥诺丽纳一认出我的笔迹,连念都没念,就把信扔在了火里。

"她说:高朋太太,明儿我不住这里了!……

"唉!一个不通世面,以为像高朋太太那样当过主教的厨娘的人,二百五十法郎的工钱已经尽够的女子,只要使点儿手段就能让她以十二法郎一码的代价买到最好的里昂丝绒,只出十分之一的价钱买到一只山鸡,一条鲜鱼,一些水果;平日我欢天喜地

---

[1] 此系指市政厅广场,为巴黎执行死刑的地方,参看前文注释。

的快乐就寄托在这种欺骗上面；你想一朝听到她要搬家的话，我不像给人扎了一刀吗？……你有时撞见我搓着手，快活得什么似的；嗳，那是因为我把有资格搬上舞台的妙计搅成功了啊！比如说，我骗过了太太，教一个卖胭脂花粉的女人卖给她一条印度绸披肩，说是一个女演员的东西，连用都没怎么用过；可是我这个道貌岸然的法官抱着那条披肩睡过了一晚呢！

"总之，今日之下，我的生活可以用两句形容最残酷的刑罚的话归纳起来，就是：我爱着，我等着！高朋太太忠心耿耿的替我当着探子，刺探那颗我疼爱的心。每天晚上我都得去找这个老婆子谈谈，打听奥诺丽纳白天做些什么，说些什么，连一言半语都不肯漏掉，因为只要一句慨叹的话，我就能看出那颗充耳不闻、一言不发的心有些什么秘密。奥诺丽纳对宗教很热心，她去望弥撒，做祷告，但从来不去忏悔，不领圣餐：她预料到人家会对她说的话，不愿意听劝她回家的忠告。对我这样厌恶，真使我害怕极了，弄迷糊了，因为我从来没伤害奥诺丽纳，一向对她极温柔。即使教导她的时候不免有点儿性急，即使男人的讽刺可能把少女应有的傲气触犯了，难道就能使她像有什么深仇宿恨一样的固执吗？

"奥诺丽纳从来没把身份告诉高朋太太，对她的婚姻只字不提，使那位好心的太太没法替我说一句好话，因为在奥诺丽纳的屋子里只有她明白底细。其余的人什么都不知道，只是怕警察总监的名字和尊重部长的权势。因此我没法窥探她的心事。我是堡垒的主人，可是进不了堡垒。简直无法可想。性子一急，就会前功尽弃！既不知道对方的理由，怎么能加以驳倒呢？起了底稿，教代写书信的人誊过了，去送给奥诺丽纳吗？……我想过这办法。但不是可能使她再搬一次家吗？上次搬家已经花了我十五万法郎。现在的屋子原是由你的前任代我出面买下的。那该死东西没知道我晚上多么容易惊醒，配了一把钥匙开保险箱，预备偷取他声明代我买屋的证件，被我当场撞见。我咳了一声，他吓跑了，第二天我逼他写了一张卖契，把屋子转让给现在代我顶名的人，然后我把他撵走了。

21

一个古怪的提议

"啊!虽然人类所有高尚的机能在我身上没有得到满足,也没尽量发展,也没觉得舒畅;虽然我所当的角色没有做父亲的那种至情至性;虽然我没享受到身心酣畅的快乐;可是有时候我竟自以为中了偏执狂。某些夜晚,我竟听见了狂欢女神裙上的铃声[1]。我最怕那种剧烈的过渡阶段,从偶尔在那里发光的、跃跃欲动的一线希望,突然之间转变到使我如堕万丈深渊的绝望。几天以前,我认真想着勒佛雷斯与克拉利斯的悲惨的结局[2],对自己说:

"——倘若奥诺丽纳和我生了个孩子,她不是会回到我家里来了吗?

"总之,我相信将来一定有个幸福的结局,信念之坚使我十个月以前就在圣·奥诺莱城关买下一所最美丽的住宅。如果我能重新收服奥诺丽纳,我绝不愿意她再看到这所屋子和她当年逃出去的房间。我要把偶像供奉在一所新的庙堂里,让她觉得开始

---

[1] 狂欢女神为象征性的人物。身穿短裙,裙上系有小铃,手持小木偶。
[2] 英国十八世纪理查逊的小说中克拉丽莎·哈罗,被浪子勒佛雷斯所诱,以致失身,旋又后悔,终于贫病潦倒而死;勒佛雷斯则因与人决斗而丧命。

一种完全簇新的生活。新屋正在装修，我要它在高雅与富丽两方面都登峰造极。有人和我提到一个诗人，说他爱上一个歌女，在钟情的初期，还没知道歌女将来怎样对他，便买下了一张巴黎最好看的床。如今法官之中最冷静的一个，公认为御前老成持重的顾问，听了那故事竟然心里每根神经都震动。国会讲坛上的演说家，对于拿这种准备工作来培养他的理想的诗人，是很了解的。玛丽·路易士来到法国的前三天，拿破仑在龚比哀涅行宫的床上喜欢得打滚[1]……一切伟大的热情都有这一类表现。我就像那诗人一样的爱着，像拿破仑一样的爱着！……"

听到这最后几句，我相信奥太佛伯爵担心自己发狂的确是可能的了。他站起身子，走来走去，一边说话一边舞动手臂；忽而又站住了，仿佛对自己那些激昂的话也吃了一惊。他沉默了半晌，然后想从我眼中找些同情的表示，说道：

"我真是可笑得很。"

我回答："不，先生，你是不幸得很……"

"噢！是的，我不幸的程度是你想象不到的！从我过火的说话上面，你可以，并且应该，相信我有的是最强烈的痴情，因为九年之间它使我所有的机能都停止活动。但比痴情更强的是对她的崇拜，对她的灵魂、精神、风度、心地，她一切与女性无关的成分的崇拜；对那些附着于爱情的，你一生念念不忘的魔力的崇拜——那是从片刻的欢娱中体味到的日常的诗意。奥诺丽纳的心与气质的可爱，我在幸福的日子正如一切幸福的人一样没有注意，可是追忆之下都看清楚了。这任性而倔强的孩子，受到了无

---

[1] 玛丽·路易士为奥国公主，拿破仑见而悦之，乃与约瑟芬离婚，娶以为后。

情无义的遗弃，受到了贫穷的压迫，竟变得那么坚强那么高傲。自从我看出她有这些崇高的品质以后，我越来越感觉到损失重大。而这朵天国的幽花竟然孤零零的躲在一边枯萎憔悴！"他又带着挖苦而沉痛的情绪往下说："啊，我们上回谈的法律，实际是等于由一小队警察抓着我太太押送到这儿来！……这不是拖一个尸首回来吗？宗教对她不生作用，她只求宗教的诗意，只愿意祷告而不愿意听教会的戒律。我吗，我把宽恕，仁慈，爱，都用尽了，无计可施了。只剩下一个有希望成功的办法：便是权术与耐性，像养鸟的人捕捉最机警，最敏捷，最奇异，最少有的鸟那样的手段。所以，莫利斯，那天特·葛朗维先生在你面前泄露秘密以后——那也是可以原谅的——觉得这件意外的事故倒是命运的一种指示，正如赌徒在赌得最紧张的时候竭力在心中祈求而听从的指示……告诉我，你对我的感情是不是能像小说中的英雄一般替我出力？……"

"——伯爵，我打断了他的话回答，我猜到你的用意了。可是，你第一个秘书想偷开你的保险箱；你第二个秘书的心，我是知道的，他可能爱上你的太太。难道你忍心送他到火里去教他受难吗？拿他的手放在烈焰中间而不使他灼伤，你想可能吗？"

"——你真是个孩子，伯爵回答。将来我是给你戴了手套去的！圣·莫街上那所种菜人住的小屋子，我已经教人腾出来了；住到那边去的绝不是我的秘书，而是我的一个远亲，审计官特·洛斯太男爵……"

我惊愕之下，歇了一会，然后听见门铃声和一辆车直奔阶前的声音。不久当差来报告特·古德维太太和她的女儿来了。奥太佛伯爵母系方面的亲戚很多。他的表姊特·古德维太太是寡妇，丈夫原来在塞纳州法院当推事，死后只剩下一个没有财产的女儿。你们想，看到一个二十岁的少女，长得跟你理想中的情妇一样美，还会把一个二十九岁的女人放在心上吗？

伯爵抓着我的手把我介绍给特·古德维太太母女的时候，凑着我耳朵说：

"又是男爵，又是审计官，将来还有更大的官爵，加上这所屋子作陪嫁，这样你总不至于爱上伯爵夫人了吧？"

我心里不由得飘飘然，并非为了那些不敢希望的好处，而是为了阿曼丽·特·古德维小姐；她的姿色，配上巧妙的装束，格外显得夺目，那样化装的手段原是所有想嫁女儿的母亲都会教给女儿的。

好了，别扯上我的事了。

（领事说着，停了一会。）

22

开始行动

二十天以后,我住到种菜人的屋子去了。那儿已经打扫清楚,收拾齐整,摆好家具;办事的迅速只要两句话就可解释:我们是在巴黎!有的是法国工匠!有的是钱!我爱阿曼丽小姐的程度正好使伯爵对他的安全问题放心。可是一个二十五岁的青年所能有的谨慎,是不是足够应付那些由我担任下来,而有关朋友幸福的妙计呢?为解决这个问题,我存心一大半要依赖舅舅的——因为伯爵允许我必要的时候把事情告诉他。我雇了一个园丁,自己装作爱花成癖,仿佛世界上没有一件事能使我感到兴趣,只是没头没脑的翻垦菜园,要把土地整理得可以种花。我像荷兰或英国的某些花迷一样只栽培一种花。我挑选的是大理花,专门搜集所有的变种。你们不难想象,我的行动,哪怕是极细微的变更,都是由伯爵规定的;他那时把全部智力集中在圣·莫街那出悲喜剧上面,连一点儿小事都不放过。等伯爵夫人上了床,在十一点到十二点之间,奥太佛,高朋太太,和我三个人几乎每天举行会议。我听着老婆子把女主人白天的一举一动报告伯爵;他什么都要问到,吃些什么,做些什么,态度怎样,第二天预备吃什么菜,她想仿制什么花。我那时方始懂得相思之苦,懂得从头脑、心、感官三方面同时发源的爱情在绝望之下是怎么回事。奥太佛只有在盘问老婆子的时候才算活着。在整理花园的两个月中间,我绝对不向邻居的小楼瞧一眼,连是否有一个邻居也不打听,虽则我们两家的园子只隔一道木栅。伯爵夫人沿着木栅种的一行柏树,已经有四尺高了。

一天早上,高朋太太告诉她女主人一个坏消息,说隔壁搬来一个怪物,有意到年底在两个花园之间筑一道墙。我那时心中怎样的好奇是不用说的了。啊,要见到伯爵夫人了! ……这个欲望使我对阿曼丽小姐初生的爱情顿时减色。砌墙的计划是个可怕的威胁。将来奥诺丽纳没有空气呼吸了,园子夹在她的小楼与我的围墙之间,会变成一条狭窄的走道。那小楼从前是人家为玩乐而盖的别墅,像孩子们用纸板搭成的宫堡,只有三丈深,十丈长;正面是照德国办法油漆的,到二楼为止,墙上都钉着牵引花草的木格子;整个建筑代表所谓**洛可可**式的篷巴杜风格[1]。从大门到屋子,有条很长的走道种着菩提树。小楼的园子和种菜的园地,形状像一把斧头,走道像是斧头的柄。我计划中的界墙,要把斧头部分去掉四分之三。伯爵夫人因之大为忧急,无可奈何的问道:

"高朋太太,那种花的是什么人呢?"

高朋太太回答:"唉,我不知道跟他有没有商量的余地,他好像是最讨厌女人的。他舅舅是巴黎的一个本堂神甫,我只看到一次,一个七十五岁的老头儿,丑得要命,人可是非常和气。也许真像街坊上说的,这神甫有心教外甥迷着花草,免得事情更

---

[1] 洛可可为美术史一种风格的名称,亦称巴洛克,创自十七世纪意大利装饰艺术家。在十八世纪的法国最为风行;以仿效岩洞及植物形态为主,不求对称,务求奇巧。

糟……"

"怎么呢？"

"嗳，告诉你罢，你的邻居是头脑有毛病的！……"高朋太太指着自己的头。

不动武的疯子是女人在感情方面最不提防的男子。你们等会儿可以发觉，伯爵替我挑这个角色的确很有眼光。

"可是他怎么会这样的呢？"伯爵夫人问。

高朋太太回答说："他念书念得太多了，脾气变得很怪。并且他自有不喜欢女人的理由……既然你要知道外边的闲话，就一齐告诉了你罢。"

"可是，"奥诺丽纳接口说，"我对疯子倒不像对不疯的人那么害怕。我要跟他谈谈。你去通知他，说我请他过来。要是不成，我再找那个本堂神甫。"

她们这样谈过话以后，第二天我在新辟出来的花径上散步，瞥见楼上一扇窗的帘子撩开了一点，有个女人在那里张望。高朋太太走来和我招呼。我突然向小楼望了一眼，作着一个粗暴的手势，仿佛说："哼！我才不理会你的东家呢！"

高朋女人回去报告交涉的经过："太太，那疯子叫我别跟他烦，说哪怕是个靴匠，在家也能作个主张，尤其他是没有老婆的。"

"这话倒说得加倍的有理。"伯爵夫人回答。

"是呀，但是我告诉他，说他要使一个躲在家里静修的人伤心死了，因为她唯一的消遣就是种花。结果他回答说：好，那我就去了一趟罢。"

23

一幅速写

下一天，高朋女人和我做了一个记号，表示她主人等着我了。正当伯爵夫人用过早点，在小楼前面散步的时候，我推倒了木栅，向她走过去，穿的是乡下人服装，旧灰呢长裤，大木靴，旧猎装，头上戴一顶便帽，脖子里裹一条破围巾，手上全是泥土，还拿着一把锹。

高朋女人嚷道："太太，这位先生便是你的邻居。"

伯爵夫人并不惊慌。那个因伯爵的倾诉和她的行为而显得格外离奇的女子，我终于见到了。时间是五月初。清新的空气，蔚蓝的天色，嫩芽的绿意，春天的香味，烘托着这个痛苦的人物。一见奥诺丽纳，我就完全体会到奥太佛的痴情，觉得他用**天国的幽花**去形容她真是一点不错。我先注意到她的脸色白得非常特别，因为白的种类和红与蓝的种类一样多。望着伯爵夫人，你的眼睛好像能接触那芬芳的肌肤，血就在一缕缕似蓝非蓝的脉管底下流着。只要情绪略微有些波动，她的血便在肌理之下散布开去，像一股粉红色的水汽。

我和她相见的时候，皂角树瘦弱的叶子中透过几道阳光照着奥诺丽纳，成为一圈流动的黄色的光轮，画家中间只有拉斐尔和铁相能在圣母周围画出这种光来。褐色的眼睛，表情又温柔又快乐；从低垂的长睫毛底下漏出来的神采，反映在她的脸上。凭她光滑柔软的眼皮的动作，奥诺丽纳给你一股魔力，因为她把这个灵魂的幕卷起落下的方式，不知包含着多少感情，多少庄严、恐惧、轻蔑的意味。一瞥一视之间，她可以使你不寒而栗，也可以使你欣然色喜。随便挽着的灰色头发，替她描出一个宽大的威武的额角，富于幻想的、诗人一般的额角。嘴巴长得非常肉感。还有一点得天独厚的地方，就是脸部的轮廓和全部的线条都有高贵的品质，能抵抗岁月的侵蚀；这是在法国很少见而在意大利很普通的特点。

　　奥诺丽纳虽则体态苗条，可并不瘦；身腰还有使人古井重波的力量。娇小玲珑这四个字，她的确当之而无愧，因为她是那一类轻盈柔软的女子，可以像猫一般让你抱起来温存一番，放下去回头再来。纤小的脚踏在沙上发出特有的轻微的声音，和衣衫悉索的声音很调和，成为一种女性的音乐印在你心上，使你能在千千万万的女人脚声中分辨出来。她的姿态把多少代世家的身份表现得那么庄严，走在街上连最放肆的平民见了也会闪在一旁。快活，温柔，高傲，威严，这些好像互相抵触而仍旧保持她小孩子气息的德行，你只能认为是天赋，否则就无法了解她。但这孩子可能像天使一般坚强；也像天使一样，一朝本性受了伤害决没有妥协的余地。倘若你看见她的眼睛与嘴唇对你笑过，听见她悦耳的声音，感觉到它的抑扬顿挫像诗歌一般的美，那么万一她沉下脸来，你就觉得自己被宣告了死刑。闻到她身上发出的紫罗兰香，我才懂得为什么伯爵没走上纵情声色的路，为什么人家永远忘不了她；因为对于触觉，对于眼睛，对于鼻子，她都等于一朵花，对于灵魂更其是一朵天国的幽花……奥诺丽纳能使人对她像中古的骑士一般忠诚，作没有酬报的牺牲。

24

第一次的会面是怎么结束的

　　凡是见到她的人心里都会有这样的念头："你尽管想罢，我一定能体会；你尽管说罢，我一定服从。要是我在酷刑之中送了命而你能有一日之欢，那就把我的生命拿去罢，我会含笑而死，像殉道的人在火刑架上一样；我要把这殉难的日子交给上帝，作为父亲给孩子的节日。"很多妇女能装出一种风度，使人见了像见到伯爵夫人一样；但她身上的一切都那么自然，而那种没法模仿的天生的丰韵能直接透入你的心坎。我提到这些，因为跟她的灵魂、思想，和玲珑剔透的心有关；要是不描写，恐怕你们会责备我的。当时我差点儿忘了我所扮的疯疯癫癫的、粗暴的、不会奉承女性的角色。

　　"太太，听说你是喜欢花草的。"

　　她回答："先生，我是制花的女工。我种了花，拿它们写生，仿佛一个有艺术手腕的母亲很高兴替孩子们画像……这就说明我相当穷，虽则要求你通融，却没有能力付你一笔赔偿。"

　　"怎么！"我装得像法官一样的严肃，"一个像你这样出众的人才竟然做工吗？难道你和我一样有些特殊的理由，需要让手指忙着,免得头脑活动吗?"

"咱们只谈界墙的事罢。"她微笑着说。

我回答:"咱们谈的就是界墙的基础啊。我先得知道咱们的两种痛苦,或者说两种怪癖,究竟应当由哪方面让步……啊,多美的水仙花!跟今天这个天气一样清新!"

我敢说她的确布置了一个花卉与灌木的博物馆,只有阳光能进去参观;一切安排都显出艺术家的匠心,便是最冥顽不灵的屋主也不忍加以破坏。大簇的花,或是参差错落的分作几级,或者拼成一个个的花堆,用的都是莳花专家的手法,使你看了精神舒畅。隐僻幽静的园子发出阵阵清香,好比抚慰心灵的油膏,只会触发你恬适的思想,触发妩媚的,甚至艳丽的形象。这花园使你看出一个人真正的性格留在一切事物上的无可形容的标记,只要我们的真性格不需要服从社会上种种不可少的虚伪。我一会儿瞧瞧成堆的水仙,一会儿瞧瞧伯爵夫人,为了扮演我的角色,还装作对她远不及对花那么爱好。

她说:"原来你是极喜欢花的?"

我回答:"只有它们才不会辜负我们的温情与爱护。"

接着我发表一大篇议论,把社会与植物作比较,慷慨激昂,简直和界墙问题离开十万八千里了,使伯爵夫人只能认为我是一个痛苦的、受伤的、大可哀怜的人。但过了半小时,我的邻居不知不觉又把我拉回到正题上;女人不动爱情的时候,头脑竟会跟老年的诉讼代理人一样冷静。

我说:"要是保留木栅,你一定会把我不愿意泄露的种花的诀窍学了去的;因为我正在搜求蓝的大理花,蓝的蔷薇花,我对蓝色的花简直喜欢得发疯。蓝色不是一般高尚的心灵最爱的吗?

像现在这样，咱们双方都不能算单宅独院；还不如开一扇格子门……既然你喜欢花，不妨来看看我的，我也可以去看看你的。你固然是闭门谢客，我也只有一个舅舅来看我，他是勃朗－芒多的本堂神甫。"

她回答道："我不愿意闲人随时闯进我的花园，闯进我的屋子。但你尽管请过来，我总是欢迎的；你是我的邻居，我愿意彼此相处得好好的；可是我爱静的脾气不能让我的清静操在人家手里。"

"那么随你罢！"

我说完把身子一纵，跳过了木栅。

到了自己园里，我回头走向伯爵夫人，作着一个吓唬她的手势，像疯子一般扯着鬼脸，嚷道："你瞧，门有什么用？"我在家里待了半个月，好像根本没想到我的邻居。

25

奥诺丽纳的樊笼

　　到五月底，正好是一个幽美的夜晚，我们俩隔着栅栏慢慢的散步。走到尽头，少不得彼此寒暄几句。她觉得我垂头丧气，一味想着痛苦的念头，便和我提到一个人应当存希望一类的话，好像保姆催眠儿童的歌声。于是我越过栅栏，第二次走近她了。伯爵夫人邀我进到她家里，想把我的痛苦缓解一下。我这才走进那座圣殿，里头一切都跟我向你们描写的女子一样非常调和，到处素雅宜人。

　　这所小楼，在内部看来的确是十八世纪的艺术家为一个达官贵人经营的艳窟。楼下的饭厅四面都有壁画，画的是稀格子的花架，兼带花卉，手笔极精。楼梯间的壁上是模仿浮雕的单色画。饭厅对面的客室已经破旧不堪，但伯爵夫人挂着很别致的，从古屏风上拿下来的幔子。连着客厅的是一间浴室。楼上只有一间卧房，一间盥洗室，和改做工场用的书房。厨房藏在小楼底基下面的地窖里，要走几步石级才能到正屋。栏杆与篷巴杜式的花环把屋顶遮掉了，只看到几个铅球。你住在这里好像和巴黎不知离开多远了。要不是这位脸色惨白的女子在美丽的红唇上偶尔挂着一点苦笑，你可能以为这朵紫罗兰埋在它的花堆里挺幸福呢。

26

论女性的工作

不多几天，我们彼此已经很信任。一则因为是邻居，二则伯爵夫人看准我对女性完全无动于衷。我一瞥一视之间就可能把奥太佛的计划断送掉的，所以我的眼神对她从来没有什么表情。奥诺丽纳只把我当作一个老朋友，态度举动都出于同情心。她的目光、声音、措辞，一切都证明她毫无卖弄风情的意思——那在同样的情形之下，连最严肃的女人也免不了的。不久她便允许我踏进那个精雅的制花工场，一间摆满图书和小古董的静室，布置得和上房差不多，富丽堂皇的气派把手艺的俗气洗净了。

时间一久，伯爵夫人把最无诗意的东西，工场，也变成有诗意的了。妇女所能做的活儿，也许假花在制造的细节方面最能表现女性的妩媚。著色的时候，她必须俯在桌上，相当用心的对付这种近于绘画的工作。旁的事，比如做地毯罢，假使要靠此谋生的话，往往会造成肺病或者脊骨变形。至于镂刻乐谱，以需要细致、小心与了解而论，又是最辛苦的工作。裁缝与刺绣一天还挣不了三十个铜子。可是制花和做妇女的装饰用品需要很多动作，很多手艺，甚至也要很多思想，使一个美女始终在她的天地之内：她可以自由自在，可以谈话，可以笑，可以唱歌，可以思索。摆在黄松木长桌上、预备制作她所挑定的假花用的、成千累万的著色花瓣，不消说都安排得很有艺术。画碟是白瓷的，擦得非常干净，排列的方式使人一目了然，要用什么颜色立刻能找到。所以那位高贵的艺术家很能节省时间。一口精巧的镶嵌象牙的紫檀柜子，有无数的小抽屉盛放钢制的模型，给她作叶子或花瓣之用。

一只极漂亮的日本碗盛着糨糊，从来不让发霉，碗上安放一个有铰链的盖子，轻巧玲珑，只要指尖一拨就能揭开。铅丝，紫铜丝，都藏在面前工作台的小抽屉内。供在眼前的有一只威尼斯瓶，插着一支含苞欲放的鲜花，这生动的模型便是她预备争奇斗胜的对象。她醉心于杰作，挑的总是最难的活儿，例如葡萄，野草，最小的花冠，色调最不容易捉摸的蜜槽。和头脑一样敏捷的手在桌子与活计之间来来往往，好比钢琴家的手在键盘上活动。用班洛[1]的说法，手指像一群仙女，在妩媚动人的姿势之下，为了搓捏，粘贴，重压，使出种种不同的力量，凭着心明眼亮的直觉，把每个动作的效果计算得很准。她面前摆好了材料，着手粘贴棉花，修整枝条，胶上叶子的时候，我简直百看不厌。在取材的大胆上面，她施展出画家的天才，模仿枯叶，黄叶，和田里的野花争胜，那是一切花中最富于天趣，最简单，所以是最复杂的。

她和我说："这门艺术还幼稚得很。倘若巴黎女子能有一点儿东方妇女在后宫中所表现的那种天才，她们戴的花就可以成为整套的语言。为了满足我艺术家的要求，我做了一些枯萎的花，暗黄的叶子，像深秋或冬尽春初时期所看到的……这种花冠戴在一

---

[1] 班洛为法国十七世纪的童话作家兼诗人。

个红颜薄命的或是心怀隐痛的少妇头上，不是很有诗意吗？有什么意境，一个女人不能用头上的饰物来表现的？醉醺醺的酒神，阴沉古板的虔婆，烦闷的女子，不是都有各各不同的花可以代表吗？我认为植物能表现心灵的一切感觉一切思想，连最微妙的在内。"

她派我敲打叶子，帮着剪裁，打点铅丝，预备她用作枝干。我假装极愿意借此消遣，很快就把手艺学得很熟练。我们一边做活一边谈天。无事可做的时候，我给她念些新出版的书，因为我不能忘了自己所扮的角色，老是装作忧郁，怀疑，悲苦，厌倦人生，伤心到极点。我的长相，除了不是跷脚以外，很像拜伦勋爵；因此，她常常用些可爱的笑话跟我打趣。她以为她自己那种讳莫如深的痛苦，毫无问题是使我的痛苦相形失色的，虽然我厌恶人生的原因连扬格与约伯[1]听了也会首肯。我像街头行乞的穷人一般在心上放些假疮疤，赚取这位可敬可爱的女子的怜悯：我因此而感到的惭愧也不用细说了。懂得了间谍的卑鄙，我才懂得我对伯爵忠诚到什么程度。我那时受到的同情尽够安慰世界上最不幸的人。这婉娈可喜的女子，与世隔绝，幽居独处了多少年，在爱情以外有极丰富的友谊可以施舍；而她给我友谊的时候一方面像儿童一般尽情流露，一方面又带着一种怜悯的意味——大可使一个爱她的浪子啼笑皆非的怜悯；因为她整个儿只是慈悲，只是同情。她摒弃爱情，对于所谓女子的幸福只觉得害怕；这两种心理表现得又坚决又天真。我过的那些愉快的日子可以证明女性的友谊比她们的爱情可贵多了。

---

[1] 爱德华·扬格（1681—1765）为英国诗人。约伯为古代犹太长老，以正直闻名，后受上帝考验，遭祸累累，故自怨其生。

27

奥诺丽纳的一段自白

一般姑娘们坐上钢琴之前，因为预感到坐上去以后的厌烦，总免不了推三阻四；我让伯爵夫人逼出心腹话的时候，就跟这些姑娘一样的忸怩。你们不难想象，为了要克服我怕开口的心理，她不得不格外表示亲热；但一发觉我对于爱情的厌恶和她的不相上下，她就觉得命运送了一个**星期五**[1]到她的荒岛上的确是大可感激的事。或许她也开始不耐寂寞了。可是绝不卖弄风情，连一丝一毫的女性气息都没有。她和我说，只有在她隐遁的理想世界上，她才觉得有些兴趣。我不由自主的把他们夫妇两人的生活做着比较：伯爵的生活全部是行为，活动，感情；伯爵夫人的全部是隐忍，无为，静止。其实男女双方都是服从各人的本性，而且服从到令人钦佩的程度。我因为冒充厌世，尽可以对世间的男女冷嘲热讽，希望借此套出奥诺丽纳的心事；但无论什么计策对她都不生作用；于是我明白，所谓**骡子脾气**在女人中间比我们所想象的要多得多。

---

1 星期五为鲁滨孙在荒岛上所救的野蛮人。因此事发生在星期五，故鲁滨孙即以星期五名野蛮人。

有一天我对她说："东方人把你们关在家里，纯粹当作享乐的工具，真有道理。欧洲人让你们加入社会，给你们平等待遇，因此吃了大亏。据我看，女人是最不老实最卑鄙的动物。但就因为此，她才有她的魔力，给人有捕捉家畜那样的乐趣。男人一朝为一个女人颠倒之后，就认为她是神圣的，永远给她一种特权。对于过去的欢乐，男人的感激是永生不灭的；即使看到当年的情妇老了或是堕落了，仍旧觉得她在感情上对他有特殊权利。可是为你们女人，旧日的情夫是一文不值的；不但如此，他还有一个不能原谅的大错，就是没有早点死掉！……你们口头不敢承认，心里却是和传说的（其实只是群众的无稽之谈）奈尔塔中的太太[1]一样，会这样想——可惜一个人享受爱情不能像吃水果一样！可惜吃了一顿饭不能单单剩下愉快的感觉！……"

她说："这种美满的幸福，上帝一定是留给天国的……你的论证虽然很妙，我却认为是错误的。那些经过好几次爱情的男人，你又怎么说呢？"她这样问我的时候，眼睛像恩格尔画路易十三把王国奉献给圣母，而圣母望着路易十三的眼神一样[2]。

我回答说："你真是存心做戏了，因为你刚才瞧我的眼风，大可使一个女演员成名。可是像你这样的美人一定有过爱情，所以把爱情忘了。"

"我吗？"她故意避开我的问题，"我不是一个女人，而是到了七十二岁的女修士。"

---

[1] 奈尔塔为十三世纪时所建的宫堡，位于巴黎中心。相传法王腓列伯四世的媳妇在此宫中淫乐无度，常将厌弃之情夫置死，投于塞纳河。
[2] 此系指法国十九世纪大画家恩格尔的作品，题作《路易十三的发愿》。画的是路易十三跪在地下把王冠与杖献给圣母，圣母在云端里抱着圣婴耶稣，眼睛低垂着，并不正视路易十三。

"那么你怎么敢这样肯定,说你比我感觉更敏锐?对于女人,苦难只有一种形式;唯有爱情的失意她才当作不幸。"

她神气很柔和的望着我。女人夹在矛盾中间或被事实逼得无路可走的时候,照旧会固执己见。奥诺丽纳便是采取这种办法,和我说:

"我是女修士,你却和我讨论一个我不能再踏进去的世界。"

"便是在思想上也不能吗?"

她回答说:"难道世界真是那样值得羡慕吗?噢!即使我的思想要溜出去,也是溜往更高的境界的……完满的天使,美丽的加百利[1]的歌声,常常在我心头唱着。万一我有了钱,我要照旧做活,免得常常骑在天使的五色翅膀上飞往想入非非的境界。有些沉思默想会使我们女人迷路的!我的精神安定全靠我的花,虽则它们不能完全抓住我。某些日子我好像有所期待,没有目标的期待;一个念头来了,就盘踞着我的心,使我手指举不起来,但我没法把念头赶走。我觉得此刻正在酝酿一件大事,我的生活要改变了;我伸着耳朵听着,对黑洞里望着,对做活毫无兴趣;然后我疲乏之极,回过来又看到人生,看到我平时的生活。这是不是快要进天国的预感呢?我常常这样的问自己……"

---

[1] 天使加百利向童贞女玛丽亚显灵,说她蒙受圣恩,将生救主耶稣。

28

一语伤人

一方面是用年轻人的伤心忧郁作掩护的两个外交家，一方面是一个因悲观厌世而格外顽强的女人：双方斗法斗了三个月，我向伯爵说，要教乌龟从壳里钻出来恐怕不可能了，只有打破它的壳。隔天晚上，在最后一次友好的讨论中，伯爵夫人说道：

"当年吕克雷斯用她的匕首和她的血，替女性的宪章写下了第一个字：**自由**！[1]"

从此以后，伯爵便让我全权办理。

某星期六的晚上我去看奥诺丽纳；楼下的客室才由那位冒名顶替的业主粉刷一新。她很高兴的和我说："我这个星期做的花卖了一百法郎！"

时间正好十点。七月的夜晚和美丽的明月带来一片朦胧的光。一阵阵百花混合的香味醉人心脾。伯爵夫人把五枚金路易拿在手里叮叮当当的玩着。那是一个冒充的化妆品掮客送来的，而那掮客又是奥太佛托包比诺法官物色得来的另一个党羽。

---

[1] 吕克雷斯为纪元前六世纪时罗马执政泰尔耿·高拉打之妻，以被污自杀。后人以吕克雷斯作为烈女的典型。

她说:"男人们拿法律作武器,想收服我们作奴隶!我却是一边消遣一边解决了生活问题,绝对不受拘束!噢!每星期六我总很得意。你的孪生弟兄拜伦勋爵喜欢缪莱的金洋,我也喜欢高狄莎的金洋。[1]"

我回答:"这可不是一个女人的天职。"

"嗬!我能算女人吗?我不过是一个性情温柔的男人,不受任何女性折磨的女人……"

"你的生活把你整个的人否定了。上帝对你多么慷慨,使你长得这样好看,心这么慈悲,你难道从来不想要……"

这是我第一次泄露形迹的话,她听了有点不放心了:"要什么?"

"不想要一个美丽的孩子,一卷卷的头发像水浪似的,在花堆里来来往往,好比一朵代表生命与爱情的花,叫你一声妈妈吗?……"

我等她回答。等到沉默的时间太久了,我才发觉我的话发生了可怕的后果,因为屋子里黑洞洞的,早先没看见。伯爵夫人身子歪在便榻上,不是晕过去,而是浑身冰冷的发了肝阳;因为她一切的生理现象都是温和的,所以第一阵震颤也来势不凶,据她事后说,很像最微妙的毒药药性刚发作的情形。我把高朋太太叫了来,她抱着女主人放上床,脱了衣服,把她不是救醒了,而是恢复了痛苦不堪的感觉。我一边哭一边沿着屋子的走道踱来踱去,同时对自己的使命觉得毫无把握。当初那么冒冒失失接受下来的捕鸟的角色,我恨不得放弃了才好。高朋太太下楼看见我满

---

[1] 缪莱为十九世纪英国有名的出版家,拜伦一生得其帮助不少。高狄莎为巴尔扎克小说中常见的人物,此处即收购奥诺丽纳假花之商人。

面泪痕,便急急回上去问伯爵夫人:

"太太,怎么回事啊?莫利斯先生一把鼻涕一把眼泪,哭得像小孩子似的。"

为了怕我们的态度被人误会,她拿出超人的勇气,披着件梳妆衣下楼来找我:

"我发病跟你没有相干;我心脏常常会抽搐的……"

我抹着眼泪,用一种假装不来的声音对她说:"唉,你还想把你的伤心事瞒着我吗?这一下不是让我知道了你有过孩子而夭折的吗?"

她突然打着铃,叫道:"玛丽!"

高朋太太马上来了。

"把蜡烛和茶都端来。"她吩咐的时候,态度的冷静不下于一个骄傲的英国太太,那是你们都知道的那种要命的英国教育培养出来的。

29

挑 战

高朋女人点了蜡烛,关上百叶窗。伯爵夫人脸上毫无表情;倔强的傲气,和野人一般的严肃,在她身上又占了上风。她和我说:

"你知道我为什么那样的仰慕拜伦勋爵?……他挨受痛苦的方式跟野兽一样。既然一个人的怨叹不能成为曼弗莱特的哀歌,唐·裘安的嬉笑怒骂,哈洛尔特的奇思狂想[1],那么怨叹有什么用?谁也休想知道我的事!……我的心是一首献给上帝的诗!"

我说:"倘若我愿意……"

"愿意什么?"她紧跟着问。

我回答说:"我对什么都不感兴趣了,也没有好奇心了;可是我要愿意的话,明天就能知道你全部的秘密。"

"你能够吗?我才不信呢!"她竭力遮盖心中的不安,可也不大遮盖得了。

"真的不信吗?"

"当然,"她侧了侧头,"我倒要试试你的本领呢。"

---

[1] 曼弗莱特,唐·裘安,哈洛尔特,均系拜伦有名的长诗中的主人翁,诗篇即以主角命名。

我指着她的手说:"先是这些美丽的手指已经说明你不是一个少女,更不是一个做活的人!其次,你也不叫作高朋太太;有一回你当我的面收到一封信,你对玛丽说:喂,这是你的——玛丽才是真正的高朋太太。你冒用了女管家的名字。噢!太太,你对我不用害怕。我是你最忠心的朋友……**朋友**,你听明白没有?这个在法国被人滥用,拿来称呼敌人的名词,我只想到它圣洁的动人的意义。这个朋友愿意帮助你抵抗一切,愿意你尽可能的得到幸福,一个像你这样的女子应该有的幸福。我无意之间给你的痛苦,谁敢说不是从你心里自然而然流露出来的?"

"不错,"她带着威吓的意味说,"我要你好奇,要你把所能打听到的关于我的事统统告诉我,可是……"说到这里,她举起手指,"你也得告诉我,你的消息是从哪儿来的。我在这里享的一点儿清福能不能维持下去,就靠你打听的结果决定。"

"就是说你预备溜走吗?"

"高飞远走!"她嚷道,"飞到新大陆去……"

我打断了她的话,说道:"不管上哪儿,你反正得引起人家的热情,逃不出热情的魔掌。天才与美女,都注定要放出灿烂的光芒,引人注目,惹人妒羡,招人毁谤的。巴黎是没有阿拉伯强盗的一片沙漠,世界上只有在巴黎,一个人才能隐姓埋名,靠自己的工作糊口。你抱怨什么?我是什么人?不过是一个仆人而已,不是高朋太太而是高朋先生。万一你要和人决斗,也该要一个证人罢。"

"不管这些,我要你去打听我的底细。我已经说过:**我要你这么办**!现在咱们别提了。"她这么说着又拿出妩媚动人的风度,那是你们(领事望着在座的妇女)都能随心所欲的支配的。

我回答说:"那么好吧,明天这时候,我来把得到的消息告诉你。可是你不能恨我!你会不会拿出一般女人的手段来对付我呢?"

"一般女人是怎么的?"

"她们教我们作了极大的牺牲,然后过些时候又埋怨我们的牺牲,仿佛把她们侮辱了似的。"

她很狡猾的回答:"倘若她们要求你们做的事,你们觉得是**牺牲**,那么她们的埋怨是对的……"

"不说牺牲,只说是勉强做的罢……"

"那就是说你们本来是不愿意做的。"

我说:"啊,对不起,我忘了女人和教皇是永远不会错的。"

她静默了半晌,又道:"天哪!我这点儿安静是用多么高的代价换来的,偷偷摸摸享受的;可是只要两句话就能把它毁掉……"

她站起身子,仿佛把我忘了,只自言自语的说着:"上哪儿去呢?怎么办呢?……我花了多少心血布置这个可爱的家,预备在这里终老,难道非离开不成吗?"

"在这里终老?"我很明显的表示吃了一惊。

"难道你从来没想到有朝一日不能再做工,假花跟化妆品可能为了竞争而跌价吗?……"

"我已经有三千法郎积蓄了。"她说。

我叫道:"天哪!这笔数目表示省吃俭用,吃了多少苦哇!……"

"明儿见,"她说,"我失陪了。今晚上我简直变了一个人,想自个儿静静。我不是得鼓足勇气以防万一吗?因为,倘若你能知道什么事，别人也能知道，那就……"然后她用直截了当的口气，作了一个很有威严的手势，说了声，"再见。"

"好，咱们明儿来决一胜负。"我故意堆着笑容，因为要使那天晚上的一幕显得毫无作用。

30

揭 晓

从很长的花径上走出去的当口,我不由得重复了一句:
"好,明儿来决一胜负!"
而像每天晚上一样和我在大街上相会的伯爵,也叫了声:
"好,明儿来决一胜负!"
奥太佛的焦急忧虑与奥诺丽纳的不相上下。我和伯爵沿着巴士底城壕直走到清早两点,好比两个将军在作战的前夜察看阵地,估计种种的可能性,认为胜利的关键全靠一个偶然的机会。这一对硬拆开的夫妇是整夜不得合眼的了:一个是因为存着希望而睡不着;一个是心惊肉跳,唯恐团圆而睡不着。人生的戏剧并不在于外界的境遇而在于情感,它是在内心搬演的,或者说在所谓**精神世界**那个辽阔的天地中搬演的。奥太佛与奥诺丽纳两人的活动和生活,始终不出思想深刻、意境高远的人活动的区域。

我准时而去。晚上十点,我第一次被请进那间蓝白两色的精雅的卧室,那个受伤的鸽子的窝。伯爵夫人望着我想说话,但看到我非常恭敬的神气,立刻大吃一惊。

我很庄严的微微笑着,叫了声:"伯爵夫人……"

可怜的太太已经站了起来，又倒在椅子上呆住了；那种痛苦的姿态可惜没有一个大画家把它描下来。

我继续说道："你是一个最高尚最受尊敬的男人的妻子；大家认为他伟大，但他对待你的行为比众人眼里看出来的更伟大。你和他是两个性格最了不起的人物。你以为这儿是什么地方？"我问她。

"不是在我自己家里吗？"她诧异之下，连眼睛都发呆了。

"在奥太佛伯爵的家里！"我回答。"我们上了当了。那个叫作勒诺尔芒的书记官不是真正的业主，而是代你丈夫出面的。你这种清静的生活是伯爵一手造成的，你挣的钱是伯爵给的，你生活中最琐碎的事都是他费心照顾的。你丈夫在外边维持你的面子，对于你的失踪想出充分的理由来解释，说你搭一条叫作赛西尔号的船到哈瓦那去，接收一个可能把你忘了的亲属的遗产；陪你去的还有你夫家的两个女人和一个老管家，可是船出了事。你丈夫公开表示，希望你不至于遭难。他说已经派人去就地调查，得到的信息似乎还很有希望……他把你的行踪隐藏得和你自己一样周密……总而言之，他完全遵照你的意思……"

她回答说："得啦，得啦。现在我只要知道一点，这些细节是谁告诉你的？"

"嗳，太太，有个穷小子由我舅舅荐在本区警察局当书记，他一五一十和我说了。要是你今晚上偷偷离开这个小楼，你丈夫不会不知道你的行踪，而不管你跑到哪儿，他都能庇护你。一个聪明的女子怎么能相信，做生意的人收买纸花和便帽的价钱，会跟卖出去的价钱一般高？真的，哪怕你一束花讨价三千法郎，人家也会照给！便是做母亲的也比不上你丈夫的温柔体贴。我从你看门的那儿知道，夜静更深的时候，伯爵常常到篱笆后面来看你床头的灯光！你的开司棉披肩值到六千法郎……你的花粉商把名厂的出品当作旧货卖给你……总之，你在这儿完完全全是一个落在火神网里的维纳斯[1]；但你是单独的被幽禁着，七年如一日被无微不至的慈爱幽禁着。"

伯爵夫人像一只被捕的燕子般打着哆嗦，在人家手里伸着脖子，睁着褐色的眼睛向四下里探望。她被神经质的抽搐刺激得浑身骚动，用猜疑的目光把我打量着。干涩的眼睛射出一点儿几乎是火辣辣的光；但她毕竟是女人！……一会儿眼泪冒上来了，哭了，并非因为受了感动，而是觉得自己无能为力，绝望到极点。她自以为独立，自由，不料始终逃不出婚姻的束缚，好比囚犯逃不出监狱。

她一边流泪一边说："他逼我，好吧，那我就到一个谁也不能跟着我的地方去……"

我说："啊！你想自杀！……太太，你不愿意回到奥太佛那儿去，一定是有极充分的理由了？"

"噢！当然！"

"那么不妨把这些理由告诉我，告诉我舅舅；我们俩可以做你忠心的顾问。我舅舅在忏悔室中是一个教士，在客厅里可从来不会摆出教士面孔。我们要仔细的听你，对你提出的问题想一个解决的办法；倘若你有什么误会，也许我们能替你消解。你的灵魂是纯洁的；即使犯过什么错误，也早已补赎了……总之，别忘了你可以把我当作最真诚的朋友。要是你想躲脱伯爵的束缚，我

---

[1] 据罗马人的神话，维纳斯嫁与火神维尔耿后，私恋战神玛斯，乃被维尔耿囚于网内。

能给你想办法，使他永远找不到你。"

她说："噢！还有修道院呢。"

"不错，但伯爵是个国务部长，能教世界上所有的修道院都不敢收留你。可是不管他势力多大，我仍旧有办法把你从他手里救出来……只要你能向我证明你的确不能，也不应该回到他那儿去。"

她恶狠狠对我瞅了一眼，带着非常猜忌和过分高傲的意味；我便赶紧补充："噢！别以为你逃出了他的掌握，就得坠入我的掌握。将来你照旧能享受安宁，清静，独立；一句话说完，你可以和一个又丑又凶的老姑娘一样得到自由与尊敬。将来我也要先征求了你的同意再敢来看你。"

"可是怎么呢？用什么办法呢？"

"太太，这一点暂时不能告诉你。你放心，我绝不骗你。只要给我证明你只能过这个生活，证明这个生活的确胜过奥太佛伯爵夫人的有钱，有面子，住着巴黎最漂亮的府第，受到丈夫疼爱，做一个幸福的母亲的生活，那我就判决你胜诉……"

"可是，"她说，"世界上怎么会有一个男人能了解我呢？……"

我回答："的确没有。所以我要请宗教来做评判。勃朗－芒多的本堂神甫是个七十五岁的圣者。他不是一个审问异教徒的法官，而是一个圣·约翰；他对你会像法奈龙一样，像对蒲高涅公爵说下面那番话的法奈龙一样——爵爷，星期五你要吃一条小牛[1]也可以，但做人非像个基督徒不可。"

---

[1] 基督旧教教规，每星期五均须守斋，除鱼类鸡子外，其他荤腥不得入口。

"得了罢，先生。我知道修道院是最后一条出路，是我唯一的避难所。能了解我的只有上帝。至于凡人，哪怕是教会中最慈祥的神甫圣·奥古斯丁，也参不透我良心上不安的情绪，那好比但丁的**地狱**中不可超越的领域。一个不相干的男人，虽则不配领受爱情的祭礼，却得到了我全部的爱情！我丈夫没得到，因为他没拿；我给他爱情，像母亲把一件奇妙的玩具拿给孩子，被孩子砸破了。我的爱情是可一不可再的。对于某些心灵，爱情是不能作尝试的：有就有，没有就没有。它一朝出现，就是整个儿出现。可是十八个月的夫妇生活，对我等于十八年；我把全部的生命力放了进去，它不是因为尽量奔放而枯竭的，而是在那种欺人的，只有我一个人真诚的闺房生活中消磨完的。为我，幸福之杯既不是空的，也不是喝干了的；什么都不能把它再斟满，因为杯子打破了。我已经没有武器，不能再作战……把自己倾箱倒箧的给了人，我还成其为我吗？只能比之于酒阑灯尽以后的残羹剩饭。我只有一个名字，奥诺丽纳，正如我只有一颗心。丈夫占有了少女，没资格消受的情人占有了少妇；一个女人还剩下什么？你一定会和我说：只要让人家爱就得了！唉！我究竟还有点人味儿，想到卖淫妇三个字能不觉得羞愤吗？是的，一场大火把我的宝物烧光了，我借着大火的反光把事情看明白了。老实说，接受另外一个男人的爱情，我倒还能想象；但是向奥太佛投降……噢！休想！"

我说："哎，你还爱他呢。"

"我看重他，尊敬他，他从来没伤害我；他心肠好，他温柔；但我不能再爱他……得了罢，别谈了。无论什么事，越讨论越显得渺小。关于这问题，让我用书面来表白我的意思；现在那些思想使我透不过气来,我身上在发烧,我的脚已经踏在我的修道院的废墟中了。我眼睛看到的,一向以为拿自己的工作换来的东西,此刻都把我心里要忘掉的事一件件的提醒我。啊,我真应该离开这里,像当初逃出家庭一样。"

"逃哪儿去呢?"我问她。"女子没有人保护,能够在世界上存活吗?在三十岁上,正当花容玉貌的鼎盛时期,有的是你自己意想不到的充沛的精力,有的是可以大量施舍的温情,而你竟想躲到我能把你隐藏起来的沙漠中去?……放心罢,伯爵五年之中没露过面,将来不得你的同意也永远不会到这儿来的。凭他九年卓越的生活,你的清静已经有了保障。你尽可以毫无危险的把你的前途跟我和我舅舅商量。先把心静下来,别夸张你的不幸。一个当祭司当到头发都白了的人不是一个孩子,各式各样情欲的忏悔,他听了快有五十年了,连帝王卿相那么沉重的心事都由他掂过斤两,他一定能了解你的。即使我舅舅披着祭衣的时候是严厉的,对着你的花也会像它们一样柔和,像他神明的主宰一样宽容。"

31

一封信

我到半夜才离开伯爵夫人。那时她表面上是镇静了,但脸色阴沉,似乎暗暗作着打算,教无论怎么锐利的眼光都猜不透的打算。我走不了几步就在圣·莫街上遇到伯爵,他受着一股不可抗力的吸引,不能再待在大街上我们约定的老地方了。

我把经过情形告诉了他,他嚷道:"可怜的孩子这一夜怎么过哇?要是我闯得去,要是她忽然看到我又怎么呢?"

我回答说:"这时候她连跳窗都可能。伯爵夫人是吕克雷斯一流的女子,受了污辱宁可死的,即使污辱她的是她愿意委身的男人。"

"你年纪太轻了,"他说,"你不知道,一个人被痛苦的念头剧烈扰乱的时候,他的意志好比湖上起了大风暴,风随时在变,波浪也跟着一会儿涌到这边的湖岸,一会儿涌到那边的湖岸。今天晚上,奥诺丽纳见了我扑在我怀里的可能性,和跳窗的可能性是均等的。"

"而你预备冒这个险吗?"我问他。

他回答道:"得了罢;为了要等到明天早上,我家里已经由台北兰医生预备好一些鸦片,让我能太太平平的睡一觉。"

第二天中午,高朋女人递给我一封信,说伯爵夫人筋疲力尽,到六点才上床,吃了药剂师配的安眠药才睡着的。

我把那封信抄了一个副本——因为,小姐(领事向加米叶·莫班说),艺术的手段,风格的诀窍,你是精通的;许多在结构方面很高明的作家,他们的功夫你是知道的;可是你一定会承认,在造作虚伪的感情的文学作品中决找不出这样的文字。真的,世界上最可怕的莫过于现实。下面的信便是那位太太,或者说那个痛苦的化身写的:

莫利斯先生:

你舅舅所能说的话,我都知道了;他不见得比我的良心更通达事理。人的良心原是上帝的喉舌。我知道如果不跟奥太佛言归于好,我是要罚入地狱的:这是宗教的判决。人间的法律要我不顾一切的服从。不管我过去做些什么,只要丈夫不拒绝我,大家都认为我是纯洁的,贞节的。不错,婚姻就有这点儿妙处,能够教社会批准丈夫的宽恕;但社会忘了一点,就是这宽恕必须要被宽恕的人肯接受。按照法律,按照宗教,按照世俗的惯例,我都应当回去。单单以人事来说:不给他幸福,不给他生孩子,把他的姓氏从贵族院的金榜上抹掉[1]不是太残忍吗?我的痛苦,我的厌恶,我的感觉,我所有自私的成分(我知道自己是自私的),都应当为家庭牺

---

[1] 王政复辟时期,贵族院议员为世袭职,姓名均留于金册。贵族院议员一旦无后,金册上的谱系记载即告中断。

牲。我将来会生儿育女,儿女能使我破涕为笑!我可以非常快乐,受人尊敬,大家会看到我丰衣足食,高车肥马,在人前得意扬扬!仆役,府第,别庄,应有尽有;一年有多少个星期,我就有多少次领袖群英的宴会。不必说,大家会把我招待得很好。我用不着重新攀登贵族的宝座,因为我根本没下过台。由此可见,上帝,法律,社会,意见都是一致的。

天上的神明,地上的教士,法院,都要异口同声的问我:你反抗什么呢?倘若伯爵要求王上来干预这件事,王上也会这样问我。你的舅舅必要时还能说,上帝会赐恩给我,使我觉得尽责是快乐的。上帝,法律,社会,奥太佛,不是都要我活着吗?唉,如果没有别的困难,我只要回答一句话就可以一了百了,就是我不想活了!一朝裹在尸衣中间,惨白的脸色就能恢复我的洁白和无邪。这不是什么固执的**骡子脾气**。你一边说笑一边埋怨我的脾气,其实只表示女人把事情肯定了,对前途看清楚了。倘若我的丈夫因为爱我而宽宏大量,把一切都忘了,我可是忘不了!"遗忘"可是我们能做主的?一个寡妇再嫁的时候,爱情能使她恢复少女的心情,因为她嫁给一个心爱的男人;但我不能再爱伯爵了。关键就在这里,你看到没有?我一遇到他的目光就看到我自己的过失,即使他的目光充满了怜爱也没用。他越度量宽宏,我越显得罪孽深重。我的永远不会安定的眼睛始终会看到一个无形的判决。乱七八糟的回忆势必在我心中冲突。

结婚生活不可能再使我尝到心惊肉跳的快感和热情汹涌的醉意；我的冷冰冰的态度，以及虽然深藏，但人家还是猜得到的，把情人与丈夫所作的比较，会致我丈夫的死命。噢！有朝一日，如果在额上的皱痕中，在悲哀的眼神中，在微妙的举动中，我咂摸出一点儿对方不由自主的，甚至还是竭力压制的责备，我就一发不可收拾了：我会脑浆迸裂的躺在阶石下，还觉得阶石比我丈夫慈悲多呢。这种残酷而又甜蜜的死，或许是单单由于我的多疑。但或是奥太佛为了什么事而烦躁，或是我为了错疑他而起了误会，也都可能促使我的死。唉！说不定我还会把爱情的表示当作轻蔑的表示呢。这不是教双方都受罪吗？奥太佛始终不放心我，我始终不放心他。我不由自主的要拿一个绝对比不上他的男人跟他相比；我瞧不起那男人，但他让我体验到的销魂荡魄的境界，像火印一般留在我的心头，我为之羞愧无地，却禁不住常常想起。我对你总算够坦白了吧？先生，没有人能向我证明爱情可以再来一次，因为我现在不能也不愿意接受任何人的爱了。一个少女有如一朵被人采摘的花；一个失身的女子却是被人践踏的花。你是种花的，应该知道是否还能把那根花茎扶直，使憔悴的颜色恢复它的鲜艳，把树液重新引到那么娇嫩的管子中去——它们是全靠枝干挺拔才会有强盛的生命力。倘若有什么植物学家敢作这种挽救残花的尝试，他可有本领把膜上的皱痕抹掉吗？能重造一朵鲜花的，简直是上帝了！而能把我重造的也只有上帝！我喝着赎罪的苦杯；但一边喝一边翻来覆去的想着那句老话：**赎罪不是洗刷**。我一个人关在小楼上吃着浸透泪水的面包；可是谁也看不见我吃，看不见我哭，回到奥太佛身边，等于从此不能哭泣，我的眼泪会使他着恼的。向一个被你欺骗过的丈夫投降而非甘心情愿的委身，噢！先生，这种行为要污辱多少德行恐怕只有上帝知道。因为那些教天使们看了也要心惊胆战的羞恶之心，只有上帝明白它的底细，同时也是由上帝鼓动的。

  再进一步说，要是丈夫蒙在鼓里的话，妻子还能有勇气，会拿出一股意想不到的力量来作假，为了保全丈夫与情人双方的幸福而欺骗。但夫妇俩都心中雪亮的局面，岂不教人屈辱？用屈辱去换取快乐，岂是像我这样的人所能办到的？奥太佛不是迟早要觉得我的委曲求全可鄙吗？夫妇生活的基础是互相敬重，互相牺牲；但我们破镜重圆之后，我不能再敬重他，他也不能再敬重我了：他可能像老人爱一个娼妓似的爱着我，辱没我的身份；我，我也要因为自己是一样东西而非高贵的太太，时时刻刻感觉到耻辱。在他家里，我不是代表端庄贤淑而只代表私情肉欲了。这是女人失身以后的苦果。我把夫妇的床铺变了一堆炭火，永远睡不着觉的了。在这儿我还有些安静的时间，忘掉一切的时间；可是在丈夫家里，一切都要使我回想起不守妇道的污点。我在这儿受苦的时候，我祝福我的痛苦，我感谢上帝。在他家里，一边体会着我不该享受的快乐，一边就得深深的害怕。先生，这些并非抽象的推理，而是一颗广阔无边的灵魂感觉到的；因为那颗灵魂已经被痛苦挖掘了七年。最后，还得告诉你一件可怕的事：我有过一个在陶醉与欢乐中，在深信幸福是可能的心情中受胎的孩子，有过一个我喂养了七个月但永远不会离开我母体的孩子；他始终把我的奶头咬着不放！如果将来再有孩子需要我喂养，他们喝到的乳汁是和着眼泪的，因此是发酸的。我表面上性情轻快，你觉得我像儿童……噢，是的，我就有儿童一般的记忆，能够保持到进坟墓。现在你该看到了罢，社会和丈夫的爱都想把我拉回去的那个美妙的生活，其中没有一个局面不僵，没有一个局面不藏着陷阱，不是随处有些悬崖峭壁，让我骨碌碌滚下去，一路被无情的荆棘刺得遍体鳞伤的。五年功夫，我在未来那片荒土中摸索，没有能找到一个适宜于忏悔的地方，因为我的心的确完全被忏悔包围了。对于这些，宗教自有它的一套答案，我连背都背得。它会说，这些痛苦，这些艰难的处境，都是对我的惩罚，上帝会给我勇气忍受的。先生，对某些天性坚强的虔诚的妇女，这种理由固然很合适；我却没有她们的力量。在上帝不会禁止我祝福他的地狱，和在奥太佛家里的地狱之间，何去何从，我已经决定了。

末了还有一句话。倘若我是一个少女而有了我现在的人生经验，要挑丈夫还是会挑中奥太佛的；但就因为这个缘故，我此刻拒绝他：我不愿意在他面前脸红。怎么！难道我得永远跪着，他永远站着吗？要是我跟他换了一个姿势，我又会瞧不起他的。我不愿意他因为我犯了过失而待我更好。只有天使才敢在双方都无可责备的情形之下做出些粗暴的行为，而这种天使是在天上不在地下！我知道奥太佛体贴入微；但不论这颗灵魂修养得多么伟大，毕竟是人的灵魂，它对我将来在他家里所过的生活并不能有所保障。因此请你告诉我：你答应我的替无可挽救的灾难做伴的那种孤独，那种静默，那种安宁，上哪儿去找？

32

青年人的感想与已婚的人的感想

为了要保存这个文件的全貌,我把信抄了一份,然后上巴伊安纳街。奥太佛的烦躁不安比鸦片的力量更强,他正在园子里踱来踱去。

我把信递给他,说道:"你去答复罢。既然挑动了她的傲气,你就得想法抚慰它。这比着要刺探她潜伏在心里而人家已经代你挖了出来的傲气,更要难一些。"

伯爵嚷道:"噢!她有信给我吗?……"他念着信,脸色显得越来越快活。

他发觉我在旁看着他的得意,便做了一个手势教我走开。我懂得极度的快乐和极度的痛苦有同样的心理。那天正是特·古德维太太母女到伯爵家吃饭的日子,我就去招待她们了。

不论特·古德维小姐如何美丽,我那回重新见着她不由得感觉到爱情有三种面目,能引起我们完满的爱情的女子是极少的。我不由自主的把阿曼丽和奥诺丽纳比较之下,觉得失节的女性比纯洁的女性更迷人。在奥诺丽纳,忠实不是一种责任,而是缘分;至于阿曼丽,她会神态自若的发着庄严的诺言,根本不知道诺言的内容与义务。困倦到差不多要死下来的女子，需要你去搀扶的罪女，对我特别显得悲壮，能刺激男人天生的热忱；她需要你的心拿出全部的感情，需要你的精力竭尽所能的去干；她充实你的生命，要它为了幸福而斗争；至于对一切都有信心的贞洁的阿曼丽，只会把自己关在贤妻良母的天地中间，只能使我在平凡中去找诗意，精神上既没有斗争，也没有胜利。

在香巴涅那样的平原，和风雪交加而雄壮瑰玮的阿尔卑斯之间，哪个青年会看中恬静的原野？的确，这一类的比较在踏进区公所举行婚礼的时候是个不祥之兆。可怜一个人只要有了人生经验，才能知道夫妇生活跟热情是不相容的，家庭是不能以爱情的暴风雨为基础的。梦想过了世界上不会有的爱情和它的许多奇趣以后，对于自己的理想尝到了烈酒一般的快感以后，我又看到眼前摆着平淡的现实。有什么办法呢？你们会觉得我可怜罢？在二十五岁上，我已经怀疑自己了；但我很坚决的打定了主意。借着通报客人来到的借口，我回去找伯爵，看见他的脸被希望的光辉映照之下，变得年轻了。

"你怎么啦，莫利斯？"他看我脸色异样，吃了一惊。

"伯爵……"

"怎么！你不叫我奥太佛了？你救了我的命，给了我幸福，你竟……"

"亲爱的奥太佛，如果你能劝伯爵夫人重新负起她做妻子的责任，我已经把她仔细研究过了……（伯爵瞧着我的眼风，活像奥赛罗第一次听信伊阿谷谗言的神气）你绝不能让她再看到我，也不能让她知道莫利斯当过你的秘书；千万别提我的名字，谁也不能露一句口风；要不然你就前功尽弃……你已经保举我当了审计官，请你替我在国外找个外交方面的差事，例如领事之类，别想再要我娶阿曼丽了……"我看见他把身子一挺，做了个惊讶的姿势，便向他补充："噢！你放心，我一定把这个角色扮到底的……"

"好孩子！……"他忍着眼泪，抓起我的手握着。

我又笑着说："你给了我手套，我可没有戴。就是这么回事。"

33

教会的告诫

于是我们俩商量好,当天晚上我回到小楼去该怎么应付。到时我去了。时方八月,气候闷热,大有雷雨的意味,天色黄黄的,花的香味很浓;我人好像在蒸笼里,心里巴不得伯爵夫人已经高飞远走,到了印度去;这念头使我自己也吃了一惊。她穿着白纱衣衫,束着一条蓝丝带,头上没戴帽子,一绺绺的卷头发挂在脸颊两旁,坐在几株小树底下一张长沙发形的木凳上,用小圆凳搁着脚,衣衫下面略微露出一点脚尖。她见了我并不站起来,只指了指身旁的一个位置和我说:

"我这生活不是没有出路吗?"

我回答:"这是指你过的生活,可不是我想替你安排的生活;因为只要你愿意,你可以非常幸福……"

"怎么呢?"她全身的姿势都打着问号。

"你的信在伯爵手里了。"

伯爵夫人像一头受惊的小鹿,站起身来纵到三步以外,在园子里转来转去,又站定了一会,终于独自去坐在客厅里。我等她对那一下好像被扎了一刀似的痛苦略微习惯了一些,才进去找她。

"你！自称为我的朋友！……哼，简直是一个内奸，也许还是我丈夫的间谍吧？"

女子的本能不下于大人物锐利的目光。

我说："对于你的信不是应当有个答复吗？而这复信世界上只有一个人能写……所以，亲爱的伯爵夫人，你一定得把回信念一念；念过以后，要是你仍觉得生活没出路，你说的那个内奸可以向你证明他是你的朋友，因为我会送你进一所修道院，凭他伯爵有多大势力也没法把你拉出来；可是到那边去以前，应当先听听对方的理由。天上地下有一条共同的法律，哪怕心里抱着仇恨的人都不得不服从的法律，就是没听过对方，不能把对方判罪。至此为止，你像小孩子似的掩着耳朵，只管责备别人。七年的忠诚也应当有它的权利吧？所以你丈夫的复信，你非念不可。我把你的信抄了一份托我舅舅交给他，问他如果他太太写了一封这种措辞的信，他怎么答复。这办法对你毫无损害。等会我舅舅亲自把伯爵的信带来。在我前面，在那个圣者前面，为了保持你的尊严，你也应当念那封复信，要不然你仅仅是个闹别扭，发脾气的孩子了。为了社会，为了法律，为了上帝，你就这么牺牲一下罢。"

她觉得这样迁就一次并不伤害她女性的意志，便答应下来。我们四五个月的工作，全部是以这一分钟为目标的。金字塔能否完成，不是全靠塔尖上给一只鸟歇脚的那一点吗？……伯爵把所有的希望寄托在这千钧一发的时间，而这时间是到了。晚上十点，我舅舅走进了她的篷巴杜式的客厅。我记不起一生中还遇到什么比这个更动人的场面。满头白发被浑身的黑衣服衬托得格外显著，那张像神明一般恬静的脸对伯爵夫人起了奇妙的作用；她好像伤口上涂了一层止痛的油膏，觉得遍体清凉，同时也被这种道行的无意中闪射出来的光照亮了。

高朋女人通报道："勃朗-芒多的本堂神甫来了！"

我问他："好舅舅，你这次来是不是带着和平与幸福的信息？"

"只要听从教会的告诫，绝不会没有和平与幸福。"我舅舅说着，把下面的信递给伯爵夫人：

34

复 信

亲爱的奥诺丽纳：

　　如果你早发慈悲，不疑心我，如果你念了我五年以前写给你的信，你可以省却五年不必要的，使我看了伤心的劳作。在那封信里，我向你提出的盟约足以祛除你所有的恐惧，使我们俩能恢复家庭生活。我有很多地方需要责备自己，在七年悲苦的光阴中我把我全部的过失体验到了。我没了解婚姻。你受着危险的时候，我竟没有发觉那危险。我屋里住着一个天使，主和我说：**你好好的守着他罢**！不料我粗心大意，不知提防，终于受了上帝的惩罚。你对自己下的毒手没有一下不打在我身上。亲爱的奥诺丽纳，饶了我罢！我完全了解你的敏感，所以不愿意再带你回巴伊安纳街的老家；我可以一个人住在那儿，却不能和你一块儿再见那屋子。我挺高兴的在圣·奥诺莱城关装修一所新宅，我心里要请去住的人不是一个因为对人生没经验而被骗回家的女子，也不是一个被丈夫用法律夺回去的女子，而是一个允许我像父亲每天祝福女儿似的亲吻她额角的姊妹。

　　就因为你受着绝望的煎熬,我才更要待在你左右,满足你需要,供给你娱乐,保护你的生命;难道你想剥夺我这种权利吗?凡是女人,必有一颗永远偏向着她的,永远能原谅她的心,就是她的母亲的心;你早失怙恃,你的母亲就是我的母亲,她要在世的话,一定能把你劝回来的;但你怎么没猜到我对你抱着一颗既是我母亲的心,又是你母亲的心呢?亲爱的,我的感情不是偏狭的,吹毛求疵的,绝不让一个心疼的孩子为了什么不如意而额上纵起皱痕。奥诺丽纳,倘若你以为我愿意接受你嘴唇哆嗦的亲吻,愿意过着忽而快乐忽而忧急的生活,那么你把你童年的伴侣看作是什么人呢?你不用怕将来会听到一个人抱着摇尾乞怜的热情向你怨叹;我一定要有把握能让你完全自由自在以后才愿意把你接回来。你的孤僻的傲气把困难过于夸张了;你可能,如果你愿意,以不关痛痒的心情参与一个长兄或父亲的生活;但绝不会在周围发现嘲笑与冷淡,也不会有人疑心你的用意。你将来呼吸到的空气永远是温和的,平稳的,没有暴风雨,也没有一颗细石子。倘若以后你觉得,在我家里的确像在你的小楼中一样自由自在,愿意多添一些快乐的因素,加一些娱乐消遣,你尽可扩大你的生活圈子。慈母的温情没有轻蔑的意味,没有怜悯的意味,它是什么?是没有欲念的爱。所以我的敬佩之情自会把你可能认为侮辱的心理藏起去。这样,我们俩在共同生活中彼此都能保持尊严。在你方面只要拿出姊妹的情意，腻友的怜爱，就足够使一个愿意做你伴侣的人满足；你只消看他花尽心力遮掩他的温情，就能测量出他温情的深度。我们俩都不会念念不忘的想着过去的事，因为我们知道彼此都相当聪明，只着眼于未来。因此，你住在家里，住着你的府第，和住在圣·莫街上完全一样；照样的无人侵犯，照样的幽居独处，爱做什么就做什么，随你的心意行事；除此以外，你还得到名正言顺的保护，不必人家再像骑士式的爱情那么操劳；你还能得到增加女性光彩的尊敬，还有可以拿去作许多好事的财产。

奥诺丽纳，你用不着求赦免；但若你要求的话，尽管来要求罢；那赦免不操在教会与法律的手中，而要由你的傲气决定，由你自动决定。做我妻子的可能有些为你所害怕的事，做我朋友和姊妹的可用不着，我对她一定礼貌周全。看到你快乐，我就幸福了；七年功夫我已经证明这一点。啊！奥诺丽纳，可以替我的话作保证的是：你手制的花全部由我珍藏着，用眼泪灌溉着；好似古代的秘鲁人用来记事的结绳，它们是一部记载我们痛苦的历史。如果这样的契约对你不合适，那么，孩子，我已经嘱托带这封信的圣者切勿替我说一句好话。我不愿意你的回家是因为教会引起了你的恐怖，或是法律给了你命令。我所求的简单而平淡的幸福，一定要你自动给的，我才接受。如果你坚持，要我把九年以来看不见一丝友爱的笑容的，阴惨惨的生活继续下去，如果你要独自一人，一动不动的在你的沙漠中待下去，那么我的意志一定服从你的意志。放心：你安静的生活可以像过去一样不受扰乱。那个管闲事而也许使你伤心的疯子，我会把他打发走的……

35

可怜的莫利斯

奥诺丽纳把信揣在怀里,瞧着我的舅舅,说道:

"先生,谢谢你。既然伯爵允许我留在这儿,我就……"

"啊!"

我这么叫了一声,舅舅马上很不放心的把我瞪了一眼,伯爵夫人也狡狯的对我瞟了一眼,使我明白了她的用意。她要知道我到底是不是一个虚伪的人,一个捕鸟的人,而我好不伤心的发觉,那一声惊叹居然把她骗过了;因为那是女人最熟悉的心灵的呼声。

"啊!莫利斯,"她和我说,"你,你是懂得爱的!"

我眼睛里闪出来的光等于另外一句答复,把伯爵夫人心中的疑虑一扫而空,倘若她还存着疑虑的话。因此伯爵是把我利用到最后一刻的。奥诺丽纳又拿出信来预备念完,舅舅对我作了个暗示,我便站起身来。他和我说:"咱们别打搅太太了。"

"你就走了吗,莫利斯?"她说着并没抬起头来。

她一边看信一边起身送我们,到了小楼门口,抓着我的手很亲热的握着,说道:

"以后咱们照常见面……"

"不!"我拼命握着她的手,使她痛得叫起来。"你是爱你的丈夫的!明儿我走了。"

说完,我急急忙忙丢下舅舅走了。她问舅舅:"他怎么啦,你的外甥?"

好心的神甫为了配合我的角色,拿手指着他的头和心,仿佛说:"太太,请你原谅,他是个疯子!"而因为我舅舅心里真是这样想,所以他的表情更真切。

六天以后,我带着副领事的委任状动身往西班牙,任所是一个商业繁盛的大都市,使我短时期内就把领事的一行学会了,而我的野心也限于这方面了。

安顿停当以后,我接到伯爵一封信——

36

徒有其名的团圆

亲爱的莫利斯：

我要是幸福的话，就不会写信给你了；可是我又开始了另外一种痛苦的生活；我受着欲望的刺激，变得年轻了，一方面和一个过了四十岁而又动了爱情的人一样烦躁，一方面又拿出外交家的智慧竭力把情欲压着。你走的时候，我还没得到进入圣·莫街小楼的许可；后来收到一封信，露出一些口风，似乎不久可以准我去了；那是一封又温和又凄凉的信，表示她怕相会时感情冲动。等了一个多月，我冒险闯得去，要高朋女人去问能不能接见我。我坐在走道中的一条凳上，靠近门房，把手捧着头，差不多待了一小时。

——太太预备穿衣服呢，高朋女人来回报我。奥诺丽纳这句好像讨好我的话，其实是不愿意让我感到她的打不定主意。

整整一刻钟，我们俩都很慌乱，不由自主的打着哆嗦像台上的演说家忽然着了慌一样的紧张；我们神色张皇的谈了几句,好似被人撞见了什么而勉强找些话来搭讪。

我含着眼泪和她说:奥诺丽纳,发僵的局面已经打破了,我快活得浑身发抖;请你原谅,我连讲话都前言不对后语。这种情形恐怕一时还改变不了呢。

她强作笑容,回答说:爱妻子又没什么罪过哇。

——我求你别再像过去那样做活了。高朋太太告诉我,最近二十天你只用着自己的积蓄;你名下原来每年有六万法郎收入;即使你对我不能回心转意,至少别把你的财产留给我!

她说:我久已知道你的好意……

我回答她:要是你喜欢留在这儿,保持你的独立;要是最热烈的爱情也得不到你的青睐,你可别再做活了……

我递给她三张证券,每张每年有一万三千法郎利息;她接在手里,漫不经意的展开来看了,一言不发,只瞧了我一眼。啊!她完全懂得我给她的不是钱,而是自由。

——好了,我打败了;你要常来就常来罢。她说着伸出手来,我立刻捧着亲吻。

因此她是硬逼着自己接待我的。第二天,我发现她强作欢容。只要来往了两个月,方始看到她的真性格。那时却好比美妙的五月,爱情的春天,我的快乐简直无法形容;她不再怕我了,只是研究我。但我向她提议上英国去,以便公开的与我破镜重圆回到家里,恢复名位,住进她的新宅的时候,她吓坏了。

——为什么不永远这样过下去呢？她说。

我忍住了，一句话也不回答。

我离开她的时候心里想：她是不是试试我呢？

从家里出发到圣·莫街，路上我老是非常兴奋，抱着一腔热爱，像青年人一样对自己说着：今晚上她可能让步了……

这股说不上是虚空是实在的劲儿，遇到她微微一笑，或是用那双不受热情扰乱的，高傲而镇静的眼睛发号施令的时候，就整个儿消灭了。你告诉我，她说过：**吕克雷斯当年用她的匕首和血替女性的宪章写下了第一个字：自由！**这句可怕的话常常回到我脑海中来，使我不寒而栗。我深切的感到必须获得奥诺丽纳的同意，也深切的感到没法获得她的同意。我去的时节和回家的时节同样受着这些狂风暴雨的骚扰，她有没有猜到呢，为了不愿意口头表示，我把自己的处境写信告诉她。奥诺丽纳置之不复，可是愁容满面，吓得我只能装作像没有写那封信一样。我因为伤了她的心非常痛苦；她看出这一点，也就表示原谅了。事情是这样的：三天以后，她第一次在她蓝白两色的卧房中接待我。灯烛辉煌，摆满着花，布置得很好看。奥诺丽纳那天的装束使她格外光艳夺目。你熟识的那张脸，四周都围着小小的头发卷；头上插着好望角的铁树花；身上穿一件白纱衫，束一根白缎带，挂着飘飘荡荡的穗子。在这么素雅的装扮之下，她的仪表你是知道的；但那天晚上简直是个新娘，是初婚时期的奥诺丽纳。不幸我的快乐立刻被浇了冷水，因为她脸上的表情有种可怕的严肃，仿佛冰雪之下藏着一团烈火。

她说：奥太佛，只要你心里要，我随时准备做你的妻子；可是请你记住，这种屈服也有它的危险，我可能克制自己……

我做了一个手势。

——不错，我明白你的意思，克制这个字你是听了刺心的；你要的是我不能给你的东西，爱情！我发过终身孤独的愿，现在宗教和怜悯使我把这个愿心放弃了。你瞧你不是到了这里吗？

——她停了一会，又接着说：你早先并没提出更大的要求，现在你却要你的妻子了。好吧，我把奥诺丽纳交给你，可也不把她将来的改变瞒你。将来我是怎样的一个人呢？第一是做母亲！那是我热烈期望的。是的，你可以相信我这句话。你想法改造我罢，我同意；但倘若我死了，朋友，千万别咒我，别骂我固执；你所谓固执，我称之为对于理想的崇拜，也许那种将来使我送命的、说不出的感情，更应当称为对于神明的崇拜。前途怎么样，我不管了，你会负责的，你去考虑罢！……

于是她坐下来望着我，就是你平时欣赏的那种安闲的姿态。我痛苦得脸色发白，血都凉了。她看到她的话发生了这样的作用，便抓着我的手握着，说道：

——奥太佛，我是爱你的，可不是你所要的那种爱；我爱的是你的心灵……但是相信我罢，我爱你的程度像东方的女奴一般愿意为你而死，并且死而无怨。我可以借此补赎罪过。

她还是更进一步，居然大发慈悲，跪在我面前一个坐垫上，说道：

——而也许我还不会死呢……

我已经跟自己斗争了两个月。怎么办呢？……我肝肠寸断，只能找一个朋友的心让我对它叫一声：怎么办呢？

37

奥诺丽纳最后的叹息

我收了信没答复。两个月以后,报上披露消息,说奥太佛伯爵夫人在海外漂流了几年,终于搭着英国邮船回家了;故事编得相当自然,不致令人起疑。我刚到热那亚的时候,又接到通知,报告伯爵夫人平安分娩,生了一个儿子。我手里拿着信,在这个阳台的凳上坐了两小时。过了两个月,我的几位保护人,奥太佛,特·葛朗维,特·赛里齐,看我在舅舅故世以后颓丧得很,便竭力劝说,终于使我结了婚。

七月革命[1]以后半年,我接到下面一封信,把这对夫妇的故事结束了:

莫利斯先生:

虽然做了母亲,也许正因为做了母亲,我快要死了。妻子的角色我演得不错:我瞒过了丈夫,我的快乐和女戏子们在舞台上流的眼泪一样真。我为了社会而

---

[1] 一八三〇年七月巴黎中产阶级推翻查理十世,拥立路易·腓列伯,史称七月革命。

死,为了家庭而死,为了婚姻而死,正如初期的基督徒为了上帝而死。我不知道致命的原因,我还认真找这原因呢,因为我并不固执;但我非把我的痛苦告诉你不可,当初是你带你舅舅来,而我听了他的话才投降的;他等于一个天国的外科医生,后来做了我的忏悔师,他最后一次的病就是由我看护的;他指着天国要我继续尽我的责任。我便尽了我的责任。我不埋怨那些善于遗忘的人,我佩服他们,认为是坚强的,应当有的性格;但我没有那么健康,忘不了过去的事。那种使我们与所爱的男人合为一体的,从心坎里出来的爱,我不能感觉到第二次。你知道,直到最后一刻,我向你,向忏悔师,向我的丈夫,叫着:可怜我罢!……但谁都不可怜我。那我只有死了。我一边死一边拿出极大的勇气。哪怕是娼妓也没有像我这样嘻嘻哈哈的快活的。可怜的奥太佛很幸福,我让他的爱情拿我虚幻的感情作养料,为了演这个戏,我把心血都呕尽了;女戏子受到喝彩,受到祝贺,身上堆满了鲜花;但是痛苦天天来觅食,天天把我的生命割掉一块。明明是心碎肠断,我照旧笑靥迎人!我向两个孩子微笑,但得胜的总是早生的那个,死掉的那个!我跟你说过:死掉的孩子会叫我去的,我现在就往他那边去了。

没有爱情的同居生活,使我的心灵时时刻刻感到羞辱。只有孤独的时候我才能够哭,能够幻想出神。为了应酬交际,家庭杂务,抚育孩子,照顾奥太佛的幸福,我没有一分钟的余暇能汲取勇气,像从前幽居独处的时代一样。持续不断的警惕使我老是心惊胆战。我没有眼快耳灵,随口扯谎的本领。吸干我的眼泪,亲吻我的眼皮的,不是我意中人的嘴而是手帕,使干涩的眼睛减掉一些火气的是凉水,不是爱人的亲吻。我演戏是把整个的心放进去的,致我死命的原因也许就在这里。我小心翼翼的隐藏我的悲伤,居然一点不露痕迹;但悲伤非有所侵蚀不可,它便侵蚀我的生命。我跟那些发现我病根的医生说:

——你们好歹得替我找出一点病来,要不然我丈夫会活不下去的。

因此我跟台北兰和皮安训商量好了,说我的不治之症是某一种软骨病,两位医生把那根不知什么骨头描写得头头是道。奥太佛还自以为受着疼爱呢!你明白我的意思吗?所以我担心他忧郁成疾,和我同归于尽。万一有这种情形,希望你做我孩子的监护人。信内附上一份补充遗嘱表明我这个意思。请你到必要时再拿出来;也许我把自己看得太重了,奥太佛不至于到那个田地的。我暗中对他的忠诚说不定会使他悲痛欲绝,但还是能活下去的。可怜的奥太佛!但愿他再娶一个比我贤惠的女人,因为他的确值得人家的爱。既然刺探我的那个聪明的人已经结了婚,希望他记住圣·莫街的制花女留给他的教训:第一要使你太太赶快生孩子!尽量教她去管最庸俗的家务;别让她在心中培养什么理想,培养那朵我奉为至宝的,颜色火辣辣的神秘之花,它的香气会教人厌弃现实。我是一个圣女丹兰士,可惜不能像她那样住在修道院里和耶稣觌面,和一个长着翅膀、来去自如的天使相对,在出神入定中过生活。你曾看到我在我喜爱的花堆中很幸福,我却没有把心里的话都告诉你:我当初看出你假装的疯狂之下藏着含苞欲放的爱情;我把我的思想、梦境,都瞒着你,没让你走进我美丽的王国。我相信你一定能为了喜欢我而喜欢我的孩子,假如一朝他丧失了父亲的话。请你保守我的秘密,像坟墓保守我的肉体一样。别为我伤心。圣·裴那说过,无爱情即无生命;倘若这句话是对的,那么我已经死了很久了。

38

两个结局

领事把信收起，锁在皮包里，补了一句："于是，伯爵夫人死了。"

"伯爵还在不在呢？"大使问，"七月革命以后，政治舞台上看不见他了。"

领事说："特·洛拉先生，你可记得有一回看见我送一个客人上船吗？……"

"一个头发雪白的，一个老头儿是不是？"画家问。

"一个四十五岁的老头儿！到意大利南部去疗养和散散心的。那老人便是我可怜的朋友，我的保护人，经过热那亚跟我告别，同时把遗嘱交托给我。我用不着再把奥诺丽纳的遗言告诉他了。"

台·杜希小姐问："他可明白自己做了刽子手吗？"

领事回答说："他是猜到真相的，所以活不下去了。他搭船上拿波里，我送他出了海再坐小船回来。告别的时候彼此恋恋不舍，我怕那就是永诀了。我们都喜欢参与我们爱情的秘密的人，特别在爱人故世之后。奥太佛和我说：这样的人有种魔力，身上有一道光轮罩着的。——伯爵踱到船首,望着地中海;碰巧那天天气很好,大概他被当时的景色感动了,对我又说了最后几句话:为了改善人性,真应当研究一下究竟是什么一种不可抵抗的力量,使我们不顾理性,把一个神仙般的女子为了片刻的欢娱而牺牲?我良心上听到那些呼号。并且呼号的不仅是奥诺丽纳一个人。而这竟是我亲手造成的!……我悔恨交集,痛心极了!过去我在巴伊安纳街为了得不到欢娱而怏怏欲绝;将来在意大利,我要为了已经体验过的欢娱而怏怏欲绝!……两个同样高尚的心灵,他们的不调和到底是从哪儿来的?"

阳台上大家相对无言,静默了一会。

"她算不算贞节的呢?"领事问在座的两位太太。

39

一个问题

台·杜希小姐站起来,挽着领事的手臂离开众人走了几步,说道:

"男人来找我们,把一个少女娶过去做了他们的妻子,心中却存着许多天使般的形象,拿我们跟一些无名的敌手相比,跟一些往往是从许多回忆拼凑起来的,完满的标准相比,结果老是觉得我们望尘莫及。由此看来,男人不是也有罪过吗?"

"小姐,倘若有人把热情作为婚姻的基础,你这批评是对的;而这便是那对夫妇的错误。要是男女双方都有盲目的爱情,那种婚姻生活简直是尘世的天堂了。"

台·杜希小姐和领事分开了,接着格劳特·维浓过来找她,凑着她的耳朵说:

"特·洛斯太先生未免有些自鸣得意。"

她也凑着他的耳朵回答:"不,他还没猜到奥诺丽纳可能爱他呢。"她看见领事夫人正在走来,又说:"噢!他太太把故事听了去了,算他倒霉!……"

大钟打了十一点,所有的客人都沿着海滨步行回去。

40

最后的一句话

"这些都不能代表人生,"台·杜希小姐说,"像那样的女子真是太少了,也许聪明得出奇了,可以说是一宝!人生是各种不同的变故、循环不已的痛苦和欢乐组成的。但丁诗中的天堂当然是理想的最高表现,但那种永远不变的蓝天只存在于心灵中间,向现实的人生去要求未免是奢望,而且时时刻刻要引起天性反抗的。对于这一类追求理想的人,只要给他一间六尺大小的静室,和一张跪着祈祷的凳子就行了。"

"一点不错,"雷翁·特·洛拉说,"可是不管我怎么下流,我仍不由得钦佩一个和伯爵夫人差不多的女子,能够住在一个画家屋里,与画室为邻,从来不下楼见客,也从来不到街上沾污她的鞋子。"

"在几个月之内是可能的。"格劳特·维浓的口气挖苦得厉害。

可是大使回答台·杜希小姐说:"奥诺丽纳并非独一无二的例子。有个男人,还是干政治的,又是笔下很尖刻的作家,他的爱情就是这一种。后来他是在决斗中死的;把他打死的那颗子弹不单打中了他一个人,他的爱人因此也差不多进了修道院[1]。"

"那么这个时代还有些伟大的心灵了!"加米叶·莫班说着,靠着堤上的栏杆,若有所思的愣了一会。

一八四三年正月　巴黎

---

[1] 此系当时的实事。十九世纪的政论家阿尔芒·加莱尔(1800—1836)恋一弃妇爱弥丽·蒲陶太太。加氏的政敌在报上影射此事,加乃与对方决斗,中枪身死。蒲陶太太从此闭门谢客。

禁治产

解题

禁治产为法律名词。凡精神失常之人,由法院审定,宣告其不能自行处理财产,因而指定监护人代管,谓之"禁治产"。

傅雷

01

两个朋友

一八二八年,有一天清早一点钟的时候,圣·奥诺莱城关街上,从靠近爱里才宫的一所大宅子里走出两个人:一个是当代的名医,叫作荷拉斯·皮安训;一个是巴黎最风雅的人物之一,叫作特·拉斯蒂涅男爵;他们是多年的老朋友了。各人的车早已打发回家,城关区域连一辆街车都没有;但夜色甚美,街面也很干燥。

欧也纳·特·拉斯蒂涅和皮安训说:"咱们走到大街上再说,俱乐部前面通宵都有车的;等会你把我送回家罢。"

"行。"

"喂,朋友,你觉得她怎么样?"

"你是说那个女的是不是?"医生冷冷的回答。

"噢,皮安训的老脾气又来了。"拉斯蒂涅嚷道。

"怎么呢?"

"朋友,你提到特·埃斯巴侯爵夫人,像提到一个要进你医院的女病人一样。"

"你要知道我的感想吗,欧也纳?倘若你丢下特·纽沁根太太去勾搭这位侯爵夫人,等于拿一只眼的马去换一匹两眼全瞎的马。"

"纽沁根太太年纪已经三十六了,皮安训!"

"这一位也有三十三了!"医生马上顶了一句。

"最忌妒她的女人也不过说她二十六。"

"好朋友,倘若你存心要知道一个女人的年龄,只要瞧她的太阳穴和鼻尖就行了。不管她们运用胭脂花粉的手段多么高明,对这些暴露她们心绪骚动的、铁面无情的证据,是毫无办法的。她们每长一岁都在那儿留下一道烙印。等到女人额上的皮肤松下来,有了皱痕,像花一般的蔫了;等到鼻尖上有了小小的粒子,好比英国人家壁炉里烧的煤球,把伦敦像毛毛雨似的布满了看不清的小黑点……那么对不起!她准是三十岁出头了。她可能很美,可能很聪明,可能很温柔,什么都可能,但年龄总是过了三十,到了盛极而衰的阶段。我不责备喜欢这一类妇女的人;可是像你这样的漂亮人物,不应该把二月里的瘪皮苹果当作一个在枝头上向你微笑,引诱你去咬一口的,又红又白的小苹果。固然爱情从来不查看人家的出生证;没有人爱一个女子是为了她的年纪,为了她长得美或丑,为了她聪明或愚笨,爱就是爱,没有理由的。"

"可是我呀,我爱她的理由才多呢。她是特·埃斯巴侯爵夫人,她是勃拉蒙-旭佛雷家的小姐,她是社会上的红人,她有感情,她有一双和特·裴里公爵夫人一样美丽的脚,或许还有十万法郎进款,而我有朝一日说不定会娶她!最后,她可以使我改善局面,还清我的债。"

"我以为你早发了财呢。"皮安训打断了拉斯蒂涅的话。

"不错,我有两万法郎进款,刚好开销车马。我在纽沁根事件中栽了筋斗，那件事改日再谈罢。我嫁了两个姊妹；我和你相识以后挣的钱，这是最显著的一笔。但我宁可给她们作陪嫁，不愿意自己有十万法郎利息。现在怎办呢？我野心勃勃，和纽沁根太太混下去有什么出路呢？再过一年，我就像图书似的给编了号，插上架，跟一个结了婚的人一样。结婚与独身的不愉快，我全有，两种生活的便宜却是连半点都沾不到；老钉着一个女人就会碰到这种僵局。"

"哎！难道你以为这一下交了好运吗？"皮安训说，"你那侯爵夫人，我才看不上呢。"

"你的进步思想把你眼睛蒙蔽了。倘若特·埃斯巴太太变了一个拉蒲尔登太太[1]……"

"告诉你，朋友，贵族也罢，布尔乔亚也罢，反正她没有灵魂，永远是个自私自利的典型。相信我罢，医生看人看事都有经验；我们之中最厉害的，查验身体的时候会把灵魂也查验出来的。咱们今晚在她客厅里消磨了一个黄昏，尽管客厅那么漂亮，公馆那么富丽堂皇，侯爵夫人可能欠着债呢。"

"你怎么知道？"

"我不是断定，只是猜测。她提到她的灵魂，好似路易十八提到他的感情一样的虚假。听我说，这个又娇又白，长着栗色头发，为了要人哀怜而无病呻吟的女人，骨子里身子像铁打的，胃口好得像狼，气力之大和性格的卑鄙像老虎。要说拿绫罗绸缎来遮盖一个骗局，谁也及不到她遮盖得好。唉，我把她看透了。"

"皮安训，你真使我害怕！咱们在伏盖公寓分手以后，难道

---

[1] 拉蒲尔登太太为巴尔扎克小说中人物，是个贤淑贞洁，很有才学，喜欢卖弄的布尔乔亚女子。

你人情世态阅历了不少吗？"

"是的，朋友。从那个时期以后，什么傀儡，木偶，纸人纸马，我见得多了！这般漂亮太太的作风，我也略微知道一些：因为做医生的要保护她们玉体康健，或是照顾她们最贵重的东西——儿女，倘若她们喜欢儿女的话，或是保护她们永远爱惜的容颜。你深更半夜守在她们床头，花尽心血挽救她们的姿色，不管身上哪个部分变了样，都得替她们想办法；事情成功了，还得守口如瓶，替她们保守秘密；过后她们看到账单，却认为你大敲竹杠。谁救了她们的？不是你，而是她们的先天充足！她们非但不颂扬你，反而到处说你坏话，不敢介绍你替她们的好朋友们治病。朋友，你说那些妇女是天仙下凡；我却见惯她们拿下装腔作势的面具，赤裸裸的显出她们的真心情，正如见惯她们剥下遮盖身体缺陷的衣服，既没有胸褡，也没有功架；那才不美呢。咱们搁浅在伏盖公寓的时代，已经在社会的海洋底下看到不少石子，不少垃圾；其实那不算一回事。一朝进了上流社会，我遇到些穿绸著缎的人妖，戴白手套的米旭诺，高官厚爵的波阿莱，比高勃萨克老头放高利贷放得更精明的王公大臣[1]！而可耻的是，我想跟德行握握手的时候，竟发现他们在顶楼上冷得发抖，受着毁谤，靠一千五百法郎年金或薪水，过着吃不饱饿不死的生活，还被认为疯子，怪物，蠢东西。不错，你的侯爵夫人是一个当令的红人，可是我就讨厌这等女人。让我把理由说给你听。一个心胸高尚，趣味纯洁，性情柔和，感情丰富，生活朴素的女子，在社会上绝对没有走红的机会。你自己去下个断语罢！一个当令的女

---

[1] 巴尔扎克在另一部小说《高老头》中描写欧也纳与皮安训青年时同住伏盖公寓的生活。米旭诺，波阿莱，高勃萨克均为《高老头》中的角色。高勃萨克且另有专篇描写。

子和一个当权的男人是一类的,只有一点差别:就是使一个男人爬得比别人高的那些长处,能够造成他的伟大,造成他的光荣;一个称霸一时的女子所靠的本领却是可怕的恶习;她为了遮掩本性,变得凶狠阴险;为了在交际场中勾心斗角,必须在娇弱的外表之下有铜筋铁骨般的身体。用医生的眼光看,胃纳健旺的人,心地绝不会好。你那时髦太太毫无感情,只是如醉若狂的寻欢作乐,因为要替她冷冰冰的天性找点儿暖意;她需要刺激,需要享乐,好比一个老头儿站在歌剧院的脚灯前面出神。因为她主意多于感情,所以把朋友和真正的爱情一齐为自己的霸业牺牲,像一个将军为了要打胜仗,不惜把最忠诚的心腹送上火线。走红的女人不能算女人,既不是母亲,也不是妻子,也不是爱人;用医学的术语说,只是一个阴性的头脑,只有一肚皮的心计。因此一切残酷的特征,你那侯爵夫人应有尽有;她有鸷鸟的嘴巴,明亮而冷酷的眼睛,甜蜜的言语;她像机器上的钢铁一般光滑,她能打动一切,就是不能打动你的心。"

"皮安训,你的话的确有一部分很对。"

"哪里是一部分!简直没有一句不对。她用那种教人难堪的礼貌,要我体会到贵族与我们之间的距离:你以为这种侮辱不刺伤我的心吗?一边想到她的目的,一边看她像猫儿似的跟你亲热,难道我不深深的觉得可怜吗?一年之后,要她写个字条帮我一点儿小忙都不用想;可是今晚上她对我眉开眼笑,无非因为她的官司落在我舅舅手里,以为我在舅舅面前有些作用……"

"那么,朋友,你是不是更喜欢她对你不客气?我承认你把时髦女子骂得很对,但你没看到我真正的问题。我理想中的太太始终是特·埃斯巴夫人一流的,而绝不是世界上最贞节、最安静、最多情的女子。娶一个天使吗？那就得躲到穷乡僻壤去享你的清福。一个干政治的人的太太，必须是一架干政治的机器，一架会恭维奉承，鞠躬行礼的机器；她是野心家所用的第一件工具，最忠心的工具，也是一个代你火中取栗而不会连累你的朋友，随便否认她也没关系。假定穆罕默德生在十九世纪的巴黎，他一定娶一个洛昂家的小姐[1]，千伶百俐，花言巧语，像一个大使夫人，足智多谋像费加罗。你说的那种多情的妻子帮不了你一点儿忙，一个当令的太太使你要什么有什么。倘若一个男人没有金钥匙能打开所有的门，时髦太太便是划破玻璃的金刚钻，替你把所有的窗都打开来。安分守己的德行只配布尔乔亚有的，野心家自然免不了野心的罪恶。并且，像朗日公爵夫人，莫弗利原士公爵夫人，杜特莱夫人[2]等等的爱情，你以为不能给你极大的快感吗？你才不知道这些女人的严厉矜持，冷若冰霜的态度，反而使她们给你的些少感情格外显得可贵！看到雪地里长出一朵雁来红是多么可喜啊！她们掩在扇子后面对你嫣然一笑，把平日威严庄重的架子都放下了；这一笑可抵得上你布尔乔亚女子的全部恩爱；你说那种恩爱是由于忠诚来的，其实还大有问题，因为爱情方面的忠诚跟投机很相近。何况一个时髦太太，一个勃拉蒙－旭佛雷家的小姐，也有她的长处。那就是财产，势力，光华，瞧不起一切低级东西的眼光……"

"谢谢罢。"皮安训回答。

拉斯蒂涅笑道："老糊涂！得了罢，别这么俗气，学学你朋友台北兰的榜样，想法去挣一个爵位，得一个勋章，进贵族院，招

---

[1] 洛昂为法国历史上的旧世家，祖先为布勒塔尼之王。
[2] 以上诸人均为散见于巴尔扎克小说中的上流社会女子。

几个公爵做女婿。"

"这话才是见鬼呢……"

"呦！呦！原来你只有在医道方面高明；太可惜了。"

"我恨这一类的人，最好来一次革命把这般东西斩草除根。"

"那么，亲爱的罗伯斯庇尔[1]，你明儿不去找你姑丈了吗？"

"去的。"皮安训回答。

"为了你，要我到地狱里去打水也行……"

"好朋友，你真使我感动；我发过誓，非要把侯爵办到禁治产不可！嗳，我还挤得出一滴少年时代的眼泪来感谢你呢。"

"可是，"皮安训接着说，"我不能保证你在约翰·于勒·包比诺那儿如愿以偿。你才不知道他的脾气呢。后天我一定带他去见侯爵夫人，让她自个儿去拉拢罢，只要她有本领。我可不信她会成功。不管有多少公爵夫人，多少山珍海味，或是多少断头台上的铡刀摆在他面前，他都不会动心；哪怕王上答应他进贵族院，上帝答应他做天堂的长老，把炼狱里的收入给他做薪俸，也休想教他把秤盘里的码子加减一个。他这个法官是铁面无情的。"

两个朋友到了加波西纳大街的拐角儿上，正对着外交部。

皮安训指着部长官邸笑道："喂，你不是到了府上了吗？"又指着一辆街头的马车说："我的车也在这儿了。这两句话把咱们的前程包括尽了。"

"你将来能躲在水底下自得其乐，我却永远要浮在水面上

---

[1] 罗伯斯庇尔为法国大革命的领袖之一，因皮安训说到革命，故拉斯蒂涅以此讽之。

跟暴风雨斗争，我沉下去的时候会到你的岩洞里来借宿的，朋友！"

"星期六见！"皮安训回答。

"好吧，"拉斯蒂涅说。"包比诺的事，你答应我了？"

"是的，只要不违背我的良心，我总尽量帮忙。这个禁治产的要求，幕后也许还有曲折离奇的故事，像我们在穷途落魄的黄金时代说的**特拉摩喇嘛**[1]。"

拉斯蒂涅眼看街车去远了，心里想："唉，皮安训这家伙永远是个老实人。"

---

1 皮安训与欧也纳·特·拉斯蒂涅念大学的时期，同住伏盖公寓；公寓中人常于每字末尾加喇嘛二字以为笑谑，"特拉摩喇嘛"乃以"特拉姆"（戏剧）一字变形而成。详见《高老头》中相关内容。

02

大家判断错误的一个法官

皮安训早上起来,想到朋友托的那件尴尬事儿,不禁对自己说:"拉斯蒂涅要我办的交涉麻烦透了。但我从来没向舅舅请托过什么官司,我倒替他尽义务看了上千病人。再说,咱们向来无所顾忌。他会老实告诉我去还是不去;那不就完了吗?"

那位名医自言自语说了这几句,清早七点便上福阿街去了,那儿就住着塞纳州初级法院推事约翰·于勒·包比诺先生。

福阿这个字古义是干草。十三世纪时的福阿街在巴黎是最出名的。正当阿倍拉与奥尔松两人[1]的言论震动学术界的时代,巴黎大学的各个学院都在那里。如今它可是第十二区最脏的一条街了,而第十二区又是全巴黎最穷的一个区域[2]:三分之一的居民冬天都没有取暖的木柴;送进育婴堂的孩子,送进医院的病人,在马路上要饭的,在街头巷尾拾荒的,靠着墙根晒太阳的病病歪歪的老头儿,在广场上闲荡的失业工人,带进违警法庭的被告,大

---

[1] 阿倍拉(1079—1142)与奥尔松(1362—1428)均为法国史上有名的神学家;阿倍拉并以热恋哀络绮思一事有名于文学史。
[2] 巴尔扎克时代之巴黎第十二区即今之第五区,亦称拉丁区。

多数是第十二区出身。

这条终年阴湿,阳沟中老是有染坊的黑水向塞纳河流去的街,中段有一幢老屋子,四边石头,中间砌砖,大概在法朗梭阿一世的朝代重修过的。它的坚固可以用外观来证明,那外观在巴黎的屋子中也不算少见:上面受着三层楼与四层楼的压力,下面有底层厚实的墙脚支持,夹在中间的二层楼便往两边膨胀,像一个人的肚子。虽有石框支撑,各个窗洞之间的墙初看也像要爆炸似的;但善于观察的人立刻会发觉,那是跟蒲洛涅斜塔[1]一类的屋子,剥落的旧砖旧石始终屹然保持着它们的重心。因为潮湿,底层坚固的石基一年四季都有半黄不黄的色调与若有若无的水珠。沿着墙根走过的行人会觉得有股阴气,月牙形的界石并保护不了墙角不受车轮碰撞。像所有在私人马车没通行以前盖的屋子一样,半圆形的门洞子低得异乎寻常,好似监狱的门。大门右边有三个窗洞,外面装的铁丝网那么细密,窗上的玻璃又那么肮脏,灰那么多,闲人休想看出里头三间潮湿而黑暗的屋子做什么用的。左边也有同样的两个窗洞,其中一个,窗有时打开着,让你看到门房,门房的老婆,门房的孩子,挤在一块叫叫嚷嚷,或是做活,或是煮饭,或是吃饭;房内铺着地板,装着板壁,一切都破烂不堪;从外面进去先得走下两个磴级,足见巴黎街面逐渐在增高。大门与楼梯间之间,有一条长长的甬道,弓形的顶上架着刷白的梁木;下雨天有什么过路人进来躲雨,一定忍不住要看看屋子的内部情形。甬道左边有一个小方园子,深与宽都只够你跨四大步;葡萄架上并没葡萄藤;除了两棵树以外也没别的植

---

[1] 斜塔不独比士有之,蒲洛涅亦有二斜塔,建于十二世纪初,唯倾斜不及比士之甚。

物；树荫底下的黑泥地上只看见废纸，破碗，破布，和屋顶上掉下来的石灰与瓦片；泥土的性质是长不出东西来的；墙上，树身上，树枝上，日积月累，布满着一层灰土，像煤烟结成的胶。一正一厢的两幢屋子全靠这小园取光：园子的另外两面，是隔邻两所柱头露在外面的房屋，衰败破落，大有坍毁之势，每层楼上都有些特殊的标记说明房客的职业。这儿是用长竿子晾着大绞染色的毛线；那儿是绳上挂着洗过的衬衣；高头又是些木板，摆着装好书脊，四边才刷过仿大理石花纹的书；女人们唱着歌，男人们打着呼哨，孩子们大声嚷嚷；木匠锯着板子，铜匠在车床上吱呀吱的车铜片：所有的手工业都凑起来发出声响，因为工具繁多，闹得震耳欲聋。那个所谓过道，既非院子，亦非园子，也不是穹窿形的走廊，可是都有点儿像；它的构造是两旁立着许多木柱，木柱底下是石础，每两根柱子的会合点是尖形的。两个拱门朝着小花园，另外两个正对大门；从这两个拱门向里边望去，可以看到一座木楼梯：铁栏杆的形状非常古怪，可见当年一定是镂刻极精的；老朽的磴级走上去摇摇欲动。每个公寓的门洞子上全是油腻，积垢，和灰尘，整个儿变成棕色的了；门倒有内外两重，包着丝绒，镀金剥落的钉子排成菱形。这些豪华的遗迹，说明路易十四时代的住户不是什么大法官，就是什么有钱的教士，或是管田地买卖的收税员等等。但今昔的对比只能教人看了华丽的陈迹发笑。

约翰·于勒·包比诺先生住在二层楼上；巴黎屋子的二楼原来就光线不足，这儿因为街道狭窄，更显得黑暗。但这个古老的住所，第十二区的居民没有一个不认识。上帝使这里住着这位法官，简直是对众人的一种恩赐，正如地上长着百草，让大家拿去医治或减轻百病一样。以下我们要把娇艳的特·埃斯巴夫人想笼络的人物先来一个速写：

包比诺先生因为是法官，经常穿着黑衣服；在一般看人只看外表的人，这服装便是使包比诺显得可笑的原因。谁要保持穿黑衣服的威严，非时时刻刻注意整洁不可；而我们这位包比诺先生偏偏不能把自己收拾干净，来配合条件最苛刻的黑颜色。永远破旧的裤子很像律师做公服用的帆布，平时坐立的姿势又给添上无数的皱纹，有些地方还能看出发白、发红、发亮的条子，表示穿的人不是俭省到极点，便是穷得满不在乎。粗劣的羊毛袜，套在走样的鞋子里搅成一副怪样子。内衣在柜子里放久了，有了似红非红的色调，说明故世的包比诺太太喜欢多买衬衫；她大概照荷兰人的习惯，一年只洗两次衣服。法官的背心和外套，跟裤子、鞋子、袜子、内衣，完全调和。他觉得不修边幅是最快乐的事：一件新衣服第一天穿上去，他一眨眼就把它染上污迹，跟全部装束打成一片。老头儿要厨娘告诉他帽子旧得不能再戴了，才去买新的。领带老是听其自然，蜷在那里。打绉的衬衣领口，被公服上的胸饰搅得一团糟，从来不加整理。灰色的头发是不梳的，胡子一星期只剃两次。从来不戴手套，平时喜欢把手插在空无所有的背心袋里；袋口很脏，差不多永远是破的，使他的衣冠不整多添了一个项目。凡是常在巴黎法院进出，对于各种黑衣服的式样见识最多的人，不难想象包比诺的模样。成天坐着的习惯把他的体型改变很多，正如庭上无穷尽的辩诉使法官听得厌倦不堪，连相貌都变了。审判室大都狭窄不堪，建筑毫无气派，要不了一会儿空气就秽浊难闻；一般巴黎的法官在这等地方待久了，当然会显得愁眉苦脸，一方面因为聚精会神而满面都是皱痕，一方面因为烦闷而郁郁不乐；皮肤憔悴了，不是发青便是发黑，看各人性格而定。总而言之，只要过了相当时间，便是年富力强的青年也会被磨成一架没有血色的机器，专办**等因奉此**的公事，把法典应用到各种案子上去，像时钟的齿轮一样冷静。

所以上天既给了包比诺一副不讨人喜欢的长相，法官的职业更不会使他的外表变得好看一些。他的骨骼教你看到它的线条很不调和。跟大膝盖、大脚、大手成为对比的，是一张教士般的，跟小牛面孔有些仿佛的脸，没有血色，非常和善，简直毫无精神，配上两只颜色不同的没有光彩的眼睛，一个毫无曲线的坍鼻子，扁平的额角，最后是两只其大无比的耳朵软绵绵的往下挂着。细而稀少的头发，在好几处头螺不规则的地方让人看到脑壳。这张脸只有一个特点能引起看相的人注意，就是嘴唇有一股像神明一样慈悲的气息。那是非常厚实的，颜色鲜红的嘴唇，皱纹多得数不清，曲折很多，翕动不已，表现他有高尚的感情；那是直接跟你的心说话的嘴唇，显出他天资聪明，头脑清楚，目光深刻，心地纯洁。因此单从他瘪陷的额角，无精打采的眼睛，和寒碜的举止上面去判断，你就会误解他的为人。

他的生活和相貌是一致的：忙着一些默默无闻的工作，藏着圣者一般的德行。因为法学深湛，在一八〇六与一八一一年拿破仑改组司法机构的时候，经刚巴赛莱斯的推荐，他就成为巴黎高等法院最早的一批推事之一。但包比诺不会弄手段，从来不上大法官或司法部长的门，所以每次更改办法或是有什么人事调动，部长总把包比诺的职位降低一次。从高等法院降到初级法庭，他被善于钻谋与活动的人直挤到司法官的最低一级。终于有一天他被发表为助理推事！法院中人哄哄起来，异口同声的嚷着："哎哟！包比诺降做助理推事了！"这件不公道的事使律师，执达吏，全司法界的人都大为诧异，只除了包比诺一个；他一点不叫屈。轰动过一阵，大家又觉得世界十全十美，一切的事也安排得十全十美；而所谓十全十美的世界，不用说便是司法界。包比诺就是这样的当着助理推事。直到王政复辟时代一位最有名的司法部长登台，才替那个不声不响，谦恭退让，被帝政时代的大法官们徇私枉法，压在底下的人，出了一口气。当了十二年助理推事以后，包比诺大概到死也不过是一个塞纳州法院的普通法官了。

要解释一个法律界中的优秀人物怎么会侘傺不遇，先得提到几个要点。根据那几点，我们可以揭露他的生活与性格，同时也可在司法界这架大机器里头看出某些关键。包比诺被塞纳州法院前后三任院长列入**侦查吏**一类，这倒是把意义表示得很恰当的独一无二的名词。他在同事中间并没靠了以前的成绩而得到能干的名气。正如画家被人分门别类一样，包比诺也有人替他决定了归宿，划定了他在本行中的范围。一个画家不是被认为风景画家，便是被认为肖像画家，或是历史画家，或是海洋画家，或是日常小景画家；做这种分类工作的也有艺术家，也有鉴赏家，也有愚夫愚妇；这个是由于妒羡，那个是由于成见，另外一个是凭着批评家万能的权威，一致替画家的聪明智慧树立栅栏，以为所有的头脑都有些肉茧；凡是作家，政治家，和一切以特殊才能显露头角而尚未被称为全才的人，都得受到这种狭窄的判断。殊不知法官，律师，诉讼代理人，一切在司法园地中吃饭的人，对任何一件案子都看到两个因素：一个是法律，一个是公道。公道是根据事实来的，法律是把一些原则应用于事实。一个当事人可能在公道方面是对的，在法律方面是错的，而责任倒也不在推事身上。

良心与事实之间有个神秘的区域，藏着一些有决定作用的、法官不知道的、分别是非曲直的理由。法官并非上帝，他的责任是拿事实去适应原则，用一个固定的尺度去衡量变化无穷的争执。倘若当了法官就有本领窥透人的良心，辨别人的动机，而来一个公平合理的判决，那么每个法官都是了不起的大人物了。法国需要六千名左右的推事，而任何一代都产生不出六千个大人物为社会服务，更不可能替司法界找到这个数目的人才了。在巴黎的文明社会中，包比诺的确是一个极能干的推事；靠了特殊的天赋，也靠了他把法律条文放到事实中去琢磨的结果，他认为不假思索的硬性的运用是有缺点的。他凭着法律方面的真知灼见，看透当事人用来遮盖真情的，指东说西的谎话。法官之中的包比诺等于外科医生中的台北兰，他把人的良心看得雪亮，好比那位名医把人的身体看得雪亮。他的生活和操守，使他把事实推敲之下，能体会到别人最隐蔽的思想。他发掘一件案子，仿佛居维哀发掘地球上的泥土。和那位大思想家一样，他未下结论之前，必先一步一步的推论，把别人过去的心理全部挖出来，犹如居维哀把一只上古时代的野兽重新拼凑起来。为了一份报告，他常在半夜里惊醒，因为脑海中突然映出了事情的真相。无论什么官司，老实人无处不吃亏，坏蛋无处不沾光，这种不公平的情形，包比诺见得多了，所以遇到需要猜测的案子，他往往为了公道而违反法律。同僚们认为他不切实际，而他细细推敲得来的理由也使辩论的时间拖得很长；包比诺发觉同僚们听得厌倦了，便把自己的意见说得很简略。大家说他对这一类案子判得很糟；但他鉴别天赋之高，判断之明白，眼光之深刻，被认为特别胜任预审推事那种辛苦的职务。因此他一生大半都当着预审推事。虽则他的长处很适宜于干这个艰苦的生活，虽则在喜欢他当这个职位的人心目中，他以深刻的犯罪学者闻名，但因为心地慈悲，他老是非常痛苦，被良心与怜悯像一把钳子似的夹在中间。尽管预审推事的薪水比民庭推事高，但委屈太多，谁也不想要这个缺分。包比诺却为人谦卑，品学俱优，毫无野心，只知道孜孜矻矻的办事，从来不抱怨自己的前程。他把个人的嗜好与同情心为公众的福利牺牲：让人家把他放逐在刑事侦查庭的浅滩上，保持着恩威并用，宽猛兼施的作风。在侦查期间，他手下的执达吏把被告从推事室押回临时看守所的时候，往往给犯人一些买烟草的零钱，或是冬季御寒的衣服。总之，铁面无私的法官和怜贫恤老的善士，包比诺是同时做到了。因此谁也不能像他那样不用手段而很容易的得到被告的招供。并且他的观察十分精细。表面上头脑单纯，心不在焉，和善到近于痴騃的程度，他可是能识破苦役犯的狡计，不上刁猾的妇女的当，把流氓坏蛋收拾得服服帖帖。他的目光还被一些特殊情形磨炼得非常尖锐；但要说出那些情形，先得了解他的私生活：因为法官在他不过是对外的一个面目；他还有更伟大的，很少人知道的另外一个面目。

一八一六年，在我们这故事开始以前十二年，正当所谓联盟国军队进占法国与可怕的饥荒两件大事碰在一起的时期，包比诺正想搬出他和太太同样厌恶的福阿街，不料被任为特别委员会主席，负责救济本区的灾民。这位才能卓越而被同事们认为头脑不清的法学大家，犯罪学专家，五年以来已经发现司法的后果，可是还没找出原因。在顶楼上进进出出，目击穷苦的情形，研究那些残酷的境遇如何逼迫穷人们一步一步走向为非作歹的路，又把他们的奋斗衡量之下，他不禁大为同情，由法官一变而为梵桑·特·保尔[1]，专门救济贫病的成人与工人了。当然，他不是一下子转变的。做好事也会拖人下水，像吃着嫖赌一样。但救济事业的蛀空一个圣者的荷包，正如轮盘的玩意儿使一个赌徒倾家荡产，都是慢慢儿来的。他从这个苦难看到那个苦难，因施舍这个而施舍到另外一个；等到一年之后，公众灾难的披挂，遮盖恶疮的破烂衣裳统统被揭开的时候，他就变了一区里的上帝。他是慈善委员会委员，救济会会员，凡是尽义务的职司，都接受下来，不声不响的干着，正如那个**短外套**到菜市上和一切有饥饿的人聚集的地方去施粥一样[2]。但包比诺的活动范围更大，更高一级：他什么都照顾到，预防罪案的发生，替失业工人找工作，替残废老弱安排生活；一切遭遇不幸的人，他都按照实际情形援助：为寡妇作顾问，保护无家可归的儿童，借资本给小本经营的商贩。但是法院里，巴黎城里，谁也不知道包比诺这种私底下的生活。世界上有些光彩太强了，会使人眼花缭乱，急于要把它遮盖起来。受法官恩惠的都是白天做工的人，晚上累得要死，没有精力再去四处颂扬他；而且他们像孩子一样的忘恩负义，因为负欠太多，永远还不清的了。此外也有限于能力而忘恩负义的。但施恩望报而自以为了不起的善士，又能给人什么好处呢？

无声无臭的使徒生活到了第二年，包比诺把底层有三个装着铁丝网的窗洞的货房改作了接见室。大房间的墙壁与天顶都用石灰刷白，家具是一些像学校用的木凳，一口粗劣的柜子，一张胡

---

[1] 梵桑·特·保尔为基督旧教中的圣者，生存于十六至十七世纪之间，以创办救济事业有名于史。
[2] 王政复辟时期，巴黎有个穿蓝色短外套的怪人，在新桥附近向穷人施粥，大家即以短外套三字称呼此人。

桃木书桌，一张靠椅。柜子里放着日记簿，做好事的文件，以及开面包发票的样张。他事无巨细，一律像做买卖似的登在账上，免得因软心肠而受骗。区里的穷人在册子上都给编号，归类；每个受难的人都有详细记载，好比商人账簿上的各种客户。遇到一个需要救济的家庭，或是某人有什么可疑的地方，法官就由手下的公安机关供给材料。男当差拉维安纳等于他的副官；他们俩简直是天生的主仆。东家在法院里办公，仆人上当铺去赎当或者解利息，连最不安全的地方都敢去。夏季从早上四点到七点，冬季从六点到九点，楼下大房间里都挤满着女人，孩子，贫民，等包比诺接见；因为人多，空气暖烘烘的，冷天根本不用生炉子，只是由拉维安纳在潮气很重的地砖上铺些干草。时间久了，凳子给磨得很亮，像漆过的桃木；半人高的壁上，被这些穷人的破烂衣衫印着没法形容的黑沉沉的影子。可怜的人们对包比诺那么敬爱，冬天早上大门还没有开，他们麇集在街上，妇女捧着热水壶取暖，男人尽量活动筋骨的时候，从来没有一声喝语打扰包比诺的睡眠。捡破布的，过夜生活的，都认得这屋子，常常看到法官书房里深更半夜还点着灯。小偷走过总说："这是他的屋子。"并且绝不侵犯。他把早上的时间分配给穷人，白天分配给罪犯，夜晚分配给法院的公事。

因此，包比诺观察的天才必然是双重的：既能够体会穷人的德行，受委屈的好心，合乎道义的行为，默默无闻的忠诚；也能在别人心里找出犯罪的线索，不论轻罪重罪都能寻到蛛丝马迹而获得真相。包比诺得之于父母的遗产每年有三千法郎收入。太太是皮安训的父亲——桑赛尔地方的医生——的姊妹，带来九千法郎年金。五年前她故世的时候，把遗产传给了丈夫。推事的薪水照例很小，包比诺升为正式推事才不过四年；收入那么微薄，行善的规模却那么可观，无怪他自身的用途和生活费要紧缩到最低限度了。并且，不修边幅固然显出包比诺的忙碌，同时也是渊博的学者，如醉若狂的艺术家，活跃的思想家的标记。为补足这幅肖像，我们只消附加一笔，就是在塞纳州法院中，包比诺是没有得到荣誉团勋章的少数推事之一。

两年以来，包比诺又调回民庭当推事，派在第二庭。那次庭长接到特·埃斯巴侯爵夫人申请予丈夫以禁治产处分的状子，便发给包比诺办理。

老清早挤着那么多穷人的福阿街，到九点就冷清清的，恢复平时阴沉悲惨的面目。皮安训紧催着马，以便趁姑丈接见没完毕就找着他。想到这位法官将要在特·埃斯巴太太旁边成为何等奇怪的对比，皮安训不禁微微笑着；但他拿定主意，带姑丈去的时候一定要他穿扮得像个样儿，不太可笑。

进了福阿街，看到接见室的窗洞里射出一些暗淡的灯光，皮安训忽然对自己说："恐怕姑丈连一套新衣服都没有罢。还是跟拉维安纳想个办法的好。"

听到马车声，十几个好奇的穷人从门洞底下走出来，见了医生都纷纷脱帽；皮安训经常为法官介绍的病人义务治疗，所以当时聚在那儿的人对他和对包比诺一样的熟。他发现姑丈还在接待室里；凳上挤满着贫民，那种古怪而难看的服装，连最没艺术家气息的闲人见了，也会当街停下来瞧一眼的。更不用说，一个素描家，一个伦勃朗[1]——假如现在还有这样的人物——看见这些

---

[1] 伦勃朗（1606—1669）为荷兰大画家，以遒劲的线条，光暗强烈的对比，刻画众生相。

不声不响的，赤裸裸的灾难的标本，一定会做成精美的构图。这儿，是一个神情严肃的白须老人，打皱的脸，使徒式的头颅，活脱是个圣·比哀；一部分袒开着的胸脯，青筋暴突，明明是使他担当可歌可泣的患难的，性格坚定的标识。那儿，一个少妇把奶头塞在最小的孩子嘴里，免得他叫喊，膝间还带着一个五岁光景的孩子。在破衣烂衫中光彩焕发的乳房，皮肤透明的婴儿，从姿势上可以看出长大以后的模样的哥哥，和一长排冻得通红的脸比较之下，格外动人怜爱。再远一些，一个脸色苍白冰冷的老妇，露出愤懑的贫民阶级的丑恶的面目，专等暴动的机会来泄愤。其中也有年轻的工人，娇弱、懒惰、聪明的眼睛显出他颇有些出众的才能被无法克制的本能压着，对自己的痛苦只字不提，预备在互相残杀的苦海中逃不出来的时候一死了事。在场大多数是妇女；丈夫做工去了，让老婆凭着女性的聪明来替一家老小求情；而且在平民阶级里，做妻子的差不多永远是一家之主。你可以看到所有的头上都是破烂的头巾，所有的身上都是四边沾满污泥的衣服，东破一块西破一块的颈围，肮脏而全是洞眼的短褂，可是眼睛炯炯有神，像两朵火焰。这一大堆丑恶的人使你先觉得可憎，继而觉得可怕，因为你无意中发现这些人对生活斗争所取的隐忍的态度，原来是有心赚取人家同情的。不大通风的屋子内布满着臭秽之气，两支蜡烛的光像在大雾中摇摇晃晃。

  法官的模样在这批人里头也同样的富有画意。头上是一顶土红色的布帽，身上是一件室内穿的破袍子，没有戴领带，冻得通红而打皱的脖颈，很显著的耸在经纬毕露的领子外面。因为专心一意的缘故，疲倦的脸有些所作铜版镂刻尤多以贫苦人士为对象傻头傻脑的神气。像一个用心做事的人一样，他撮尖着嘴巴，仿佛一只口子收紧的钱袋。双眉紧蹙，似乎负担着别人告诉他的全部心事。他在那里体会，分析，判断。他聚精会神不下于放印子钱的债主，不时从账簿与资料册上举起眼睛，直看到人家的心里去，观察的迅速，和吝啬鬼动辄不安的心理变化一样。拉维安纳站在主人后面听候差遣，一边维持秩序，一边招待新来的人，鼓励他们不要怕羞。医生一出现，凳上的人都不免把身子挪动一下。拉维安纳掉过头来看到皮安训，不由得大为惊奇。

"啊！孩子，原来是你！"包比诺伸着胳膊说。"这个时候你来干什么？"

"我有件案子跟你谈谈，怕你今天没遇到我就出去调查了。"

法官对一个站在身旁的小胖女人说道："你要不把事情告诉我，我可猜不到啊。"

拉维安纳也催她："快点儿，别耽误别人的时间。"

那女的红着脸，放低着声音只让包比诺和拉维安纳两个人听见；她说："先生，我是卖水果的，把最小的娃娃寄养在外面，欠了几个月的寄养费；所以我藏着一些钱……"

"可是被丈夫拿去了？"包比诺已经猜到下文。

"是的，先生。"

"你叫什么名字？"

"蓬蓬纳。"

"你的丈夫呢？"

"他叫多比奈。"

"住在小银行街的是不是？"包比诺一边说一边翻着资料册，看到那一户的专栏旁边批着几个字，又道，"嗯，他关在牢里呢。"

"那是为了债务,我的好先生。"

包比诺摇摇头。

"先生,我手车上没有东西可卖了;昨天房东逼我付了房钱,要是不付,我就得被撵走。"

拉维安纳伛着身子和主人咬了一会耳朵。

"你上菜市去批水果要多少钱呢?"

"先生,倘若这买卖要做下去就得……是的,就得十个法郎。"

法官向拉维安纳做了个暗示,拉维安纳便从一只大布袋里掏出十法郎交给那女的,同时法官把贷款登账。皮安训看着卖水果女人快活得浑身打战的动作,就想象她从家里到这儿来见法官的路上,心里一定是非常焦急的。

"轮到你了。"拉维安纳招呼一个白胡子老人。

皮安训把当差的拉过一边,问他还要多少时候接见完毕。

拉维安纳回答:"今天一共有二百人,现在还剩八十个。医生你还来得及先跑几处出诊呢。"

"孩子,"法官转身抓着皮安训的手臂,"我给你两个靠近这儿的地址,一个是塞纳街,一个是弩箭街。塞纳街有个女孩子自杀,弩箭街有个男的需要送到你医院去。我等你回来吃早点。"

一小时以后,皮安训回来了。福阿街上已经空荡荡的没有人,天也开始亮起来;包比诺正在上楼,最后一个受到周济的穷人刚走,拉维安纳手里的钱袋给掏空了。

"那两个人怎么啦?"法官在楼梯上问医生。

"男的死了；女孩子还有救。"

自从没有女主人经心照料以后，包比诺家里的景象就跟主人的相貌完全一致了。脑子里被一个主要的念头盘踞着，他的杂乱无章在所有的东西上都留着特殊的痕迹。到处是成年累月的灰尘，动用器物都改变了用途，显出单身人的巧思。花瓶里塞着纸张，家具上摆着空墨水瓶，忘记拿走的盘子，和急急忙忙找东西的时候当作烛台用的火石；好多用具是预备搬动位置而只搬了一半的；有些地方堆满了杂物，有些地方完全空着，表示主人本来想整理而中途撂下了。这种混乱现象在法官的书房里特别显著，证明他一刻不停的走来走去，忙着层出不穷的事，到处拖拖拉拉的搅得一团糟。书架好像遭了洗劫，书东一本西一本的摊在那里：有的叠在另外一本书上，有的打开着合扑在地下；卷宗沿着书架排着，把地板占满了。地板已经有两年没擦过。桌子上，家具上，摆着感恩的穷人向教堂许过愿心的证物。壁炉架上供着两个蓝玻璃的喇叭形花瓶，瓶高头摆着两个玻璃球，球内有各种颜色混在一起，看上去好不古怪。壁上挂着纸花，还有用鸡心的形状与花瓣做成的框子，中间嵌着包比诺的姓氏。这里是郑重其事做起来的一无所用的紫檀匣子。那里是一些放纸张的文件夹，式样一望而知是苦役犯的出品。那些耐心的杰作，感恩的匾额，干瘪的花球，使法官的书房和卧室很像卖玩具的铺子。包比诺老人不是把它们作为备忘之用，便是拿零星的笔记，纸条，忘了的笔尖塞在里头。这许多对他的善举表示感激的礼物都尘埃密布，没有一点儿新鲜气息。几个手工很好但是被虫蛀了的禽鸟标本，矗立在这个废物的森林中间：最主要的是一只安哥拉种的猫，包比诺太太生前的爱物，由一个不名一文的标本制造家做得很逼真；

他一定是受了些小恩小惠而拿这个不朽的宝物表示感激的。室内还有本区一个感情丰富而才力有限的艺术家替包比诺先生与包比诺太太画的肖像。甚至卧房里凹进去放床铺的地位,也挂着绣花的针线团,用十字花挑出来的风景,折纸拼成的十字架,都是极花工夫的作品。窗帘被煤烟熏黑了,毯子和床帷已经说不出是什么颜色。

在壁炉架与法官办公用的大长方桌之间,有张独脚圆桌,厨娘在上面放着两杯咖啡牛奶。两张马鬃面子的桃木靠椅,摆在那里等着两人去坐。因为窗洞里的光线照不到这个地位,厨娘留下两支蜡烛;长得异样的灯芯结成野菌一般的灯花,射出半红不红的光,使蜡烛燃烧经久,据说那是吝啬鬼想出来的办法。

"姑丈,你到楼下接见室去的时候,应当多穿些衣服。"

"我生怕他们等久了,那些可怜的人!你,你可有什么事找我呢?"

"我来请你明儿上特·埃斯巴侯爵夫人家吃晚饭。"

"是咱们的亲戚吗?"法官问话的神气完全心不在焉,皮安训不由得笑了。

"不是的,姑丈;特·埃斯巴侯爵夫人是一位极有地位极有势力的太太,她向法院递了一张状子,要求对她丈夫来一个禁治产处分,听说那案子分发在你手里……"

"而你要我上她那儿去吃饭吗?你疯了吗?"法官说着,手里抓起一部民事诉讼法。"你念罢,法律规定推事不得在与他经办案件有关的两造家中饮食。她要跟我说话,让她到这儿来见我好了,你那个侯爵夫人!不错,我预备今夜把案子研究过了,明儿去询问她的丈夫。"

他站起来，在一个正好望得见的文件夹里找出一份案卷，看了看摘由，说道：

"卷子在这里。既然你关心那个极有地位极有势力的太太，咱们就来看看她的状子罢。"

包比诺把袍子往中央拉了一下，因为两只对面襟常常扯开去，露出他赤裸裸的胸部。他拿小长方块的面包往冷却的咖啡里浸了浸，捡出状子来一边念着，一边随时停下来和皮安训加几句按语和批评。

03

状 子

呈

塞纳州初级法院民庭庭长

具呈人：勒拉蒙-旭佛雷夫人，奈葛勒伯里斯伯爵、特·埃斯巴侯爵、安陶希之妻。

（——嗯，来头甚大！）

身份：业主；

住址：圣·奥诺莱城关街一〇四号；

特·埃斯巴侯爵安陶希先生住址：圣·日内维岗街二十二号。

（——啊！对了，庭长告诉我是在我的区域里）

诉讼代理人：台洛希……

"台洛希！哼，那是个包打官司的小讼师，法院和他的同业都瞧不起的，他专门损害当事人！"

"可怜他没产业啊！"皮安训说，"他只能拼命的挣扎，像魔鬼掉进了圣水缸一样。"

事缘具呈人之夫特·埃斯巴侯爵，一年以来精神与智力大为低落，已达于民法四八六条所谓精神错乱与痴愚不省人事的程度；故为保障其自身及其财产之安全起见，保障在其身畔之儿童之利益起见，亟须将民法四八六条所规定的措施付诸实行。

特·埃斯巴数年来处理家事及产业之作风，已令人对其精神状态深致疑虑，而最近一年之智力衰退尤为可怕。特·埃斯巴之意志首先感受影响，至于意志之低落使其遭受因丧失行为能力所致的种种危险，可以下列事实为证：

特·埃斯巴侯爵之全部收入，多年来即落于耶勒诺太太母子之手；此举既无利益，亦无任何理由可言。耶勒诺太太为一公认为奇丑无比之老妇，时或居住佛黎里衰街八号，时或居住塞纳－玛纳州格莱镇维勒巴里齐地方；耶氏之子今年三十六岁，曾任前帝国禁卫军军官，现由特·埃斯巴侯爵保举，充任王家禁卫军装甲骑兵队中队长。以上二人于一八一四年时贫无立锥之地，但竟先后购置价值巨大之房产，其中一所且系最近购进，坐落于凡尔德街；耶勒诺先生今方大兴土木，将来拟与其母亲迁入居住，且准备作为婚后住宅。装修费用目前已达十万法郎以上。耶勒诺先生之未婚妻，系与特·埃斯巴侯爵有往来之银行家蒙日诺先生之侄女；婚事全由侯爵许耶氏获得男爵封号，撮合而成。此项爵位经侯爵设法，去年十二月二十九日即蒙王上正式颁布诰命；倘钧院需要证明，不妨径向司法部长咨询。

按侯爵与寡妇耶勒诺太太及其子耶勒诺男爵均甚少见面；但两人对侯爵影响极大，每次需用银钱，即使为满足个人嗜好之不必要的花费，侯爵亦无不应承；此种感情实难理解，纵使以法律与道德均难容忍之理由推想，亦无法解释……

念到这里，包比诺说道："哎！哎！**法律与道德均难容忍之理由！**那代理人，或者他的帮办，写出这种句子来，暗示什么呢？"

皮安训听着笑了。

……侯爵对此母子二人予取予求，甚至在现金周折不灵之时托蒙日诺先生出面签发约期票；关于此点，蒙日诺先生愿为具呈人作证。

此外尚有一事可为旁证：不久以前，特·埃斯巴侯爵出租农田之契约适告期满，原佃户为续租起见，已预缴为数可观之租金，讵耶勒诺先生立即令其解除租约。

有人向特·埃斯巴侯爵提及此等用途时，侯爵似已不复记忆，可见其支付款项并未取决于意志；每逢正当人士向其谈及对此二人之热心，侯爵之答复表示其对自己之思想与利益已完全置之度外。故其中必有不可思议之原因，敢请司法当局赐予注意。侯爵之行为倘非被人以欺诈与威逼之手段促成，即有可请法医鉴定之病理的原因，或竟由于精神受人魅惑，处于所谓勾魂摄魄的情形之下，致行动不能自主……

包比诺停下来说道："见鬼！你做医生的怎么说？这些事奇怪透了。"

皮安训回答："那可能是一种磁性作用。"

"敢情你也相信梅斯美的胡说八道，相信他的什么木盆，和隔墙见物等等的玩意儿吗[1]？"

"是的，姑丈，"皮安训一本正经的回答道，"听你念着这个状子，我就想到了。告诉你，在另外一个领域中，我亲自考查过，并且证实过，一个人随心所欲，支配另一个人的好几桩事实。我跟同僚们意见不同，相信以原动力而论，意志的力量是了不起的。把江湖术士与串通哄骗的玩意丢开不谈，我也见过不少中了邪魔的例子：在睡眠状态中感受了磁性而答应的事，醒过来以后的确会一一照办。一个人的意志竟可以完全受另一个人的意志支配。"

"是不是包括所有的行为？"

"是的。"

"连犯罪都在内吗？"

"连犯罪都在内。"

"这种话要不是你说的，我才不听呢。"

"我可以教你亲眼目睹。"皮安训说。

法官哼了两声，又道："假定所谓勾魂摄魄的事真是由于这一类的原因，那也不容易拿到事实，在法律上也难以成立。"

---

[1] 普鲁士人法朗梭阿·梅斯美（1733—1815）为维也纳大学医学博士，认为自然界有一种类似磁性的力量，倡导动物磁性之说，风行一时，尤以法国为盛。

"倘若那耶勒诺太太又老又丑,不可向迩,我就想不出她还有什么别的方法诱惑男人了。"

"可是,"法官接着说,"据我们推算,倘有私情,应当在一八一四年左右开始,那时这女的比现在小十四岁;倘若特·埃斯巴侯爵和她的关系还要早十年,那就得退后二十四年,也许正当耶勒诺太太年轻俊俏的时代;她为了自己,为了儿子的前途,尽可以用极自然的手段笼络侯爵,对他取得一种为某些男人没法摆脱的势力。这势力的根源在法律上固然不能原谅,但人情上是讲得通的。当初特·埃斯巴侯爵和勃拉蒙-旭佛雷小姐结婚的时候,耶勒诺太太或许很生气。现在这件事可能只是女人之间的嫉妒,既然侯爵和太太不住在一块儿已经有多年了。"

"可是姑丈,别忘了她奇丑无比啊!"

"迷人的力量是跟丑陋成正比例的;这是老话了!并且,出天花的人又怎么的呢,医生?——好,咱们念下去再说。"

……且自一八一五年起,因供给该母子二人所需索之款项,特·埃斯巴侯爵竟携同二子移居圣·日内维岗街,寓所之简陋直玷辱其姓氏与身份。——(嘿,一个人爱怎么住就怎么住!谁管得了!)——侯爵将二子格莱芒·特·埃斯巴伯爵与加米叶·特·埃斯巴子爵幽禁屋内,生活状况与彼等之姓氏及前途均不相称。侯爵经济常感窘迫,房东玛里亚斯德先生最近曾请求法院扣押屋内家具。执行之时,侯爵竟亲出协助,对执达吏招待殷勤,谦恭备至,仿佛对方身份较侯爵更为高贵……

包比诺和内侄俩念到这里，不禁相视而笑。

……除有关耶勒诺母子的事实以外，侯爵行事均带有疯狂意味。近十年来，渠所关切之事仅限于中国事物，中国服装，中国风俗，中国历史，乃至一切均以中国习惯衡量；谈话之间往往以当代之事，隔日之事，与有关中国之事混为一谈；侯爵平日虽拥戴王上，但动辄征引中国政治故实，与我国政府之措施及王上之行为相比，加以评骘。

此种自溺狂使侯爵行为毫无理性，驯至不惜身份，一反平日对于贵族阶级立身处世的主张，经营商业，每日签发约期票；似此行动，实属危害其自身之安全与财产，因一朝身为商贾，拖欠债务即可使其宣告破产。侯爵为刊印分期出版的《插图本中国史》起见，与纸商、印刷商、镌版商、着色员等等订定合同，金额之大，使各该商人均要求具呈人申请予侯爵以禁治产处分，以便保障彼等之债权……

皮安训叫道："这家伙简直疯了。"

法官道："你认为他疯了吗？得听听他的话再说。一面之词，不足为凭。"

"可是我觉得……"

"可是我觉得，"包比诺接着说，"倘若我亲属之中有人想执管我的产业，倘若我不是一个每天都可以由同僚证明我精神正常的普通法官，而是一个公爵，贵族院议员，那么只要像台洛希那样会玩点小手段的诉讼代理人,就可能进一个状子,把我说成这样。"

　　……侯爵之自溺狂使儿童亦蒙受影响,彼等所受教育竟一反常规,学习内容与加特力教义抵触之中国史实,学习中国方言……

　　皮安训说:"台洛希说这种话,真有点莫名其妙了。"
　　法官回答:"这是他的首席帮办高特夏起的稿;你认得高特夏,他可是不喜欢中国人的……"

　　……儿童日常生活中之必需品往往极感缺乏;具呈人虽一再要求,亦无法与儿童见面;侯爵每年仅率领彼等与母亲相见一次,具呈人屡次设法,亦无从致送生活用品及儿童需要之物……

　　"噢!侯爵夫人,你这是开玩笑了。话说得越到家,漏洞越多。"法官把卷宗夹子放在膝上,又道,"你想,天下哪有一个做母亲的人会没有心肠,没有感情,没有头脑,连动物的那点儿本能都没有,以至于一筹莫展的?母亲为了要接近孩子所发挥的机智,绝不亚于一个少女安排私情的手段。如果你那个侯爵夫人真要供给孩子们衣食,便是魔鬼也阻拦不了,你说是不是?狐狸的尾巴太长了,瞒不过一个老法官的眼睛!好,咱们念下去再说。"

但儿童今已长成,亟需脱离此种教育之恶劣影响,生活享用亦当与其身份相称,同时彼等更不宜经常见到父亲之行为。

关于上述各点,钧院不难加以证实:特·埃斯巴侯爵常称十二区之简易庭推事为七品官,称亨利四世中学之教员为翰林。——(哼,他们听了生气了!)——事无大小,侯爵均谓在中国即非如此这般;谈话之间倘或提及耶勒诺太太或时事,侯爵即愁容满面,且常自以为身在中国。渠之邻居,例如同住一屋之医学生埃默·倍格,约翰·巴蒂斯德·弗莱弥奥教授,与侯爵往还之下,认为其有关中国之偏执狂,实出于耶勒诺母子之阴谋,意欲借此使侯爵完全丧失理性,盖耶勒诺太太对侯爵唯一的帮助,仅限于供给一切有关中国之材料。

具呈人并可向钧院证明,自一八一四至一八二八年间,耶勒诺太太及其子耶勒诺先生所得之款项,总数已不下一百万法郎。

为证明上述事实,具呈人可提出与特·埃斯巴侯爵经常见面之人作证,彼等之姓名及身份已见上文,其中不少人士并向具呈人建议向法院状请予侯爵以禁治产处分,认为唯如此方能使其财产及二子不致因侯爵行动乖张而蒙受危险。

以上所述既证明特·埃斯巴侯爵已陷于精神错乱之痴愚状态,具呈人自当请求钧院为执行禁治产起见,迅将本案咨送检察长,并指派推事克日办理……

包比诺念完了状子，说道："你看，这里是庭长要我承办这件案子的批示。特·埃斯巴太太有什么事要求我呢？全部事实已经写在这里了。明儿我要带着书记官去讯问侯爵，我觉得这件事蹊跷得很。"

"姑丈，我在公事方面从来没求你帮忙；这一回我替特·埃斯巴侯爵夫人讨个情，可不可以为了她的特殊情形通融办理？要是她到这儿来，你愿意听她的陈诉吗？"

"当然愿意。"

"那么你上她家里去听罢：特·埃斯巴太太身体很娇，带点病态，非常神经质，到你这种耗子窝似的地方来会不舒服的。你晚上去，不必吃饭，既然法律禁止你们在当事人家里吃喝。"

包比诺以为在内侄的嘴角上看到一点讽刺的意味，便道："法律不是也禁止你们从死亡的病家那儿接受遗赠吗？"

"得了罢，姑丈，单是为了推究事情的真相，也请你答应我的要求罢。你不妨以预审推事的身份去，既然你觉得这件案子不明不白。讯问侯爵夫人不是和询问侯爵一样重要吗？"

"你说得不错，"法官回答。"她自己倒可能是个疯子。好，我去罢。"

"到时我来陪你去；先在日记簿上记下来：明晚九时，访特·埃斯巴太太。"皮安训看见姑丈写好了，又道："啊，行了。"

第二天晚上九点，皮安训爬上姑丈家全是灰土的楼梯，发现他正在为一件棘手的案子起草判决书。拉维安纳预定的新衣服，裁缝没有送来；包比诺只能穿上满是污迹的旧衣服，教不知道他私生活的人看了这副不修边幅的模样发笑。皮安训要他把领带整了整；替他扣上外套的钮子，故意把右襟叠在左襟上，使一部分比较新的料子露在外面。但法官一会儿就拿衣摆往上翻起，因为他的习惯老是要把手插入背心口袋，外套前后都破得一团糟，背后正中有一处耸得很高，让人看到腰部的衬衣，不幸皮安训直到了侯爵夫人家里才发觉。

在此我们应当把医生与法官去访问的人物来一个简单的速写，才能使读者了解包比诺与对方的谈话。

04

一位时髦太太与包比诺法官的谈话

　　特·埃斯巴太太七年以来在巴黎非常走红。巴黎的潮流把人轮流的捧起来,压下去,使他们忽而伟大,忽而渺小,一会儿家喻户晓,一会儿默默无闻,然后变成一批讨厌家伙,和失宠的阁员与下野的帝王一样。他们老是为了过时的抱负怏怏不乐,一味颂扬过去,而且无所不知,无所不诋毁,无人不认得,跟挥金如土而破产的大爷们没有分别。既然特·埃斯巴太太是一八一五年左右被丈夫遗弃的,出嫁的时代就应当在一八一二年初;而两个孩子也应该是一个十五岁,一个十三岁了。一个做了母亲,年纪已经三十三的女人,靠了什么运气能走红呢?虽说潮流是无理可喻的,谁也不能预言它要抬举谁,而所捧的往往是姿色平常,连高雅大方都成问题的银行家太太之流,但说它会采取以年齿为序的立宪制度,似乎也出于情理之外。其实,当时的风气不过跟大众一样,把特·埃斯巴太太当作一个年轻女子。因为侯爵夫人在户口册上是三十三岁,在夜晚的交际场中只有二十二。

　　这个成绩可是用多少心血多少技巧换来的啊!安排得很巧妙的头发卷,遮着她的太阳穴。她装作病人,把家里整天弄得半明半暗的,因为唯有从窗纱中透进来的光线才不致损害她的皮色。和狄阿纳·特·博济哀[1]一样,她用冷水洗澡,睡的是马鬃做的床垫,枕头是摩洛哥皮的,为的要保护头发;她吃得很少,喝也只喝清水,注意自己的动作,免得身体疲倦,日常生活的细节都像修道院里的规矩一样刻板。

这种严格的摄生之道,到了一个大名鼎鼎的,活到上百岁而起居生活仍像少妇一般的波兰女子手里更进了一步,竟用冰水代替凉水,吃东西也吃冷的。那波兰贵妃自以为能和法国史上有名的美人,有些传记家说是活到一百三十岁的玛丽翁·特洛默[2]一样长寿:年纪近百了,头脑和心仍旧很年轻,脸蛋仍旧妩媚,身腰仍旧迷人;说起话来像枯藤着火,光芒四射;提到当代的人物与作品,动辄以十八世纪的作比较。人住在华沙,帽子非向巴黎的埃尔鲍太太定制不可。虽是朝廷命妇,她倒像小姑娘一般有情有义;游泳,奔跑,不亚于中学生;扑到沙发上去的姿势和风骚的姑娘同样惹人怜爱。她嘲笑人生,不怕死亡。当年她曾经使俄皇亚历山大诧异,现在还能以筵开不夜的局面教尼古拉吃惊。为她倾倒的青年男子照旧被她感动得下泪,因为她年龄的老少可以由她随意支配,待人像多情的女工一样有种说不出的热诚。总之,即使她不是童话中的仙女,至少本身就是一篇童话。特·埃斯巴太太可认得这位查雄撒克太太吗?是否有意把她的故事重演呢?不管怎么样,侯爵夫人的确受到这套养生之道的益处,她皮色匀净,额上没有一丝皱痕,身体像亨利二世的情妇一样柔软娇嫩,

---

[1] 狄阿纳·特·博济哀(1499—1566)为法国历史上有名的美女,曾为亨利二世之情妇。
[2] 玛丽翁·特洛默(1611—1650),为路易十三时代有名的交际花,以姿容绝世与情人众多著称。传记家谓其寿至一百三十岁,其实只有三十九。

这些无形的魔力便是使男人爱情专一，欲罢不能的关键。上面所说的很简单的摄生方法，可以说由于艺术与自然的指示，也可以说由于经验的指示，在她身上还得到体格与性情脾气的协助。侯爵夫人对一切与本身不相干的事绝不关心。男人只能供她玩乐；凡是身心为之震动而受伤的剧烈的刺激，她是从来不会有的。她没有爱，没有憎；受了伤害，只是很冷静的报复；谁要不幸冒犯了她，她就记在心里，从容不迫的等适当的机会泄愤。她既不慌忙，也不骚动，只管说话，因为她知道一个女人可以用两句话断送三个男子的性命。她看到特·埃斯巴侯爵离家，心中非常欢喜；两个孩子当时已经使她厌烦，日后更会妨碍她的野心；丈夫一走，不是把他们都带走了吗？她的最亲密的朋友和最没恒心的崇拜者，因为没有绕膝的儿女间接泄露母亲的年龄，都把她当作少妇。众人对于侯爵，对于侯爵夫人在状子上表示那么挂念的两个儿子，其生疏正如水手之于东北航道[1]。特·埃斯巴先生被认为怪物，对妻子连一星星可抱怨的理由都没有，竟把她遗弃了。

　　二十岁就独立自由，财产自主，一年有二万六千法郎收入，侯爵夫人却踌躇很久，对生活方计打不定主意。住家的开销仍归丈夫负担，一应家具，车马，仆役，都由她保持原状；但在一八一六至一八一八年间她竟杜门不出；而那几年正是许多家庭受了政治动乱的损害而想法恢复元气的时期。出身既是圣·日耳曼区最有势力最有声望的世家，她父母看到她为了丈夫莫名其妙的怪脾气而被迫分居，也劝她守在家里。

---

[1] 在欧洲大陆之北，由白令海峡连接大西洋与太平洋的全部北冰洋，统称为东北航路。此路直至一八七八至一八七九年间方由瑞典人诺登乔特初次航行，故巴尔扎克时代之水手只不知此航路之名。

一八二〇年，侯爵夫人从麻痹状态中醒来，在宫廷与应酬场中露面了，自己也在家招待宾客。一八二一至一八二七年间，她排场阔绰，拿风雅和装束引人注意，见客有一定的日子与钟点；不久她又进一步，登上了以前为鲍赛昂子爵夫人，朗日公爵夫人，斐尔米阿尼太太等先后高踞的宝座。斐尔米阿尼太太嫁了特·刚先生，把位置让给莫弗利原士公爵夫人，特·埃斯巴太太又从莫弗利原士手里抢了过来。社会上对于特·埃斯巴侯爵夫人的私生活，所知道的不过是这么一点。她交结一位公爵夫人，公爵夫人姿色出众的名气和她忠实于一位亲王的名气一样大；那亲王当时是个不得意的人物，但老是预备在下一届政府中掌握大权。特·埃斯巴太太还跟一位外国太太做朋友，这朋友有个大名鼎鼎的，足智多谋的俄国外交官替她分析时局。最后还有一个惯于操纵政治的老伯爵夫人，把侯爵夫人当作女儿般收在门下。一切目光远大的人都觉得特·埃斯巴太太正在培养一股隐藏的可是实在的势力，以便代替她靠一时的潮流得来而完全虚空的势力。她的沙龙已经有它的政治作用了。**特·埃斯巴太太那儿怎么说呢？特·埃斯巴太太的沙龙反对某一桩措施啊！**这一类的话在为数不少的傻瓜嘴里开始传播出去，使她的徒党大有结了帮口那样的声势。某些失意政客，例如无人重视的路易十八的宠臣，和其他预备随时出山的卸任部长等等，被她安慰一番，奉承一番之后，都说她的外交手段和驻伦敦的俄国大使夫人一样高明。侯爵夫人对国会议员或贵族院议员提的几句话，或是什么意见，好几次从讲坛上传遍欧洲。对于某些有关政局的大事，门客不敢轻易开口，她却常常判断得很准确。宫廷中的要人晚上都到她家里来玩韦斯脱。并且，便是她的缺点也有它的长处。她素来以机密出名,事实上也的确如此。大家认为她的友谊经得起任何考验。她对部下的帮助绝不半途而废,可见目的不限于营私植党,而尤其在于增加自己的威望。这种行为是完全以她主要的情欲、虚荣,做出发点的。许多妇女极重视的寻欢作乐与情场的胜利,对她不过是手段而已;无论哪方面,只要人生能有多么壮阔的场面,她就要过多么壮阔的生活。在一般年事尚轻,前程远大,公开出入于她门下的人中间,有特·玛赛,特·龙葛洛尔,特·蒙脱里伏,特·洛希·于浓,特·赛里齐,法洛,玛克辛·特·脱拉伊,特·李斯多美,王特耐斯兄弟,杜·夏德莱等等。她往往只招待一个男人而不招待他的太太;她势力已经相当雄厚,尽可对某些野心家提出那种难堪的条件,例如两位有名的保王党银行家特·纽沁根和杜·蒂哀。她对于巴黎生活的利弊研究得非常透彻,所以行事从来不让一个男人有半点儿可要挟她的地方。你想拿到她授人把柄的一封信或是一张字条罢,尽管悬赏征求,包你一无所得。固然她是铁石心肠,因此能把她的角色演得非常自然;但她的外貌对她同样有很多帮助。身腰使她显得年轻,声音可以随心所欲的忽而柔婉,忽而娇嫩,忽而清朗,忽而严厉。她显而易见有那种贵族的姿态,使一个女人能把自己的过去完全抹掉。倘使有个男人偶尔得到她的青眼,便自以为有资格和她亲昵,她自有本领拒之于千里之外,用威严的目光否定一切。谈话之间,伟大而动人的感情,旨趣高尚的决断,仿佛是从纯洁的心中自然而然流露出来的;殊不知她一切都出于老谋深算,要是一个男人在攸关她个人利益而她不以为羞的交涉中应付不当,她立刻会铁面无情的加以惩罚的。

拉斯蒂涅存心和这位太太结交的时候就看出她是一个巧妙的

工具，但还没有加以利用；他非但没能力操纵，倒反被这工具压倒了。这位长于斗智的青年冒险家，像拿破仑一样不得不永远作战，知道只要打一次败仗就会断送终身大业，这一下却在保护人身上遇到了一个劲敌。在他骚动的生涯中，这还是破题儿第一遭和一个才力相当的敌手正式对垒。他觉得如果能征服特·埃斯巴太太，当个部长绝无问题；所以他没利用她以前，先让她利用；当然，这种开场是很危险的。

埃斯巴的府第需要大批仆役，侯爵夫人的排场也很大。重要宴会在楼下大厅里举行，侯爵夫人自己却住在二层楼上。气概不凡的，装饰得富丽堂皇的大楼梯，颇有当年凡尔赛宫气息的许多精雅的房间，先就显出主人的巨万家私。法官看着内侄的轻便两轮车一到，大门立即打开，便把门房、门丁、院子、马房、屋子的分配，供在楼梯上的鲜花、栏杆、墙壁，与地毯的整洁，很快的打量了一番，又把那些听到铃声而跑出来的，穿号衣的当差数了一数。上一天，他在接待室里从平民溅满泥浆的衣服上估量贫穷的伟大；如今他用同样清明的目光，在走过的各个房间中把家具陈设细细研究，以便发掘出豪华之下的贫穷。

"包比诺先生！——皮安训先生！"

这是仆人在内客室门口通报的。内客室对着花园，十分精雅，最近新换过家具。侯爵夫人坐着一张由裴里公爵夫人行起来的，洛可可式的靠椅。拉斯蒂涅靠近着她，坐在左手一张烤火的矮椅子上，活像舞台上的男主角侍候一位女主角。壁炉架的转角上还有一个男人站着。博学的皮安训猜得不错，侯爵夫人是个性情冷酷，非常神经质的女人：要没有她那种养生之道，连续不断的火气早已使她的皮肤变成土红色了；但她身上穿的，屋子里披挂的，都是色调强烈的料子，把她人工培养的白皙的皮肤衬托得格外鲜明。带红的褐色，栗色，带金色闪光的青色，对她特别相宜。内客室的糊壁花绸与窗帘幔子，仿照当时在伦敦走红的某爵士夫人家里的款式，用的是棕色丝绒，但她加上许多点缀，用美妙的图案把那过于富丽的宫廷色彩冲淡一下，头发的式样梳得像少女，一绺绺的挂着，底下打着卷，烘托出她微嫌太长的椭圆形脸蛋；但滚圆脸越是显得呆板蠢笨，细长脸越是显得雍容华贵。能够使脸蛋拉长或扁平的双面镜，对于上面那个可以应用在人相学方面的规则，便是极显明的证据。

包比诺站在房门口像一头受惊的野兽，伸着脖子，左手插在背心袋里，右手拿着里子满是油腻的帽子；侯爵夫人当下带着嘲笑的意味向拉斯蒂涅递了个眼色。老头儿愣头傻脑的神气，跟他可笑的态度与受惊的表情非常配合，皮安训又在旁哭丧着脸，觉得为了姑丈受到很大的委屈；拉斯蒂涅看着不由得掉过头去笑了。侯爵夫人对来客点点头，好不费劲的从靠椅中抬起身子，又很有风度的倒了下去，表示身体衰弱，希望人家原谅她失礼。

这时，站在壁炉架与房门之间的男人微微行了个礼，推过两张椅子，向医生与法官让坐；看他们坐下了，他又抱着手臂，背靠着墙壁站着。

我们且把这个人物介绍一下。

当代有个画家叫作特刚[1]，最擅长把所画的东西，不论是一块石头或一个人物，画得引人注意。在这一点上，他运用铅笔比运用彩色画笔的技术更高。比如说，他用素描画一间空荡荡的屋

---

[1] 特刚（1803—1860）为法国十九世纪名画家，以色彩富丽，笔触有力，富于表情著称。

子,只有一把笤帚靠在壁上;只要他高兴,自有本领使你看了不寒而栗:你会觉得那笤帚是染过血迹的,才犯过罪的工具,仿佛庞加寡妇杀了费阿但士以后扫除屋内的血迹用的[1]。画家能使那笤帚上每根棕都竖起来,像一个人怒发冲冠一样;他会教笤帚在他心中隐藏的诗意和在你想象中发展的诗意之间,作一个媒介。今天他用这把笤帚吓了你一下,明天会另画一把,旁边睡着一只大有神秘意味的猫,告诉你这扫帚是什么德国鞋匠的女人拿到山中去作妖法用的。再不然他画一把气息很和平的,上面挂一个财政部办事员的上衣。特刚的画笔有如巴迦尼尼[2]手里的弓,有一股磁性般的感应力。我们在文字方面也需要有这样的天才,这样的笔力,才能描写那个身子笔直,清瘦,高大,穿着黑衣服,头发又黑又长,站在那里一言不发的男人。这位爵爷的脸长得跟刀锋一般,寒光闪闪,冷酷无情,皮肤的颜色像塞纳河浑浊时的水色,也像沉没的货船上的煤块在河中漂流时的水色。他眼睛望着地,一边听一边判断。他的姿态教人害怕,站在那儿,活像特钢笔下那把有暗示罪案魔力的笤帚。有时,侯爵夫人在谈话之间朝他望一下,想暗中征求一些意见;但不论她默默无声的问讯多么迫切,他始终严肃、古板,好比《唐·裘安》戏里的那个石像[3]。

老实的包比诺坐在椅子边上,对着火,帽子夹在膝盖中间,望着镀金的烛台,座钟,堆在壁炉架上的小古董,糊壁的料子跟花式,还有时髦太太摆在周围的一切贵重的小玩意儿。他正呆呆

---

[1] 法官费阿但士于一八一七年三月被人暗杀,为法国史上有名之惨杀案。
[2] 巴迦尼尼(1784—1840)为近世有名的小提琴神手,巴尔扎克常于小说中深致钦佩。
[3] 登徒子唐·裘安诱一女子,见其父亲之石像,乃借端戏谑,邀其参加彼等之夜宴;不料到时石像竟应邀而至,事见莫里哀的戏剧《唐·裘安》第四幕。

的看得出神，忽然被侯爵夫人甜蜜的声音唤醒了：

"先生，我对你真是千恩万谢……"

老人心里想："千恩万谢是太过分了，你连一点儿感谢的意思都没有。"

"……因为你肯赏脸……"

他又想："赏脸！这明明是挖苦我么。"

"……亲自来看一个可怜的当事人，她为了病不能出门……"

听到这里，法官用一种带着搜查意味的目光把她瞅了一眼，察看可怜的当事人的健康情况。他对自己说："哼，她像生龙活虎一般呢！"

然后他肃然回答道："太太，你用不着道谢。虽则我的行动不合法院的习惯，但在这一类案件里头，只要能帮助我们发掘真相，无论什么事都是应该做的。我们的判断，靠良心启示的成分远过于根据法律条文。在我办公室里也罢，在这里也罢，只要能找到事实就行。"

包比诺说话的时候拉斯蒂涅过来跟皮安训握了握手，侯爵夫人也挺殷勤的对医生点点头。

皮安训凑着拉斯蒂涅的耳朵，指着那个穿黑衣服的男人问："这一位是谁？"

"特·埃斯巴骑士，侯爵的弟弟。"

侯爵夫人回答包比诺说："令侄告诉我，你忙得很；我也知道你心极好，不愿意露出帮助人的痕迹，免得受的人不安。大概你为了法院的公事非常辛苦。为什么他们不添几个法官呢？"

包比诺说："噢！太太，那当然是再好没有啰；可是公家会添人的时候，母鸡也会长出牙齿来了。"

这种跟法官的相貌完全配合的谈吐，使埃斯巴骑士把他打量了一下，仿佛心里想："这家伙倒是容易对付的。"

侯爵夫人望了望拉斯蒂涅，拉斯蒂涅挪近身子，说道：

"你瞧，负责决定私人的利益和生活的，原来是这样的人。"

像多数在一个行业里混到老的人一样，包比诺常常无意中露出本行的习惯，其实就是他思想的习惯。说话脱不了预审推事的气味：喜欢盘问对方，一步紧似一步，逼出他们自己意想不到的结果，说出他们不愿意说的话。相传博索·第·鲍尔谷[1]最高兴套出对方的秘密，教人上当；这是他由于无法克制的习惯，特意要施展一下老奸巨猾的本领。当下包比诺探明了阵地，认为必须拿出法院为了搜求真相而常用的，最巧妙最隐藏的策略。皮安训冷冷的沉着脸，好像是决意咬紧牙关受罪；但暗里很希望姑丈把这个女人像踩一条毒蛇似的踩在脚下；这个比喻是侯爵夫人的长袍子，高领口，小脑袋，和一波三折的动作提醒他的。

"先生，"特·埃斯巴太太又道，"虽然我最恨露出自私的脾气，但我受罪受得太久了，不能不希望你把案子快快了结。是不是不久就能有个圆满的解决呢？"

包比诺神气很殷勤："太太，在我范围之内，我一定把案子早日办了。"然后又望着侯爵夫人，问："你不知道侯爵和你分居的理由吗？"

"不知道，先生，"她一边回答一边摆好姿势，准备把打

---

[1] 博索·第·鲍尔谷生于高斯岛，初为名律师，继与拿破仑为敌，终身为外国服务，历任俄国驻法驻英大使，以权术著称。

好底稿的一篇话说出来,"一八一六年初,特·埃斯巴先生先有三个月功夫性情大变,然后向我建议搬到勃里昂松附近,去住在他的一所田庄上,既不顾到我的习惯,也不管那边的气候会断送我的健康;我拒绝了。我的拒绝引起他毫无理由的责备,所以我那时就疑心他理路不清。第二天,他走了,把他的屋子和我的收入都让我自由支配;他却带着两个孩子住到圣·日内维岗街去了……"

"对不起,太太,"法官打断了她的话,"你所说的收入有多少数目呢?"

"一年二万六,"她随便回答了一句,"当时我立刻去请教鲍尔打先生[1],问他应当怎办;据说事情非常困难,要剥夺一个父亲管教儿女的权,我必须在二十二岁上独自守在家里,那是很多女人会闹笑话的年龄。先生,你一定看过我的状子;我要求把特·埃斯巴先生来一个禁治产处分所根据的事实,你大概都知道了吧?"

"太太,你有没有采取行动讨回你的孩子?"

"我试过的,先生;可是没有结果。一个做母亲的得不到儿女的温情真是太残酷了,尤其在他们能给你享受到天伦之乐的时候,那是所有的女子都重视的。"

"大的一个应该有十六岁了吧?"法官说。

"十五岁!"侯爵夫人不大高兴的回答。

皮安训听着,对拉斯蒂涅瞟了一眼。特·埃斯巴太太咬了咬嘴唇:

---

[1] 鲍尔打为巴尔扎克小说中人物,历任法院检察长及诉讼代理人等等的职务。

"请问孩子们的年龄跟这件事有什么相干？"

"啊！太太，"法官好像对自己说话的分量并不在意，"一个十五岁的少年和他的兄弟，大概也有十三岁了吧，他们有的是腿，有的是头脑，会偷偷来看你的；如果不来，那是为服从父亲，而要服从父亲到这个程度，那一定是非常爱父亲的了。"

"我不明白你的意思。"侯爵夫人说。

"或许你不知道，你的诉讼代理人在状子里说，你两个亲爱的孩子在父亲身边很苦……"

特·埃斯巴太太好不天真的回答："我不知道代理人替我说些什么话。"

包比诺接下去说："请你原谅我这种结论，但法律是把什么都考虑到的。太太，我向你提的问题，动机是要彻底了解案情。据你说，特·埃斯巴先生离开你的借口是极可笑的。他本来要和你一同上勃里昂松，结果他仍留在巴黎。这一点我不大明白。他结婚以前有没有认识那个耶勒诺太太呢？"

"不，先生。"侯爵夫人回答的时候有些不高兴的表情，只有拉斯蒂涅和特·埃斯巴骑士看得出来。

她本想笼络这法官，使他的判决对自己有利，没想到反过来被他多方盘问，不由得大为气恼。但包比诺聚精会神的态度完全像个傻瓜，所以她临了也认为包比诺的问长问短，是和伏尔泰笔下的审判官一样[1]，天生的喜欢发问。

她接着说："我十六岁的时候，由于父母之命嫁了特·埃斯巴侯爵；他们认为侯爵的姓氏、财产、习惯，都合乎作他们女婿

---

[1] 为伏尔泰所著寓言体小说《天真汉》的人物。

的条件。那时侯爵二十六岁,是个合乎英国人标准的绅士;我喜欢他的态度举动,他似乎胸怀大志,而我是喜欢胸怀大志的人的,"她说着朝拉斯蒂涅望了一眼,"倘使侯爵没遇到耶勒诺太太,据他当时的朋友们的意见,凭他的才能、学问、交际,早已参加政府执掌大权;查理十世还没登极就非常器重他;什么贵族院啊,宫廷中的要职啊,政府中的高位啊,都等着他。不料那女人把他迷昏了头,把我们整个家庭的前途断送了。"

"特·埃斯巴先生那时对宗教的意见是怎样的呢?"

"他一向是,至今还是,极虔诚的。"

"你不觉得耶勒诺太太用什么妖法蛊惑他吗?"

"不,先生。"

"太太,你的屋子非常漂亮。"包比诺突然改变话题,把手从背心袋里缩回来,站起身子,撩开衣摆向壁炉烤火,"这客厅真是太好了,椅子多讲究,每间屋都富丽堂皇。的确,你自己住着这等地方,想到孩子们衣、食、住样样不行,一定伤心透了。对一个做母亲的人,我想不出还有什么更痛苦的事!"

"是的,先生。我多么想使两个孩子有些娱乐,可怜他们被父亲逼着,从早到晚研究那要命的中国学问!"

"你在家里举行盛大的宴会,当然可以让他们快活一下;但说不定会养成他们挥霍的习惯;另一方面,他们的父亲也应该在冬天教他们来看你一两次呀。"

"逢着元旦和我的生日,他是带他们来看我的;那些日子,特·埃斯巴先生特别赏脸;和他们一起在这儿吃饭。"

"这种行为真是怪极了,"包比诺的神气好像完全相信侯爵夫人的话,"你有没有见过耶勒诺太太呢?"

"有一天,我的小叔为了关心他的哥哥……"

"啊!"法官打断了侯爵夫人的话,"这一位原来是特·埃斯巴先生的令弟?"

特·埃斯巴骑士一声不出,弯了弯腰。

"特·埃斯巴先生素来关心这件事,有天带我上礼拜堂[1],因为那女的是新教徒,到那儿去听布道的。我看到了她,觉得没有一点儿动人的地方,完全像一个开肉铺子的;胖得异乎寻常,一张可怕的大麻脸,手脚长得像男人,眼睛斜视,反正是个妖怪。"

"简直想不通!"法官说着,那表情仿佛他是全国最傻的一位推事,"而那女的还住在这儿附近,住着一所公馆。那么一般真正的布尔乔亚都到哪里去了?"

"是的,一所公馆;并且她儿子住在里头开支浩大。"

"太太,我住在圣·玛梭城关,不知道这一类的费用。你说的开支浩大到底是怎么一个排场呢?"

"噢,"侯爵夫人说,"那包括一个马房,养着五匹马,备着三辆车,一辆轻便四轮车,一辆轿车,一辆双轮篷车。"

"这些是不是花费很大的?"包比诺很诧异的问。

"大得很呢!"拉斯蒂涅插嘴道,"这种场面,就是说马房,车辆,和仆役的号衣等等,一年总得一万五六的开支。"

"你也认为这样吗,太太?"法官更诧异了。

"是的,至少要这个数目。"侯爵夫人回答。

"屋内的家具是不是花费更大?"

---

[1] 此系指新教加尔文派在巴黎有名的礼拜堂。

"要十万以上呢！"侯爵夫人看到法官这样无知，不由得微微的笑了。

老人又往下说："太太，当法官的全是多疑的，公家出了薪俸养他们，也是要他们多疑；而我便是这等人。如果事情属实，那么耶勒诺男爵和他的母亲把侯爵剥削得不像话了。据你估计，单是车马一项就得一万六一年。伙食，用人的工资，家里大笔的开销，更应当加倍计算，那一年要花到五六万了。你想这两个人从前那么穷苦，怎么会有偌大家私？一百万的本金才不过生四万法郎利息。"

"先生，他们母子俩把侯爵给的资金都照六折到八折的行市买了公债。我相信他们的进款总该有六万法郎以上。并且那儿子的薪水也很高。"

"倘若他们要花到六万一年，"法官说，"你又要花多少呢？"

特·埃斯巴太太回答："差不多要这个数目。"

骑士听了作了个手势，侯爵夫人脸一红，皮安训望着拉斯蒂涅；但法官的表情始终天真烂漫，把侯爵夫人骗过去了。骑士看到大势已去，便不再关心他们的谈话。

包比诺说："太太，这些人大可以送到特别法庭去。"

"我就是这个意思，"侯爵夫人挺高兴的回答，"一听到重罪法庭这几个字，他们就会让步了。"

包比诺又道："太太，特·埃斯巴先生离开你的时候，有没有给你一份委托书，使你有权处置你的产业？"

"我不了解你为什么要问这些话，"侯爵夫人的语气显得不耐烦了，"我认为，如果你考虑到我丈夫的精神失常使我所处的地位，你就应该多问问他，而不应该问我。"

"太太，咱们就要转到正文来了。倘若侯爵受到禁治产处分，那么在委托你或另外一个人管理财产以前，法院先要知道你对自己的财产管理得怎么样。倘若侯爵给过你委托书，就证明你得到他的信任，而法院对这一点是重视的。你究竟拿到委托书没有？你可有权调度资金，买卖不动产吗？"

"不，先生，勃拉蒙－旭佛雷家出身的人，绝对没有做买卖的事。"侯爵夫人因为贵族的傲气受了伤害，把正事给忘了。"我的产业原封不动，特·埃斯巴先生也没给我委托书。"

骑士听到嫂子的答复每一句都等于自杀，便把手蒙着眼睛，免得露出心中的难堪。包比诺虽然说话绕着弯儿，却始终抓着要点。他指着骑士说：

"太太，这一位没有问题是你的骨肉至亲；咱们当着这几位先生可以不必忌讳罢？"

"有话尽说罢。"侯爵夫人觉得这种谨慎小心很奇怪。

"太太，我相信你一年只花六万法郎；而这笔钱是运用得很好的，只要看你的车马，府第，大批的仆役，和气派远过于耶勒诺家的排场，就可以知道。"

侯爵夫人点点头表示同意。

法官又往下说："可是倘使你只有二万六千收入，咱们之间不妨老实说，你可能欠到十万法郎左右的债。这样，法院就很有理由相信，你请求对丈夫加以禁治产处分的动机，不免涉及个人的利害关系，想借此偿还债务，如果……如果……你负债的话。因为受了人家请托，我很关切你的处境；你自己酌量一下罢，我看还是一切实说的好。假如我没猜错，你现在还来得及补救，不至于在法院的判决书上受到谴责；倘若你不把你的地位交代清楚，那可是免不了的。我们一方面必须检查申请人的动机，一方面也得听被告的辩诉，追究申请人是否受到情欲的鼓动，有利令智昏的情形，因为很不幸这是极普遍的现象……"

侯爵夫人那时简直像殉道的圣·洛朗受着火刑一样。

法官又道："……关于这一点，我需要你给我解释。太太，我并不要求和你算一笔笔的账，只是想知道要六万法郎才能应付的排场，你一向怎么支持的，而且支持了这许多年。在日常生活中办得到这一点的女人固然有的是，但你不是这等人。请你告诉我，你可能有很正当的办法，例如王上的恩赏，或是最近得到的公家津贴等等；可是在这种情形之下，你必须由丈夫授权才能领到款子。"

侯爵夫人只是一声不出。

包比诺接着又说："你想，特·埃斯巴先生可能起而自卫，他的律师可以名正言顺的探听你有没有欠债。这个内客室最近才换过家具，府上每间屋的动用器具都不是侯爵一八一六年上留给你的了。耶勒诺母子的家具，你刚才告诉我已经很贵，你的当然更贵，因为你是一位贵族太太。我虽则当了法官，到底是个人，可能错误的，请你给指点出来。要把一个年富力强的家长宣告禁治产，你该想到法律教我负的责任，想到法律限令我们作的严密的侦查。所以，侯爵夫人，请你原谅我所提出的那些问题，那在你是很容易解释清楚的。一个男人为了精神错乱而被禁治产以后，需要有个财产管理人。将来谁当这管理人呢？"

"他的弟弟。"侯爵夫人回答。

骑士行了个礼。大家静默了一会，那静默使在场的五个人都很窘。法官装聋作傻的把这女人的痛疮揭开了。他那副傻相原来是使骑士、侯爵夫人、拉斯蒂涅忍俊不禁的,此刻却在他们眼中显出了真面目。把他偷觑之下,三个人都发觉那张能言善辩的嘴巴的确千变万化,意义无穷。滑稽可笑的家伙一变而为目光犀利的法官。他早先估量内客室的用意,如今可显出来了:他好比座钟底下那头镀金的象,蹲在那里研究豪华的陈设,结果却看透了这女人的心事。

包比诺指着壁炉架上的摆设,说道:"特·埃斯巴侯爵固然是对中国入迷了,但我很高兴看到中国的出品也一样能讨你喜欢。这些可爱的中国玩意也许都是从侯爵那儿来的吧。"他一边说一边指着贵重的小古董。

这几句挺风雅的讥刺使皮安训听着微笑,拉斯蒂涅愣了一愣,侯爵夫人却咬着她薄薄的嘴唇。

"先生,"特·埃斯巴太太说,"我处在两难的地位,不是坐视自己的财产和孩子受到损害,便是被人家认为与丈夫作对;现在你先生非但不来保护我,倒反控诉我,倒反怀疑我的用意。这种行为真有点儿莫名其妙……"

法官立刻接住了她的话:"太太,法院对这一类案子特别郑重,它可能指派一个批判态度还没有我这样宽容的法官。再说,你以为侯爵的律师会乐意听人摆布吗?便是你的用意极纯正,没有一点儿私心,他不是也会加以中伤吗?你整个的生活,他都要翻来覆去的搜查,还不像我对你存着敬意而留些余地呢。"

"多谢你,先生,"侯爵夫人带着挖苦的意味,"即使我欠下三万五万的债,也不在埃斯巴和勃拉蒙-旭佛雷两家眼里;但倘使我丈夫精神失常,是不是因为我欠了债,就不能使他受禁治产处分？"

"那也并不。"包比诺回答。

侯爵夫人又说："我想不到，在只要坦白真诚就能知道全部事实的情形之下，一个法官会用狡猾的手段来盘问我，所以我现在认为不必再回答你的问题了；虽然如此，我仍可以老实告诉你，我在社会上的身份，为了保持社会关系所花的心血，对我都是很痛苦的。最初我杜门不出，过了几年幽居的生活；但为孩子着想，我觉得不能不代替他们父亲的职司。我招待朋友，接见宾客，欠了债，使他们的前途得到保障，替他们布置一些光明的远景，使他们将来不会缺少帮助和支持；以这种成就而论，不少精于计算的人，法官也罢，银行家也罢，都会毫不吝啬的付出我所花的代价的。"

"太太，我很佩服你爱护儿女的心，"法官回答，"那是你的荣誉，我怎么能责备你呢？法官是属于大众的；他什么都应该知道，什么都应该衡量。"

侯爵夫人凭着她的机智和判断人的习惯，看出无论用什么手段都不能影响包比诺。她本希望遇到一个有野心的法官，不料来的是个正人君子；便忽然想到用别的方法来达到目的了。那时仆役们正好端茶来。

包比诺看见下人预备茶水，便问："太太还有别的话跟我解释吗？"

"先生，"她很傲慢的回答，"你只管公事公办：讯问了特·埃斯巴先生以后，你就会同情我了，那是一定的……"

她抬起头来又高傲又放肆的向包比诺瞅了一眼；老头儿便恭恭敬敬的向她告辞了。

拉斯蒂涅对皮安训说:"你的姑丈真是太和气了。难道他不明白吗?特·埃斯巴侯爵夫人是何等人物,在社会上有什么影响什么潜势力,难道他一概不知道吗?明儿司法部长还要来拜望她呢……"

皮安训回答:"朋友,教我有什么办法?我早告诉你了,他不是一个通世面的人。"

"不错,他这种人简直自寻死路。"

皮安训向侯爵夫人和那始终不作声的骑士行了礼,急急忙忙追出去;包比诺不愿意参加发僵的局面,早已在一间间的大客厅中往外走了。

法官一边踏上侄子的马车,一边说:"我看这女人欠下十万法郎的债呢。"

"你觉得这件案子怎么样?"

"没把各方面的情形看清楚以前,我从来没有意见的。明天清早我就发传票,约耶勒诺太太下午四点钟到办公室来,要她解释一下关于她的事,因为她是有干系的。"

"我倒很想知道这桩案子的结果。"

"哎!天哪!你没注意到侯爵夫人被人利用吗?牵线的便是那个高大冷酷,自始至终没说过一个字的男人。他颇有该隐的气息,但这个该隐是想利用法院来害他的哥哥,不幸我们手里还有几把萨姆松的剑[1]。"

皮安训嚷道:"啊!拉斯蒂涅,你在这里头搅些什么名堂呢?"

---

[1] 《旧约·创世记》载,亚当与夏娃生子该隐与亚伯,亚伯祭物为耶和华所喜爱,该隐见而嫉妒,即杀害亚伯。——萨姆松为古代以色列族之大力士,大法官。

"这些家庭之中的阴谋诡计，我们见惯了：宣告不受理的禁治产案子，每年都有。我们的风俗并不认为这种企图不名誉；另一方面，只要一个可怜的穷光蛋打破玻璃窗想抢金子，我们就把他送进苦役监。咱们的法律不是没有缺点的。"

"可是状子上所举的事实又是怎么回事呢？"

"孩子，你还不知道当事人要诉讼代理人编的谎话吗？倘若代理人只讲事实，他们盘进事务所的资金就没有利息可拿了。"

第二天下午四点，一个大胖女人，像一口披了衣衫，束了带子的酒桶，浑身大汗，上气不接下气的爬上法官包比诺家的楼梯。她好容易才从一辆绿色敞篷马车中走下来；那辆车和她配合得再恰当没有：你想到这女的就会联想到她的车，想到那辆车就会联想到这女的。

她站在办公室门口，说道："亲爱的先生，我就是耶勒诺太太，被你老实不客气疑心做贼的。"

她用极普通的声音说了这几句极普通的话，因为害着哮喘病，说话中间还夹着尖锐的嘶嘶声，最后又来一阵咳呛。

"先生，你才想不到我走过潮湿的地方多么难受。说句粗话，我这条命是不会长的。好啦，你找我干吗？"

法官一看见这个所谓女阴谋家，不由得呆住了。耶勒诺太太皮色通红，脸上窟窿多得数不清，额角很低，鼻子往上翘着，脸孔滚圆像一个球，因为这女人身上一切都是滚圆的，眼睛像乡下人一样有精神，讲话嘻嘻哈哈，神情坦白，栗色的头发笼在绿帽子底下的一顶软帽里面，帽上插着一束蔫了的莲馨花。膨亨的乳房教人看了又好笑，又担心它逢着咳呛的时候会哗啦啦的炸开来。那种粗大的腿，巴黎的顽童是拿两根木桩来形容的。耶勒诺寡妇穿着一件缀有灰鼠毛的绿衣衫，在她身上好比沾着油迹的新嫁娘的披纱。总而言之，她浑身上下都是跟"你找我干吗"这句话调和的。

"太太，"包比诺对她说，"有人疑心你用蛊惑手段勾引特·埃斯巴侯爵，拿到大量的金钱。"

"什么！什么！说我勾引？哎唷，我的好先生，你是一个规规矩矩的人，还当着法官，应该明理的，对我瞧瞧罢！请你说一声，我是不是勾引什么男人的人。我身子也弯不下去，鞋带也没法扣，二十年到现在不能再戴胸褡，要不然马上会闷死。十七岁的时候，我身腰瘦小，像一支芦笋，还长得很俏呢，老实告诉你！后来嫁了耶勒诺，一个挺好的男人，在盐船上当掌舵的。我生了个儿子，长得一表人才，替我很挣面子；我可以不客气的说，他是我最美丽的出品。我那小耶勒诺是拿破仑部下一个很体面的兵，在帝国禁卫军中吃粮。自从男人淹死之后，可怜我大变特变：害了一场天花，在房间里一动不动的躺了两年，等到出房门的时候就胖成现在这样子，又丑又倒霉，这一辈子就算完啦……你说，我凭什么去勾引男人？"

"那么，太太，为什么特·埃斯巴侯爵给你一笔……"

"对啦，给我一笔那么大的家私！可是我不能把理由说出来。"

"你不说出来是不对的。现在他的家属为这件事着了慌，把他告了一状。"

"哎啊！我的好天爷！"那女的猛的站起身来嚷着，"他竟为我受累吗？像他那样的好人，普天之下找不出第二个！要是他遇到什么伤心事，哪怕只是少掉一根头发罢，我们也宁可把收下的钱退回的。法官大人，请你把这话记下来。哎唷，我的天！我马上把事情告诉耶勒诺去。喝！这还像话吗？"

矮胖的老婆子一说完，站起身子就走，三脚两步滚下楼梯，不见了。

法官心里想："这女的倒不是扯谎。好吧，明天去看了侯爵，事情就可以水落石出了。"

凡是过了相当年龄，不再糊里糊涂过生活的人，都知道表面上无足轻重的行为对于人生大事所能发生的影响；他们绝不会奇怪像下面那种琐碎的事会有重大的后果。第二天，包比诺害着鼻腔感冒，疾病本身并无危险，俗语却很可笑的称为**脑伤风**。法官想不到把案子耽搁一下的严重性，觉得有点儿发烧，便留在家里，没有去讯问特·埃斯巴侯爵。这一天耽误对于这桩案子的关系，等于十七世纪时太后玛丽·特·梅迭西斯为了喝汤而延迟了与王上的会见，使黎希留占先一着，赶到圣·日耳曼争回了路易十三的宠信。

我们在跟着法官和书记官进到侯爵寓所以前，对于这一位被妻子指为疯狂的家长，对于他住的屋子和经营的事业应当先瞧上一眼。

05

疯 子

　　巴黎的某些区域还东一处西一处的剩下几所屋子，考古学家一看就觉得屋主人当初颇有装点城市的意思，并且为了爱护产业而特别注重建筑物的耐久。特·埃斯巴先生在圣·日内维岗街上住的屋子，便是用石头盖的古老建筑之一，式样相当讲究。但时间一久，石头变黑了，城市的变迁把它的内部与外观都改了样。自从大规模的宗教机构消灭以后，从前住在大学区内的名流也搬走了：现在这寓所的房客和他们经营的企业，跟当初建造时候的目标已经全不相干。上一个世纪，屋子里开过一家印刷所，把地板损坏了，护壁弄脏了，墙壁弄黑了，屋子内部的分配也破坏了。过去是红衣主教的府第，如今却住满了无名小卒。

　　建筑的风格，说明这屋子是在亨利三世，亨利四世，和路易十三的朝代盖起来的；同一区内的弥浓府第，赛尔邦德府第，巴拉丁公主的府第和索尔篷纳，都属于那个时代。上了年纪的老人，还记得在上一世纪听见过人家把那幢屋子叫作杜北龙府。杜北龙是一位赫赫有名的红衣主教，屋子可能是他盖的，或者仅仅是住过的。院子的拐角儿上，进门口有一个台阶，一共有好几个磴级；屋子另外一面的正中央，还有一个通到花园去的台阶。两座台阶虽然破旧不堪，但建筑师在栏杆与台座上所花的功夫，证明他有心暗示业主的姓名；那种谐音的玩意在我们的祖先是常用的[1]。另外一个旁证是，屋子正面的拱梁上还能看出雕着红衣主教冠冕的残迹。

特·埃斯巴侯爵住着底层，无疑是为了要独用花园的缘故；那花园在本区里要算地方很大的了，并且是朝南向，这两点对孩子们的健康最重要。街名既叫作圣·日内维岗，顾名思义，坡度当然很陡峭，因为屋基也相当高，底层从来不至于被潮气侵入。特·埃斯巴先生付的租金大概很便宜；他为了要住在学校中心区就近监督孩子学业而搬来的时代，市面上房租本来很低；再加屋子很破旧，样样需要修理，房东自然更迁就了。所以侯爵不必冒挥霍的名，只花了少数的钱就能舒舒服服的安顿下来。房间的高度，分配，除了一些框子以外一无所有的板壁，天顶的布置，一切都显出大司祭们创造或经营的东西自有伟大的气概，那是现代的艺术家在一些吉光片羽中都能体会到的，不管那吉光片羽是一本书，还是一件衣服，一个书架，或是什么椅子。侯爵所挑选的油漆，是荷兰人和以前巴黎的布尔乔亚最喜欢的棕色，也是在今日的风景画家手中效果最完满的颜色。护壁板上糊着纯色的纸，跟油漆颜色很调和。窗帘料子并不太贵，但挑得很精，刚好配合周围的环境。家具不多而布置得体。屋子里鸦雀无声，清静之极，色调又那么朴素、统一，画家所谓的统一，使人走进去有一种柔和与恬适的感觉。许多小地方的高雅，家具的清洁，人与器

---

[1] 屋主姓杜北龙，北龙二字与台阶的法文读音为谐音，故屋内建造两座台阶以影射屋主姓氏。

物之间的和谐，教你看了自然而然会说出隽永二字。平日很少人能踏进侯爵和他两个儿子住的房间，而所有的邻居也觉得他们的生活很神秘。

正屋侧面靠街的部分，四层楼上有三间房，破旧不堪，空无所有，完全是被当年的印刷所糟蹋以后的模样。这三间房那时就作为发行《插图本中国史》之用，一间是铺面，一间是办公室，一间是经理室；特·埃斯巴先生每天在那儿消磨一部分时间。从吃过中饭起到下午四点，侯爵在四楼的经理室内监督印刷事宜。来客通常总是在这里见他的。两个孩子放学回家也往往上办公室来。底层的住宅好比一个圣地，为父亲与儿子们从吃晚饭起到第二天早上隐居的地方。所以侯爵的家庭生活隐藏得很严密。仆役只有一个服务多年的厨娘，和一个在侯爵没结婚以前就服侍他的男当差，年纪已经有四十岁。和他们在一起的还有一个带领孩子的女管家。从管理屋子的周到上面，可以看出那女的在主持家务，管教儿童的时候，处处为主人着想，办事有条不紊，而且还有慈母一般的感情。这三个好人态度严肃，沉默寡言，似乎都懂得侯爵处理家庭生活的用意。他们的习惯和多数仆役的习惯比较之下，显得非常古怪，使这份人家蒙上一层神秘色彩，而在特·埃斯巴先生本身招的毁谤以外，更招来许多毁谤。

侯爵自有一些高尚的动机不愿意跟同居的房客来往。他在教育孩子的过程中要使他们完全与外人隔离，或许也想避免东邻西舍之间的麻烦。在进步思想特别盛行于拉丁区的时代，他那种身份的人有那种行为，当然要引起一般人嫉视的心理，那种幼稚无聊只有他们的卑鄙无耻可以相比；这种情绪使门房一流的人在侯爵和他的仆役背后造出许多谰言，一家家的传播开去。他的当差被认为阴险的坏蛋，厨娘是个奸刁的女人，管家妇又串通了耶勒诺太太榨取疯子的钱。所谓疯子，便是侯爵。

房客们慢慢的，不知不觉的，把侯爵的好些行事都叫作疯狂，因为他们推敲来推敲去，找不出一点说得过去的理由。大家既不信关于中国的出版物能够赚钱，碰巧那时他又像许多忙碌的人一样忘了付税而收到限期缴款的通知书；房东便信了众人的话，以为侯爵真的把钱搅光了。于是他一月一日就教人把收据送过去，要侯爵预付全年的房租；但收据被看门女人故意压了下来。半个月以后，法院送出催告公事，看门的又搁了几天才交给侯爵；侯爵以为出于误会，不信人家会要弄一个住了十二年的老房客。赶到他的当差把房租送给业主的时间，执达吏已经上门来执行了。这件扣押的事，被人添枝加叶告诉了跟侯爵有来往的商人。他们之中有几个风闻耶勒诺母子骗掉侯爵大宗款项，早就担心他付不了账，此刻更着了慌。而房客，房东，和债权人的疑心，也差不多由埃斯巴先生家用的俭省给证实了。他的作风很像一个破产的人。仆役在街坊上买些零星的日用品都是现付的，仿佛根本不愿意赊账。并且毁谤的闲话在本区里影响极大，即使仆役想赊点儿什么，恐怕也会遭到拒绝。有些商人喜欢账目不清而跟他们来往亲密的主顾，却讨厌账目清楚而高不可攀的顾客。人就是这种脾气。在无论哪个阶级里，大家对于伤害自己尊严的高出一等的人，不管这高出一等在什么方式之下流露，绝不给他方便或通融；反之，对于自己的同党，或是奉承自己的卑鄙东西，大家倒很乐意帮助。所以一个小商人只要痛骂宫廷，就会有一批拥护他的喽啰。

再说，侯爵和他两个儿子的态度，也不免引起邻居的反感，使他们的恶意不知不觉的到一个程度，只要有机会伤害敌人，什么卑鄙手段都会拿出来。特·埃斯巴是一个世代簪缨的贵族，正如他的太太是一个名门望族的女子：这两种了不起的典型在法国非常少见，完满的例子已经屈指可数了。这等人物是以原始的观念，先天的信仰，和童年时代养成而现在社会上早已不存在的习惯，做他们的根基的。

一个人要对于纯血统，对于得天独厚的种族抱有信心，要在思想上自以为高人一等，岂非从小就得把贵族与平民的距离估量出来吗？倘使觉得周围的人与你平等，你怎么还能发号施令？大人物未出母胎，造物先在他额上加了一个冠冕，感应他一些观念；教育不是应当把这些观念深深的灌输给他吗？如今这些观念，这种教育，在法国已经不可能有了；四十年来，社会上的贵族都是由时势造成的：它把一些人送到战场上去浴血，给他们荣誉，罩上天才的光轮；代管财产权，长子长孙的特权，都被取消了，遗产被分割得越来越小了；世袭的贵族不得不丢开国家大事而经营自己的产业；个人的伟大只能用长时间耐性的工作去争取：这完全是一个新时代了。特·埃斯巴在所谓封建那个大集团中已经是硕果仅存的分子；在这一点上，他是值得我们钦佩敬服的。固然他自信血统高人一等，但也相信贵族有贵族的责任；而贵族所应有的德行与魄力，他也无不具备。他用他的道德观念教育两个孩子，从摇篮时代起就把他阶级的信仰灌输给他们。对于自己的尊严所抱的深刻的观念，对于姓氏的骄傲，对于身为优秀种族的信心，在他们身上养成了一种天潢贵胄的傲气，尚侠的精神，和古代的诸侯们乐善好施的仁爱。跟他们的观念完全一致的风度，在王侯之间可能被认为极有格局，在圣·日内维岗街上却使每个人侧目而视;因为那区域仿佛真是一个平等的地方似的,何况大家还以为特·埃斯巴先生的家产完了,而在听让暴发户僭占特权的风气之下,从上到下没有谁再肯承认一个穷贵族还有什么资格享受特权。因此,这个家庭与外人之间不但物质上毫无接触,便是精神上也是完全隔膜的。

父亲与两个儿子一样,外表与心灵非常调和。五十岁左右的侯爵,大可作为十九世纪世袭贵族的模型。身材瘦削,头发淡黄,脸部的轮廓与一般的表情都气概非凡,一望而知是个心胸高尚的人物,但有心装出冷若冰霜的神气,未免太庄严了些。他的鹰爪鼻下端有点向左弯曲,这小小的缺点倒也不无风韵;眼睛是蓝的,高爽的脑门在眉毛部分向外突出,把眼睛藏在阴影里;这些都表示他头脑清楚,极有恒心,为人光明正大;但同时也使他眉宇之间有股特别的气息。额角的弯曲的确带些疯狂的征象;浓密而距离很近的眉毛,把这个显而易见的怪相格外加强了。一双手完全是世家子弟的手,又白净,又保养得好;脚很小。说话吞吞吐吐,不但咬音像有口吃病,便是思想也表现得不清不楚,使听的人觉得他翻来覆去,想东想西,老在小地方斤斤较量,手势作了一半会忽然中断,始终没有一个结果。这个纯粹表面的缺点,和他神态坚决的嘴巴,刚毅果敢的相貌,恰好成为对比。走路不大平稳的姿势,和他说话的方式很相配。所有这些古怪的特点,对于说他疯狂的流言都成为旁证。他虽是个漂亮人物,衣着却很俭朴;一件由当差刷得很到家的黑外套,要穿到三四年之久。

两个孩子都出落得很美,妩媚之中带有贵族的傲气。旺盛的血色,雪亮的眼睛,透明的皮肤,无一不证明生活严肃,饮食有度,工作与游戏的有规律。两人全是黑头发,蓝眼睛,鼻子弯曲，像父亲；但也许母亲把勃拉蒙－旭佛雷家传的谈吐，目光，和庄严的姿态传给了他们。声音像水晶般清脆，有动人心坎的力量，也有那种迷人的柔媚的味儿；总之那种声音是女人们看到他们火辣辣的目光以后极希望听到的。他们尤其有种狷介的纯朴，高洁的矜持，对人避之唯恐不及的态度，将来可能被认为有心做作的，因为他们越是落落寡合，人家越想认识他们。大的一个，格莱芒・特・奈葛勒北里斯伯爵，刚好过十五岁。两年以来，他已经不像兄弟加米叶・特・埃斯巴子爵那样穿美丽的英国短褂了。小伯爵最近半年脱离了亨利四世中学，打扮得像年轻人，正因为初穿漂亮衣衫而非常得意。父亲不愿意他再进一年不必要的哲学班，而要他研究高等数学，把各种学问融会贯通。侯爵同时教他学东方语言、爵徽学、欧洲外交史；并且根据宪章、重要文献、真实材料，和诏书法令等等去研究历史。至于加米叶，最近才进中学的文科班。

包比诺预备去讯问侯爵的那天是星期四，学校放假的日子。早上九点左右，父亲还没醒，弟兄俩在花园里玩儿。兄弟从来没到过射击房，想去练习，非要哥哥在父亲面前帮他说情不可；哥哥不知道怎么拒绝。加米叶欺他软弱，常常喜欢跟他争。那天弟兄俩一边玩一边斗嘴，甚至像小学生一般打架了。他们在园子里追逐，大声嚷嚷，把父亲闹醒了，起来靠着窗口看他们；他们却闹哄得厉害，没有发觉。侯爵望着两个孩子像蛇似的扭作一团，精神充沛，眉飞色舞，脸又红又白，眼睛闪闪发光，四肢搅在一起像火烧的绳子；他们跌下去，爬起来，互相扑在怀里，仿佛杂耍场中两个角力的运动家，使父亲看了满心欢喜，觉得平时在紧张生活中所受的最剧烈的痛苦都有了补偿。

那时二楼和三楼上有两个人向园子里望着,说老疯子居然教两个孩子打架,给自己取乐,好几个人都从窗口探出头来,被侯爵看到了,便对孩子们说了一句话;他们立刻爬上窗子,跳进房间;格莱芒替加米叶向父亲提出要求,父亲答应了。但屋子里议论纷纷,说侯爵的疯狂又有了新的表现。

等到晌午时分,包比诺由书记官陪着到门上说要见特·埃斯巴先生的时候,看门女人带他们上四楼,一路把侯爵当天早上教两个孩子打架的事告诉包比诺,说那毫无心肝的家伙看见小的把大的咬出血来,居然笑了,大概还希望他们俩把命都拼掉呢。

然后她又补充说:"为什么要这样?哼!连他自己也说不上呢。"

这样断了一句,她已经把法官带到四层楼上一扇大门前面;门上装着小框子,黏着《插图本中国史》分期出书的广告。楼梯台上全是泥巴,栏杆脏得要命,大门上留着印刷所的污迹,破落的窗上和天花板上被学徒们拿蜡烛的烟熏满丑态百出的图形;或是由于故意,或是由于随便糟蹋的习惯,墙角堆满着垃圾;总之,这副景象的一切细枝末节,恰好配合侯爵夫人在状子里所举的事实,所以法官虽是大公无私,对侯爵夫人的话也不由得不信了。

看门女人说道:"这就是他的工场了;他在中国人身上花的钱,足够养活整个街坊呢。"

书记官微笑着望着包比诺,包比诺也不容易保持他一本正经的神气。两人走进第一间屋子;里面有个老人,大概是办公室的仆役,兼管铺面和银钱出纳的事,可以说是替中国打杂的。四壁的长搁板上堆着印好的图书。房间尽里头,用木条格子另外分出一个小间作为办公室,挂着绿布帘,有个授受银钱的窗洞说明那是账柜所在。

"特·埃斯巴先生在家吗？"包比诺问那个穿灰色工衣的人。

仆役听了，打开小间的门，让法官与书记官看到一个白头发的令人起敬的老头儿，衣服穿得很朴素，挂着圣·路易十字勋章，正坐在书桌前面校阅一批彩色图片。他停下工作瞧着两位来客。办公室陈设简单，放满着图书和校样；另外一张黑桌子大概是一个当时不在那儿的人办公用的。

"阁下可是特·埃斯巴侯爵吗？"包比诺问。

"不是的，先生，"老人站起身来回答，"你们找他有什么事？"他这样补了一句，向他们走过来，举动态度都显出是受过贵族教育的人。

"我们有些纯粹关于他私人的事和他谈。"

那人听了便走进最后一间屋子，向正在壁炉旁边看报的侯爵说："特·埃斯巴，有两位先生找你。"

这最后一间办公室铺着旧地毯，挂着灰布窗帘；家具只有几张桃木椅，两张靠椅，一张盖子可以上下推动的书桌，一张德龙兴式的书桌[1]；壁炉架上放着一个起码座钟，两个旧烛台。

老人走在来客前面，推出两把椅子让坐，仿佛他是主人似的，侯爵也老实不客气让他这么做。双方行礼的时候，包比诺把所谓疯子打量了一下；侯爵不免问到两位客人的来意。包比诺向老人与侯爵很有意义的望了一眼，回答说："我觉得我的职务和今天的使命需要和你单独谈话，虽然根据法律的本意，在这个情形之下进行的侦查也得有同住的人在场。我是塞纳州初级法院推

---

[1] 德龙兴为十九世纪瑞士名医，创行一种很高的斜面的书桌，可以让人站着写字。

事,奉庭长之命来讯问一些事实,都是特·埃斯巴侯爵夫人在申请禁治产的状子里提到的。"

包比诺说完,那老人就退出去了。

06

讯问

等到只有法官和当事人在场的时候,书记关上了门,径自走到德龙兴式书桌前面,铺上公文纸预备写笔录了。包比诺始终打量着特·埃斯巴先生,看他听了刚才的话有什么反应,因为那几句话对于一个理智健全的人是极残酷的。侯爵的脸,平日是像所有头发淡黄的人一样没有血色的,突然气得通红;他微微打了个寒噤,拿报纸放在壁炉架上,坐下来把眼睛低下了。不久他恢复了上流人物的尊严,望着法官,似乎想从他相貌上找出一些关于他性格的标记。

他问:"先生,这样重要的状子,法院怎么没给我一个副本?"

"侯爵,本案的被告既被指为失却理性,送达副本就变成多此一举了。法院的责任,首先在于把原告的陈诉调查清楚。"

"很对,"侯爵回答,"那么先生,请你告诉我应当怎办……"

"只要答复我的问题,任何细节都不要省略。不论你使侯爵夫人作为借口的某些行为有怎样不得已的苦衷,也不论这苦衷怎样的难于启齿,你尽管直说,不必顾虑。不消说,法院方面很明白它的责任,在这种场合自会保守秘密……"

侯爵的面部表情非常痛苦,他说:"先生,倘若经过我解释以后,侯爵夫人的行事可能受到责备,那又会发生怎样的后果?"

"法院可能在判决书上对申请人的动机加以谴责。"

"这种谴责有没有伸缩性?如果我答复你问题以前向你要求,即使将来你的报告有利于我,判决书上也不说一句使侯爵夫人难堪的话,法院能不能加以考虑?"

法官望着侯爵;两人心照不宣,有些同样高尚的思想在精神上交流。

包比诺吩咐书记官:"诺埃,你到隔壁屋里去。等我用到你的时候再叫你。"

书记走出以后,包比诺又对侯爵说:"如果像我现在所推想的,这件事情中间有什么误会,那我敢答应你,根据你的请求,法院的行动可以留些余地。"法官停了一会,又道:"我请你解释特·埃斯巴太太陈诉的第一件事,也是最重要的一件。据说你把大宗款子送给一个船夫的寡妇,耶勒诺太太,更确切的说是送给她的儿子耶勒诺上校,同时凭你在王上面前的宠遇竭力保举他,你对他的照顾甚至帮他攀了一门极好的亲事。原告的陈诉,似乎说这种友谊超过了一切感情的范围,连违背道德的感情也不到这程度……"

侯爵的脸和脑门突然胀得绯红,连眼泪都冒上来把睫毛沾湿了;然后他的傲气把这种在男人身上被认为懦弱的冲动压了下去。

他声音异样的回答说:"真的,先生,你使我非常为难。我本来预备把我行为的动机带到坟墓里去的……因为提到这问题,我就得向你暴露家庭的一些丑史，还要提到我自己，这最后一点，你知道又是我极难启齿的。先生，希望一切只有你我两人知道。在公文的程式方面，你起草判决书的时候一定有方法不提及我告诉你的事实……"

"侯爵，在这种情形之下，无论什么事都办得到。"

特·埃斯巴又道："先生，我结婚以后不久，因为太太挥霍无度，不得不借一笔款子。贵族家庭在大革命时期的境况，你是知道的。我没力量雇一个总管或经纪人。今日之下，差不多所有的贵族都得亲自料理产业。我家里财产的契据，多数是由我父亲从朗格陶克，普罗望斯，公太几省带到巴黎来的，因为他很有理由害怕革命党人从田契和所谓特权执照上面追究业主。我们本姓奈葛勒北里斯。特·埃斯巴这个姓是我们在亨利四世的朝代，和特·埃斯巴家结了亲，连同财产一起承继下来的；那份人家是裴恩地方的一个大族，和我们联姻的条件便是要把他们的爵徽画在我们爵徽的中央。奈葛勒北里斯是一个小城，在宗教战争中跟我那些姓奈葛勒北里斯的祖先一样有名。和特·埃斯巴家结亲的时候，我们把奈葛勒北里斯的田地丢了。奈葛勒北里斯的职位是统领官，他损失了全部家产，因为新教徒痛恨蒙吕克[1]的朋友们，一个都不肯放过。王家对于这位牺牲惨重的奈葛勒北里斯很不公道，既不封他为元帅，也不给他一个缺分，或是对他的损失有何补偿。查理九世待他很好，可惜没有酬报他就死了；亨利四世替他撮合了特·埃斯巴家的亲事，让他承继他们的家业。可是奈葛勒北里斯的田产已经全部落在债主手里。我的高祖把妻子的财产

---

[1] 蒙吕克为法国十六世纪将领，在宗教战争中以残杀新教徒闻名。

花光了，只留下特·埃斯巴家的长房田给我曾祖，其中还得划出一部分作陪嫁。高祖死后，我的曾祖特·埃斯巴侯爵，像我一样年纪轻轻就当了家。他在宫廷里有一个差事，所以经济情形更窘。但路易十四对他特别宠幸，使他挣了一份很大的家私。那时我们家的爵徽就沾上了一个无人知道的，丑恶的，血迹斑斑的污点，我此刻正在想法洗刷。这秘密是我在有关奈葛勒北里斯田地的文契和家里的旧信中发现的。"

在这个庄严的时间，侯爵说话毫无口吃的现象，也没有平时语言重复的习惯。凡是在日常生活中有这两项缺点的人，一旦胸中有了强烈的感情，说话往往会极其流畅。

他又道："然后《南德敕令》被撤销了[1]。先生，也许你不知道路易十四的亲信借此机会发了多少财。凡是新教徒不按照公家规定出售的产业，都被路易十四没收，分给他的左右。像当时的传说一样，王上的宠臣都四出逐鹿，猎取新教徒的家产。我千真万确的知道，有两个侯爵的田地全是一些可怜的商人被充公的家私。逃亡的新教徒中有巨额财产需要带走的，到处遇到圈套；人家对他们用的怎样的手段，我用不着向你当法官的人解释。你只要知道，奈葛勒北里斯的田地，包括二十六个地方教区和对于各乡镇的特权，还有从前也属于我们的葛拉方日田地，都早已落入一个新教徒的手里。由于路易十四的恩赐，我的祖父把这两处产业收回了。但这恩赐的经过对另一方面是极不公道极残酷的。那

---

[1] 法国宗教战争（1562—1593）告终以后，亨利四世于一五九八年颁布敕令，史称《南德敕令》，保障新教徒之信仰自由，及与旧教徒之平等待遇。此项敕令被路易十四于一六八五年十月十八日下诏撤销，致大批新教徒流亡于英、荷、德诸国，为法国史上最大规模的移民。

两处田地的业主,把家属先打发到瑞士去,自以为日后还能回到祖国来,便假装卖掉田地,自己也打算逃往瑞士。他大概想尽量利用法定限期,留在法国料理买卖,不料被地方总督抓了起来;出面顶替,充他买主的人把事实招供了;可怜的商人结果被吊死,而我的父亲却到手了两处田地。我要不知道我祖父参加这些阴谋诡计倒也罢了;无奈那位总督是他的舅父,不幸我又看到总督的一封信,教我祖父向台奥达多斯想办法,台奥达多斯是宫廷中的近臣背后称呼王上的暗号。信中取笑那个牺牲者的口吻,使我看了毛骨悚然。流亡在瑞士的家属寄钱回来替可怜的人赎命,总督收了钱,照旧要了商人的命。"

侯爵说到这儿停住了,仿佛这些回忆还把他压得喘不过气来。

然后他又接着说:"那可怜虫叫作耶勒诺。单单这个姓就可以给你说明我的行为了。想到我的家庭有这样一段可耻的历史,我不由得痛苦万分。靠了这笔家私,我的祖父娶了拿伐兰-朗撒克家的女儿,那是小房的承继人,家业远过于大房。从此以后,我的父亲被认为国内数一数二的大地主,娶的是葛朗里欧家小房的女儿,便是我的母亲。那家私虽是不义之财,对我们倒是一本万利。因为决意要快快的补赎这桩罪过,我写信到瑞士去,直到把那家新教徒的踪迹访查明白了才安心。我打听到耶勒诺家潦倒不堪,已经搬回法国来了。以后我又发觉,那倒霉的一家的承继人是一个拿破仑部下的骑兵中尉。在我看来,耶勒诺一家的权利是很明白的。要确定时效问题,不是先得控告产业的持有人吗?但为了宗教而亡命的人,教他们向哪个法庭去陈诉呢?他们的法庭是在天上,或是在这里,"侯爵说着,拍了拍心窝,"我不愿意我的孩子们将来对我像我对祖先一样想法。我要传给他们一份没有污点的遗产，一个没有污点的爵徽；我不愿意贵族的品格在我身上变成自欺欺人的谎言。并且以政治观点来说，大革命时代逃亡出去的人既然都要求收回被充公的产业，他们自己怎么还能保留用罪恶的手段抢来的财产？耶勒诺先生母子俩老实得近乎迂执，据他们说来，我还是受他们剥削呢。我花了多少口舌，他们只肯收回路易十四时代的地价。我们把那地价议定为一百一十万法郎，可以陆续支付，不用加利息。为了张罗这笔款子，我必须有个很久的时期不能动用我的收入。事情到了这个阶段，我才如梦初醒，发觉我对太太认识错了。我向她提议离开巴黎，住到外省去；在那儿凭她收入的半数就能过着体体面面的生活，而且可以提早还清那笔债；我把事情告诉她，只是没说得怎么严重。不料她把我当作疯子。我这才发现了她的真性格：她可能问心无愧的赞成我祖父的行为，还会取笑新教徒呢。看她那么冷酷，对孩子们不关痛痒，居然毫无遗憾的让我带走，我不禁害怕起来，决意把我们共同的债还清以后，让她保留她那份财产。她说过她不能因为我发傻而跟着赔钱。既然我的收入不够开销；也没力量供给孩子们的教育费，我就打定主意亲自教育，希望他们成为勇敢的人，名副其实的绅士。我把进款买了公债，因为行市上涨，我还清地价的时期比预算的缩短很多。原来我留出了四千法郎家用以外，每年只能拨六万法郎，要十八年才能拨完；可是最近我把一百十万法郎统统归清了。我很运气，偿还了人家的损失，并没使孩子们吃一点儿亏。先生，这就是我把款子交给耶勒诺太太母子的理由。"

法官听着大为感动，硬压着感情问道：

"那么侯爵夫人对你隐居的理由是知道的了？"

"是的,先生。"

包比诺把腰板一挺,表示大吃一惊,猛的站起来打开办公室的门,招呼他的书记:

"喂,诺埃,你回去罢。"

接着又对侯爵说:"先生,虽则你这番话已经使我完全明白,但状子上还提到一些别的事,我想听一听你的解释。比如说,你在这儿经营商业,这一点似乎跟你的身份不合。"

"这件事不便在这里谈,"侯爵说着,向法官作了一个手势请他出去,然后又对着老人:"努维翁,我下去了;两个孩子快回家了,你等会来吃饭罢。"

"侯爵,"包比诺在楼梯口问,"你不住在这里吗?"

"不,先生。我为了出版事业特意租这几间屋子作办公室。你瞧,"他指着壁上的广告,"这部历史的发行人不是我,而是巴黎一家最有地位的书店。"

侯爵把法官让进底层的屋子:"先生,这才是我住的地方。"

屋内那股诗意毫无卖弄风雅的痕迹,包比诺一进去就悠然神往。那日天气极好,窗都开着,客室内布满了园中草木的香气;一道道的阳光把略带褐色的护壁照得格外光鲜。包比诺看到这个幽雅的环境,认为绝不是一个疯子所能创造出来的。

他心上想:"对啦,我就需要这样一所屋子。"接着又高声问:"你不久要搬走了吧?"

"希望能这样,"侯爵回答道,"可是我要等小儿子完成学业,等他们弟兄俩的个性完全成熟,再把他们带到社会上去,让他们接近母亲;并且,除掉已经给他们的实学以外,我还想加以补充,教他们游历欧洲各国的京城,见见世面,见见人物,把学的语言实地应用一下。"他请法官在客厅内坐下了,又道:"关于印行《中国史》的事,我不能在一个老世交面前和你谈。他是努维翁伯爵,大革命时代流亡在国外,回来连一点家私都没有了;我跟他一同办这件事,与其说为了我自己,不如说为了他。我并没告诉他我隐居的理由,只说我跟他一样把家产搅光了,可是还有些资本足够经营一桩买卖,他也可以从中出点力。我从小有个受业的老师,叫作葛罗齐埃神甫,由于我的保举,查理十世派他做阿尔直那图书馆馆员,那图书馆是今上当太子的时候就主管的。葛罗齐埃神甫对于中国极有研究,深知它的风俗习惯。我在一个人极容易对所学的东西入迷的年龄上承继了他的遗产,二十五岁就学会了中文。我承认我对这个民族的钦佩简直不能自已,因为它能把征略者同化,它的历史比神话的年代或圣经的年代还要古老,稳定的制度使它能保持领土的完整,纪念建筑伟大无比,行政机关完满无比,革命是不可能的;它认为理想的美是贫弱的艺术原则,它的工艺和珍贵的出品发展到登峰造极;我们无论在哪一点上都不能超过它,而我们自命为高人一等的成绩,他们却和我们并驾齐驱。可是,先生,即使我常常在谈笑中把欧洲各国的情形与中国的相比,我到底不是中国人,而是一个法国绅士。倘若你怀疑这个企业,我可以提出证明,这部附有插图与统计,涉及文学、宗教各方面的大书,已经得到普遍的赞许,预约的数目到了二千五百部,包括欧洲各国在内,法国只占到一千二。每部书要卖三百法郎;努维翁伯爵从中可以挣到一笔年息六七千法郎的款子,因为我办这个企业暗中的动机便是保障他的生活。至于我自己,只希望能挣些钱让两个孩子有点儿娱乐。我无意中赚的十万法郎可以作他们的特殊支出;凡是他们的衣着、马匹、看戏的钱，击剑和别的玩意儿的学费，随便涂抹的画布，喜欢的书，以及做父亲的极高兴让他们满足的一切小小的欲望，都有了着落。两个孩子读书那么用功，成绩那么优异，倘若我没力量供给他们这些享受，那我为了维持身家清白所做的牺牲，势必更加痛苦了。的确，先生，我关在家里教养儿子已有十二年之久，这十二年使宫廷把我完全忘了。我的政治生涯，我的世代簪缨的身份，自己可能挣到而传给孩子们的新的光荣，全部放弃了；但是我们姓埃斯巴的并没损失，孩子们将来一定是出众的人物。我固然没有进贵族院，但日后他们可以凭着为国效劳的功绩，光明正大的去争取，他们也必定能为祖国做出一些传世的事业。我把家声洗刷干净之后，等于替后人奠定了一个光荣的前途；虽然这番苦功是没人知道的，没有光华的，也不能不说是一件高尚的行为罢？先生，还有别的事要我解释吗？"

那时好几匹马的声音在院子里响起来。

侯爵说："他们回来了。"

一会儿两个少年进了客厅，衣着大方而朴素，穿着带有踢马刺的靴子，戴着手套，很高兴的扬着马鞭。兴奋的脸表示才吹过新鲜空气，精神抖擞，身体强壮。他们俩跟父亲握手，像朋友般彼此交换了一个温柔的眼风，又冷冷的向法官行了礼。包比诺觉得无须再问侯爵与儿子们的关系了。

"你们玩得好吗？"侯爵问。

"玩得很好，父亲。我初次出马，十二枪就打倒六个木人！"加米叶说。

"你们上哪儿散步的呢？"

"上蒲洛涅森林去的。我们还看见母亲呢。"

"她有没有停下来？"

"我们跑得那么快，她一定没看到。"格莱芒回答。

"可是你们为什么不过去招呼她呢？"

格莱芒低声说道："父亲，我觉得她不大乐意我们在公众地方接近她。"

法官耳朵相当灵敏，把那句话听到了；当时侯爵额上也堆起一些阴影。包比诺欣然看着这幅父子团聚的景象，眼神很感动的打量侯爵，觉得他的面貌，姿态，举动，简直是忠厚正直的德行最完满的表现，完全是一派风雅豪侠的贵族气息。

"先生，你……你瞧，"侯爵又恢复了口吃的毛病，"你瞧……法院可以随时派……派人到这儿来……是的，随时派……派人到这儿来。假如有疯子的话……假如有疯子的话，那只有两个孩子对他们的父亲有点儿疯癫，还有做父亲的对孩子们疯得厉害；但那种疯狂，性质并不坏。"

那时，穿堂里传来耶勒诺太太的声音，她不管当差的拦阻，径自走进客厅，嚷道：

"我才不愿意绕圈子呢！"她说着向大家行了礼，"是的，侯爵，我一定要立刻跟你谈一谈。啊！我又来迟了一步，刑事法官已经先到了。"

"刑事！"两个孩子都叫起来。

"怪不得你不在家，原来在这儿！真是，若要事情糟，只要法官到。侯爵，我特意来告诉你，我们母子俩决意把你的钱全部奉还，因为我们的名誉受到危险了。我跟我儿子宁可还你钱，不愿意你有一点儿不如意的事。说句老实话，真要混账透顶的人才会想到把你来一个禁治产……"

两个孩子紧靠着侯爵的身子,嚷道:"把我们的父亲禁治产?什么事呀?"

包比诺插言道:"太太,别说了!"

"孩子,你们走开。"侯爵吩咐。

两个少年一声不出,往园子里去了,可是脸色很不安。

"太太,"法官说,"侯爵给你们的款子是他在法律上欠你们的,虽然这个偿还的行为是把诚实不欺的原则应用得极其广泛。一个人持有没收得来的产业,不管没收的方式如何,连用不老实手段的在内,倘若过了一百五十年仍应当归还原主,那么法国就很少合法的业主了。雅各·葛的产业使二十几家贵族发了财[1]。英国在占领一部分法国土地的时期滥行没收的产业,也增加了好几个诸侯的财富。根据我们的立法,侯爵尽可自由处置他的进款,谁也不能责备他挥霍。要把一个人加以禁治产处分,必须他行动毫无理性;而他现在给你的赔偿是完全出于最圣洁最高尚的动机。所以你尽可问心无愧的收下;社会要诬蔑这桩义举就让它诬蔑罢。最纯洁的德行在巴黎往往会受到最卑鄙的毁谤。不幸,发展到现阶段的社会,还要使侯爵的行为显得伟大。这一类的义举倘使不足为奇了,那才是国家的光荣呢。但目前的风俗人情,使我比较之下不得不认为:侯爵非但不该受到禁治产的威胁,还值得人家替他加上一个光荣的冠冕。在我服务司法界的几十年中间,我今天所看到的,所听到的,还是第一次看到,第一次听到。但在最优秀的阶级中,为善行义原是一种习惯,所以我们看到德行最美满的表现,也不必奇怪。——侯爵,我这样说明

---

[1] 雅各·葛(1395—1456)为法国有名的富商,曾资助查理七世与英国作战的军费;后被人诬陷,财产均被没收。

以后,你大概能相信我是绝对能守秘密的了,并且绝不会有禁治产的判决,假定要有判决的话。"

"啊,这才对啦,"耶勒诺太太说,"这才像一个法官!我的好先生,要不是我长得这么丑,我一定来拥抱你了;你说的话真是高深得很。"

侯爵向包比诺伸出手去,包比诺接在手里轻轻拍着,情意极深厚,眼神极柔和的瞅着这位私生活中的大人物;侯爵极有风度的对他微微笑着。两个这样笃厚这样宽宏的心灵,一个是近乎神明的布尔乔亚,一个是超凡入圣的贵族,发的是同一个声音,没有击撞,没有冲动,像两道纯洁的光似的融为一片。整个街坊上的慈父,觉得自己够得上跟这个出身与人品同样高贵的人握手;侯爵也有一种直觉,感到法官心中有的是广大无边的慈悲。

包比诺一边行礼一边补充:"侯爵,今天听了你开头几句话,我就认为用不着我的书记了;我很高兴自己能有这点判断力。"

然后他又走近去把侯爵拉到一个窗洞底下,说道:"先生,你应当搬回家了;我觉得这件事是侯爵夫人受了别人的影响。你要趁早把这影响消灭才好。"

包比诺一路出去,在院子里,在街上,回头望了好几次,心里对刚才的一幕非常感动。那种印象会深深的印在记忆中间,等一个人需要找些安慰的时候再像鲜花一般的开放出来。

他回到家里,想道:"那屋子对我倒很合适。万一特·埃斯巴先生搬走的话,我一定把它租下来……"

包比诺当夜就把报告做好了,第二天早上十点左右,他上法院去打算赶快把案子秉公处理。他走进更衣室,正想穿上公服,戴上胸饰,值班的当差却说院长在办公室里等他。包比诺听了这话，马上过去了。

"你好，亲爱的包比诺。"院长招呼他，"我等着你呢。"

"院长，可有什么紧要公事吗？"

"噢，只是一点儿小事。昨天我很荣幸和司法部长一块儿吃饭，他把我拉到一边说了几句话。他知道你为了经办的案子在特·埃斯巴太太家喝过茶。照他的意思，你最好回避一下……"

"啊！院长，我向你保证，茶一端出来，我就告辞的；而且我的良心……"

"是的，是的，"院长说，"整个法院，还有高等法院，最高法院，谁都知道你的人格。我替你在部长面前说的话，也不必述给你听了；可是你知道：**恺撒的妻子是不能被人怀疑的**[1]……所以咱们不必把这件事当作纪律问题，只看作体统问题。你我之间不妨老实说，这还不是为了你，而是为了法院。"

"可是院长，倘若你知道了案情，"包比诺一边说一边想从口袋里把报告掏出来。

"我早知道你对这件案子一定大公无私。并且我在外省当推事的时候，和当事人一起喝茶的事也多得很；但只要司法部长提到了，只要有人谈到你，法院就得设法不让外边多言多语。跟舆论界的摩擦对一个司法机关总是危险的，哪怕它理由十足也没用，因为双方的武器差得太远了。报纸可以信口开河，任意猜测；我们却为了尊严不能采取任何行动，连答辩都不行。我已经和你的庭长商量过：你马上去做一个申请回避的公事，我们决定派加缪索先生接办。这样，事情就在自己人中间了啦。再说，你

---

[1] 此系恺撒休妻时语。后人引用，意为某些人物必须洁身自好，即受极小的嫌疑亦足为盛德之累。

回避了也算帮了我个人的忙；另一方面，你早该得到的荣誉团勋章，这一回我准定替你办到。"

那时一个刚从外省初级法院调到巴黎来的推事加缪索，走过来向院长和包比诺行着礼；包比诺见了不禁带着讥讽的神气略微笑了笑。这个淡黄头发，没有血色的青年，抱着一肚子的野心，满可以把人在刑架上吊上去，放下来，只要上头有命令。他要学的榜样是洛罢特蒙一流而不是莫莱一流[1]。包比诺向他们俩行了礼，退出去了，根本不屑揭穿人家中伤他的谎话。

一八三六年二月　巴黎
一九五四年一月　译

---

[1] 法官洛罢特蒙为十七世纪时黎希留的羽党，今成为徇私枉法的官吏之代名词。莫莱（1586—1656）则为法国史上有名的刚正不阿的法官。

欢迎你从《人间喜剧》进入

读客精神成长文库

不同的精神成长书单，为你提供更多选择

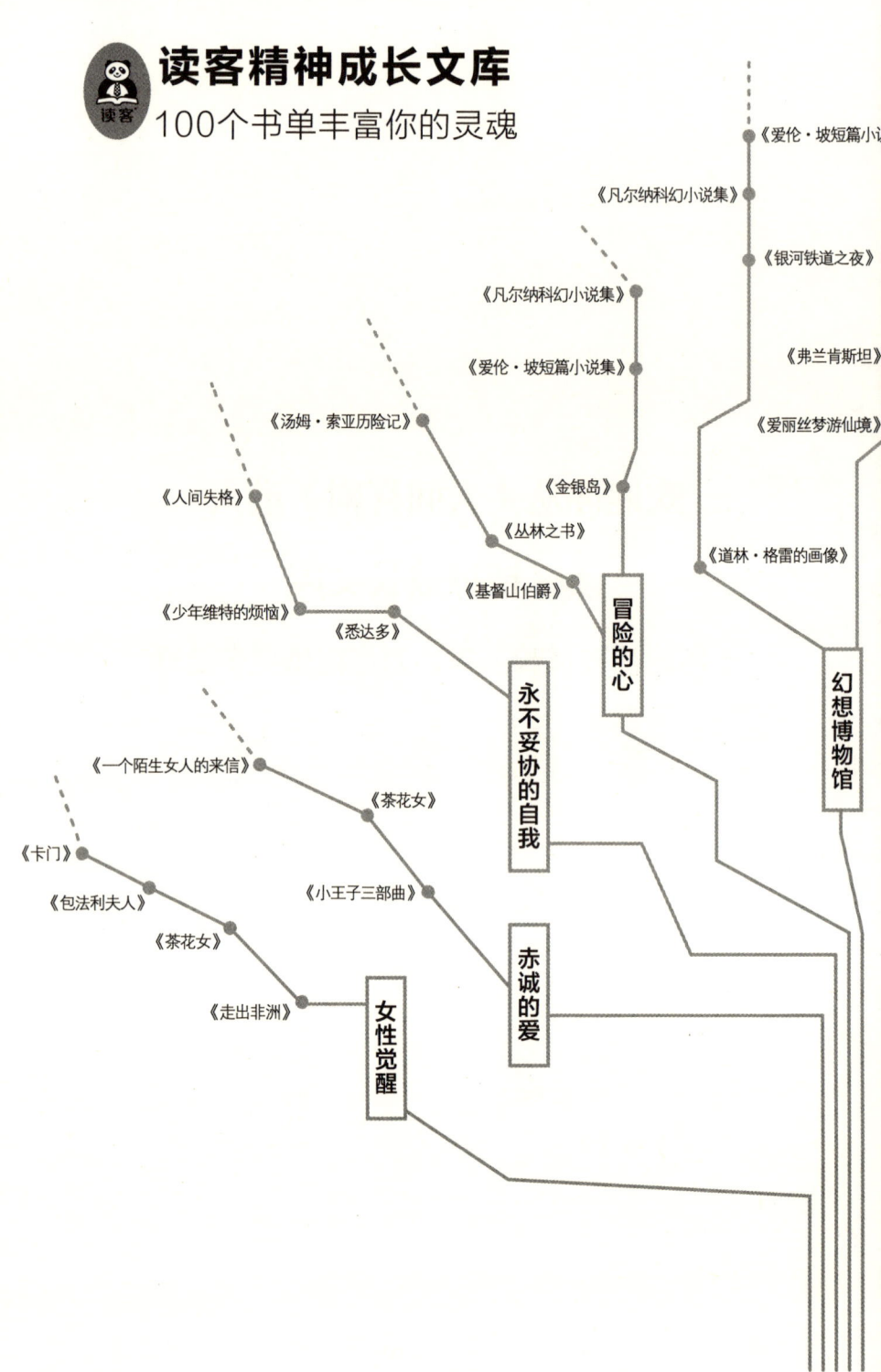

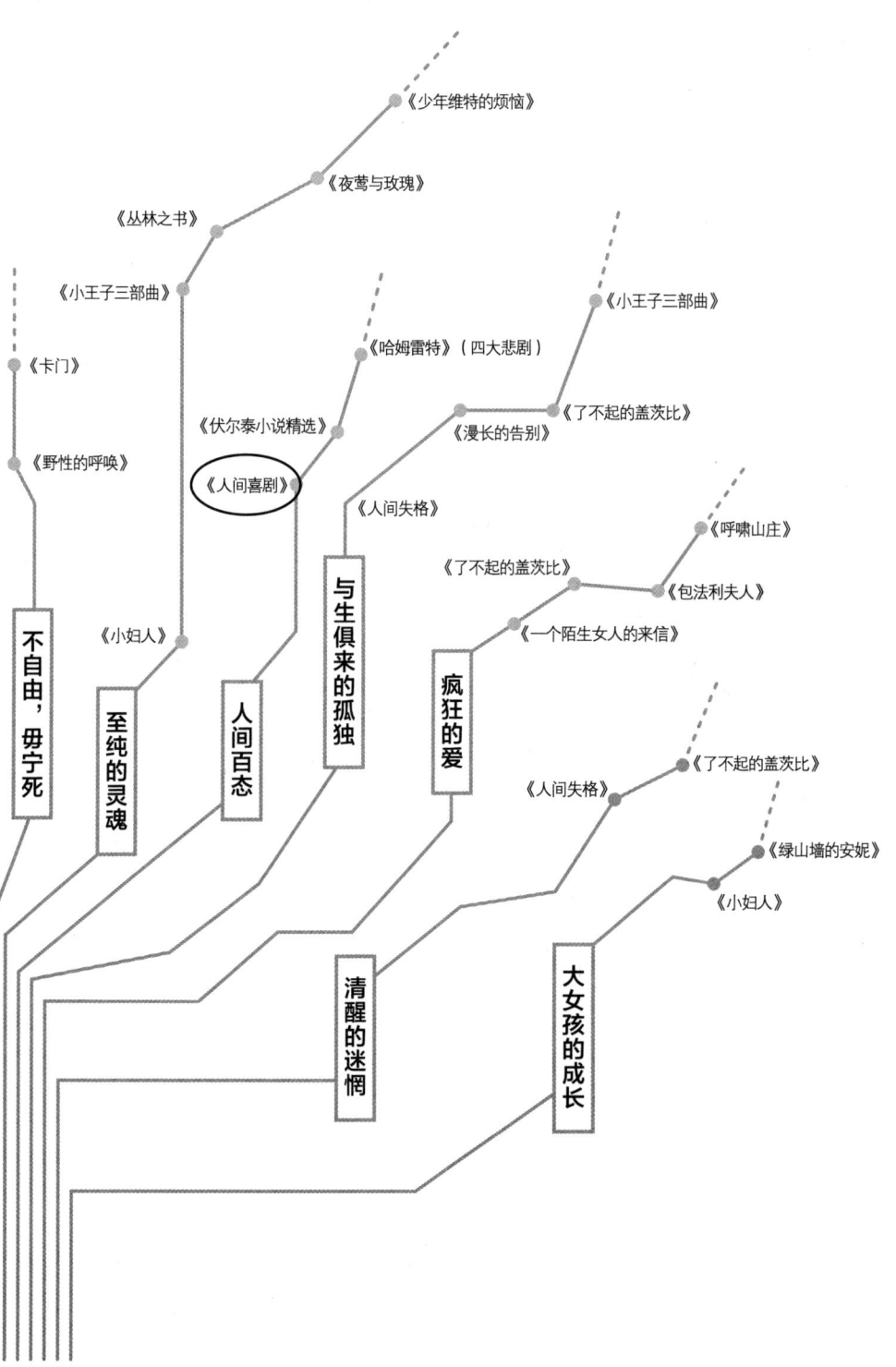

激发个人成长

多年以来,千千万万有经验的读者,都会定期查看熊猫君家的最新书目,挑选满足自己成长需求的新书。

读客图书以"激发个人成长"为使命,在以下三个方面为您精选优质图书:

1、精神成长
熊猫君家精彩绝伦的小说文库和人文类图书,帮助你成为永远充满梦想、勇气和爱的人!

2、知识结构成长
熊猫君家的历史类、社科类图书,帮助你了解从宇宙诞生、文明演变直至今日世界之形成的方方面面。

3、工作技能成长
熊猫君家的经管类、家教类图书,指引你更好地工作、更有效率地生活,减少人生中的烦恼。

每一本读客图书都轻松好读,精彩绝伦,充满无穷阅读乐趣!

认准读客熊猫

读客所有图书,在书脊、腰封、封底和前后勒口都有**"读客熊猫"**标志。

两步帮你快速找到读客图书

1、找读客熊猫

2、找黑白格子

马上扫二维码,关注**"熊猫君"**

和千万读者一起成长吧!

图书在版编目（CIP）数据

猫球商店 /（法）巴尔扎克著；傅雷，罗新璋译. -- 上海：文汇出版社，2018.3
（人间喜剧）
ISBN 978-7-5496-2326-6

Ⅰ.①猫… Ⅱ.①巴… ②傅… ③罗… Ⅲ.①长篇小说－法国－近代 Ⅳ.①I565.44

中国版本图书馆CIP数据核字（2018）第061346号

猫球商店

作　　者 /	（法）巴尔扎克
译　　者 /	傅　雷　罗新璋
责任编辑 /	周小诠
特邀编辑 /	周　娇　姚红成
封面装帧 /	李子琪　刘　倩
出版发行 /	文汇出版社 上海市威海路755号 （邮政编码200041）
经　　销 /	全国新华书店
印刷装订 /	北京盛通印刷股份有限公司
版　　次 /	2018年5月第1版
印　　次 /	2018年5月第1次印刷
开　　本 /	890mm×1270mm　1/32
字　　数 /	238千字
印　　张 /	11.5
ISBN 978-7-5496-2326-6	
定　　价 /	489.90元（全十册）

侵权必究
装订质量问题，请致电010-87681002（免费更换，邮寄到付）